淮安市交通运输局《基于营运车船碳排放监测分析淮安低碳交通发展策略研究》课题项目

# 低碳交通体系构建与实践研究

薛建明　张其龙　殷永文　薛梦莹◎著

GMSKWK

光明社科文库　GUANG MING SHE KE WEN KU

光明日报出版社

**图书在版编目（CIP）数据**

低碳交通体系构建与实践研究 / 薛建明等著 .
-- 北京：光明日报出版社，2018.9（2022.9 重印）

ISBN 978 - 7 - 5194 - 4664 - 2

Ⅰ.①低… Ⅱ.①薛… Ⅲ.①交通运输系统—节能—研究 Ⅳ.①U491.2

中国版本图书馆 CIP 数据核字（2018）第 224083 号

低碳交通体系构建与实践研究
DITAN JIAOTONG TIXI GOUJIAN YU SHIJIAN YANJIU

著　者：薛建明等

责任编辑：杨　茹　　　　　　　　　责任校对：赵鸣鸣

封面设计：中联学林　　　　　　　　责任印制：曹　净

出版发行：光明日报出版社

地　　址：北京市西城区永安路 106 号，100050

电　　话：010 - 67078251（咨询），63131930（邮购）

传　　真：010 - 67078227，67078255

网　　址：http：// book. gmw. cn

E - mail：gmrbcbs@ gmw. cn

法律顾问：北京市兰台律师事务所龚柳方律师

印　　刷：三河市华东印刷有限公司

装　　订：三河市华东印刷有限公司

本书如有破损、缺页、装订错误，请与本社联系调换，电话：010 - 67019571

开　　本：170mm×240mm

字　　数：247 千字　　　　　　　　印　张：14.5

版　　次：2018 年 9 月第 1 版　　　　印　次：2022 年 9 月第 2 次印刷

书　　号：ISBN 978 - 7 - 5194 - 4664 - 2

定　　价：75.00 元

# 前　言

自西方工业革命以来，人类以掠夺的方式，在短短的 200 多年时间里，创造的财富要比人类之前上千年创造的财富都要多。人类为了满足自己的贪婪和私欲，为了无休止的物质享受，疯狂无度地破坏着自然界的和谐与稳定。20 世纪中叶以来，环境问题和生态问题在全球范围内呈越来越严重之势，特别是随着气候变暖的加剧，全球性的气象灾害范围越来越大、越来越频繁，已深度触及水资源安全、农业和粮食安全、能源安全、公共卫生安全、全球生态系统安全。如果再不采取行动，人类将会陷入无法挽回的生态危机之中。

1972 年，联合国人类环境会议在斯德哥尔摩召开，大会通过了《人类环境宣言》，这标志着人类环境意识的高度觉醒，也表明了人类共同行动的决心。1983 年 3 月，联合国秉着确保全球可持续发展的宗旨，成立了世界环境与发展委员会（WCED），并制定长期的环境对策，研究更有效地解决环境问题的途径和方法。1987 年，该委员会向联合国大会提交了第一份研究报告——《我们共同的未来》。该报告系统探讨了人类面临的一系列重大经济、社会和环境问题，集中探讨了人口、粮食、物种和遗传资源、能源、工业和环境等方面的问题，并首次提出了"可持续发展"的概念。1992 年 6 月，在巴西里约热内卢召开了联合国环境与发展大会（UNCED）。这次会议共有 183 个国家的代表团和70个国际组织的代表参加,102位国家元首或政府首脑到会。会议最后通过了《里约环境与发展宣言》(又名《地球宪章》)和《21世纪议程》两个纲领性文件。此次会议高举可持续发展的旗帜,是人类在解决生态环境和发展问题道路上的一座里程碑。它标志着人类在积极探索和找寻一种更高级的文明形态来摆脱工业文明带来的人类生存危机,这种文明形态就是在党的十七大上提出的"生态文明",是全球范围内公认的继农业文明、工业文明之后人类社会最新文明形态。在党的十七大提出的"生态文明"的基础上,党的十八大提出了大力推进生态文明建设的基本国策,党的十九大将生态文明建设纳入"两个一百年"奋斗目标。

作为与生态文明相呼应的经济发展模式——低碳经济在世界范围呼之欲出。其核心要义是以低能耗、低污染、低排放、低碳含量和高效能、高效率、优环境为基本特征;以应对气候变暖的影响为基本要求,以实现经济社会的可持续发展为基本目的;其实质是能源高效利用、清洁能源开发、可持续发展的问题;核心是能源技术和减排技术创新、产业结构和制度创新,以及人类生存发展观念的根本性转变。因此,在未来的经济发展中,低碳经济必将成为全球经济发展新模式,低碳社会正在向我们走来。

全球气候问题日趋严峻的主要因素是温室效应带来的气候趋暖,而导致温室效应的根源是全球的二氧化碳排放量快速增长。交通运输行业作为世界第二大碳排放行业,其碳排放量超过世界碳排放总量的五分之一,到2030年交通碳排放量将以每年1.7%的速度增长。随着我国经济的高速发展,城市交通需求的规模不断扩大,居民的交通出行总量迅速提升,加大了化石资源的消耗和节能减排的压力。

目前,我国城市交通面临需求增长和碳排放高速增长的双重压力。为缓解交通运输业的能源消耗,减少其碳排放,国务院已将交通运输行业作为节能减排的重点行业之一,并明确要求加快建设以低碳排放为特征的交通运输体系。同时,国务院已将城市碳排放作为约束性指标纳入到对当地政府的考核体系。因此,发展低碳交通已成为各个城市的必然选择。在此背景下,本专著从人类社会文明演进的视角,探讨低碳经济这个新的经济模式的必要性;从低碳交通的理论构建,研究城市低碳交通发展模式和政策建议。最后较为系统地介绍淮安市低碳交通建设的主要成就和今后的发展路径。

# 目 录
## CONTENTS

# 第一章

# 人类文明面临嬗变

相对于几十亿年的地球史、十几亿年的生物史,人类文明仅为万里长河中之一小段,人类正处于青春时代。然而,人类文明目前遭遇严重考验,空气污染严重、土地遭到破坏、温室效应威胁着人类、生物多样性锐减、森林面积日益减少、淡水资源受到威胁、化学污染日益严重、混乱的城市化、海洋生态危机加剧、极地臭氧空洞,灾祸频发,环境污染,资源告急,人类在自然面前显得不堪一击。困惑、恐惧、惊疑,让人们不得不反思,这究竟是文明演进的正常波折,还是源于我们对内在规律懵懂不明。

## 第一节 苍茫大地:是谁污染了环境

曾记否,我们的前人生活的环境是那样的美好:茂密的森林和青青的绿草覆盖着大地,清新的空气中飘着阵阵花香,丰腴的土地和清澈的河水哺育着大地上的生物,鸟儿在树上歌唱,鱼儿在蔚蓝的大海中畅游。但是,这一切都成为美好的回忆,面对满目疮痍的地球,我们不仅要问,是谁动了大自然环境的奶酪?

### 一、人类生态环境恶化的特征表现

(一)资源破坏

世界经济的现代化,得益于化石能源,如石油、天然气、煤炭与核裂变能被广泛投入应用,因而它是建立在化石能源基础之上的一种经济。地球石油还能开采多少年?据美国石油业协会估计,地球上尚未开采的原油储藏量已不足两万亿桶,可供人类开采不超过95年的时间。科学家得出的结论是:石油的全球最终储量为8000亿吨,探明储量为957亿吨。20世纪70年代以来,世界每年消耗石油为33亿吨,约为探明储量的3%。若按此速度开采下去,探明储量只能开采30多年就将衰竭。

世界煤炭资源储量丰富。据2010年《BP世界能源统计》截至2009年底,世界煤炭证实剩余可采储量为826001吨,按目前生产水平计算,可供开采119年。煤炭资源主要分布在欧洲、北美和亚太3个地区,其中,86%以上煤炭储量集中在美国(28.9%)、俄罗斯(19.0%)、中国(13.9%)、澳大利亚(9.2%)、印度(7.1%)、乌克兰(4.1%)和南非(3.7%)7个国家。[①]

据估计,世界煤炭的产量在2050年将达到最高峰,而到2100年就会完全丧失。根据美国能源部资料,中国煤炭可采储量为1300亿吨,世界总量为9290亿吨。中国近年来煤炭生产增长迅速,2002年生产13.8亿吨,2009年生产30.5亿吨,这个增长速度,只需要15年,到2024年就采光所有的煤炭,即使我们提高到日本人均能耗水平,也就是在现有的基础上增加一倍后不再增加,到2031年就会用光可采煤炭。即使我们不再增加煤炭消耗,保持现有的年采量30亿吨水平,现有煤炭可采量也就能维持到2042年。

法国《费加罗报》在题为"半世纪后全球石油和天然气将枯竭"的一文中称,2006年,全球主要天然气大国的天然气储量依次为:俄罗斯476.5亿立方米;伊朗281.3亿立方米;卡塔尔253.6亿立方米;沙特阿拉伯70.7亿立方米;美国59.3亿立方米;尼日利亚52.1亿立方米;阿尔及利亚45亿立方米;委内瑞拉34.2亿立方米;挪威28.9亿立方米;土库曼斯坦28.6亿立方米;印度尼西亚26.3亿立方米;中国24.5亿立方米;荷兰13.5亿立方米;英国4.8亿立方米,其总储量为1810亿立方米。

按照现在的消耗水平,全球天然气储量的使用年限共计为63.3年。其中主要能源国家天然气储量的使用年限分别为:沙特阿拉伯96年;俄罗斯77.8年;阿尔及利亚53.3年;土库曼斯坦46年;中国41.8年;印度尼西亚35.6年;挪威33年;荷兰21.8年;美国11.3年;英国6年。

---

① 当代世界煤炭工业课题组. 当代世界煤炭工业发展趋势[J]. 中国煤炭,2011(3).

(二)生态破坏

森林是人类赖以生存的生态系统中的一个重要组成部分,是地球上最完善、最强有力的陆地生态系统。由于世界人口的增长,对耕地、牧场、木材的需求量日益增加,导致对森林的过度采伐和开垦,使森林受到前所未有的破坏。历史上森林曾覆盖了地球陆地面积的 2/3,达 72 亿公顷,然而这一人类的亲密伙伴正在逐年减少。1962 年减少至 55 亿公顷,1975 年减少至 26 亿公顷,且分布不均。仅在 1975—1980 年间,非洲有 3700 万公顷的森林遭到破坏,亚洲有 1220 万公顷的森林遭到破坏,中南美洲则有 1840 万公顷的森林消失。

据统计,全世界每年近千万公顷的森林消失,其中占绝大多数是对全球生态平衡至关重要的热带雨林。在整个热带地区,20 世纪 80 年代初每年砍伐 1130 万顷,而同期植被面积仅为 110 万公顷。这就意味着当人们植树一公顷,就有 10 公顷的森林被砍伐,比例是 1:10。在非洲是 1:29,在亚洲是 1:5。"对热带雨林的破坏尤以巴西的亚马逊情况最为严重。亚马逊森林居世界热带雨林之首,但是 20 世纪 90 年代初期这一地区的森林覆盖率比原来减少了 11%,相当于 70 万平方公里,平均每 5 秒钟就有差不多一个足球场大小的森林消失。"①此外,亚太地区、非洲的热带雨林也遭到破坏。

然而新兴经济的发展总是伴随着对森林资源的疯狂掠夺,毁灭性的砍伐遍及世界,在俄罗斯,在亚马逊平原、非洲中部和西部,在阿拉加斯加和加拿大西部,到处都是砍伐者。"联合国粮农组织报告说,1991 年至 1995 年,每年有 12.6 万平方公里的热带雨林被烧毁或砍伐。"②尽管中国的森林覆盖率只有 13.92%,人均森林资源仅为世界平均水平的 11.7%,但中国的砍伐至今从未停止过。美国《时代》杂志报道,地球上 80% 的原始森林已被伐倒毁灭,大部分饮用水严重污染,大部分湿地退化、消失,大部分可耕地丧失种植能力。

2006 年 3 月 21 日,也就在第 25 个世界森林日之际,国际环保组织"绿色和平"发布了迄今为止最精确的森林卫星地图,它告诉我们:原始森林的面积不到陆地面积的 10%,148 个森林带范围内的国家中,有 82 个国家已经完全失去未受侵

---

① 赵敏. 论国际环境问题与国际环境法的发展变化[J]. 新疆职业大学学报,2008(1).
② 柏强忠. 明天,我们还有水喝吗?[J]. 调研世界,2004(11).

扰的原始森林,而且余下的森林仍以每2秒钟一块足球场大小的速度在消失。

森林的破坏不仅影响着自然生态系统,使得水、旱、风、沙等自然灾害频繁发生,而且也影响着世界经济和社会系统。除了森林资源减少外,地球上生物物种也在日益减少。在森林和草原被破坏之后,海洋也传来了噩耗。海洋被认为是生命的摇篮,面积高达地球总面积的70%,90%以上的生物生活在海洋。"由于人类工作和生活废弃物大量入海,海水中氮和磷的含量越来越高,导致海洋生物无法生存,甚至海草也难以幸存",①致使一个个海洋都变成了"死海"。

(三)土地荒漠化

《联合国防治荒漠化公约》指出"荒漠化是由于气候变化和人类活动等因素所造成的干旱、半干旱和干燥的半湿润地区的土地退化",这个定义首先明确了荒漠化本身就是一个土地退化的过程,因而荒漠化土地就是退化的土地,是指土地的植物量减少,土地载畜能力下降,农作物单位产量降低,土地生产力丧失,从而使人类获得生存机会减少的土地。

1996年6月17日第二个世界防治荒漠化和干旱日,联合国防治荒漠化公约秘书处发表公报指出:当前世界荒漠化现象仍在加剧,全球现有12亿多人受到荒漠化的直接威胁,其中有1.35亿人在短期内有失去土地的危险。荒漠化已经不再是一个单纯的生态环境问题,而是演变为经济问题和社会问题,它给人类带来贫困和社会的不稳定。目前为止,全球荒漠化的土地已达到3600万平方公里,占整个地球陆地面积的1/4,相当于俄罗斯、加拿大和中国国土面积的总和。全世界受荒漠化影响的国家有100多个,尽管各国人民都在进行着同荒漠化的抗争,但荒漠化却以每年5万—7万平方公里的速度扩大,相当于爱尔兰的面积。20世纪末,全球损失了约1/3的耕地。世界荒漠化土地已经达4800万平方公里,几乎是中国、加拿大、美国和俄罗斯国土的总和。在人类当今诸多的环境问题中,荒漠化是最为严重的灾难之一。对于受荒漠化威胁的人们来说,荒漠化意味着他们将失去最基本的生存基础——有生产能力的土地。目前大部分土地正在从休耕地变为牧场,从牧场变为灌木丛,最后变为不毛之地。

长期以来中国对耕地的过度利用和森林植被的严重破坏已超过了生态系统

---

① 吕柔衡. 生物教学中进行生命教育的尝试[N]. 铜陵职业技术学院学报,2008(3).

的阈限,造成了严重的水土流失。水土流失面积已由 20 世纪 50 年代初 150 万平方公里,发展到现在的 379 万平方公里,占国土面积的 39%;荒漠化土地面积 262 万平方公里,占国土面积的 27%,并每年以 2460 平方公里的速度扩展;全国草原"三化"面积 1.35 亿公顷,约占草地面积的 1/3。

水土流失的直接后果是农业宝贵的自然资源——农业土壤受到不可逆转的破坏。几百年才能形成 1 厘米厚的表土层,在裸露的情况下,一瞬间被冲得精光。全国每年因水土流失而失去的表土层中约含有机质 5000 万吨,氮、磷、钾养分 4000 多万吨,相当于 40 多个年产万吨的化肥厂的新产品白白被冲走了。地球陆地表面经过几亿年形成的许多生物赖以生存的土壤层,由于水土流失一年一年变薄、变少、变瘠,农田生态环境日益恶化。土壤贫瘠必将导致作物产量下降,黄土高原的粮食单产只有 1100 公斤/公顷;贵州毕节市只有 750—1500 公斤/公顷。有科学家用著名的斯莱姆模型测算,以现在的水土流失速度来讲,黄土高原耕地寿命只有 10 年到 30 年,南方山地水土流失严重的地区则只有 5 年到 10 年。

2008 年 7 月,在内蒙古呼和浩特召开的世界草地与草原大会上,由多名中国学者所做的《中国草原研究和发展报告》称,"受全球变暖、气候干旱等自然因素和人为不合理利用等多重因素的影响,目前,中国 90% 的天然草原出现不同程度的退化",自 20 世纪 50 年代以来,中国累计开垦草原约 2000 万公顷。还有一些地方在草原乱挖野生植物,不合理开采草原资源,对草原生态造成严重破坏。近年来,中国草原地区人口、家畜数量不断增加,2006 年全国牛、羊饲养量分别是 1978 年的 2.7 倍和 3.5 倍,全国草原平均超载牲畜 34%,较 20 世纪 80 年代增加 17 个百分点。近年来,中国草原每年减少约 150 万公顷,北方草原已向北退缩约 200 公里、向西退缩约 100 公里,而且这种趋势还在持续。

(四)生物多样性减少

现今地球上生存着 500 万到 1000 万种生物。一般来说,物种灭绝速度与物种生成的速度应是平衡的。但是,由于人类活动破坏了这种平衡,使物种灭绝速度加快,据《世界自然资源保护大纲》估计,每年有数千种动植物灭绝,到 2000 年,地球上 10%—20% 的动植物消失,而且灭绝速度越来越快。世界野生生物基金会发出警告:20 世纪鸟类每年灭绝一种,在热带雨林,每天至少灭绝一个物种。物种灭绝将对整个地球的食物供给带来威胁,对人类社会发展带来的损失和影响是难以预料和挽回的。我国在 1987 年公布的《中国珍稀濒危保护植物名录》第一期中,公布的濒危种类有 121 种,受威胁的 158 种,稀有的 110 种,共计 389 种,其中一类保护植物 8 种、二类 157 种、三类 22 种。另据中国红皮书的估计显示,超过 1/10 即 500 多种脊椎动物物种和 15%—20% 即 400—500 种高等植物已经受到威胁。而我国对境内的物种及其数量尚无确切的统计数字,尤其对濒危物种的调查尚不全面。出现的问题是有些国家未列入濒危物种名录的物种面临生存威胁,有的甚至濒临灭绝,而另一些则由于人为的保护、繁育、利用而使种群数量有所增减,因而有必要调整其保护级别或划出、划入保护之列,尤其值得一提的是药用动植物,如黄草,亟待保护。

一个物种的灭绝,起码会影响相关 30 个物种的生存,甚至影响整个地球的生态平衡。但是由于人类的侵害,许多物种都已消失和濒临灭绝。2005 年联合国发布的报告显示:"过去 50 年,由于人类对自然环境的大肆破坏,自然物种的消失速度为单纯自然状态下的 100—1000 倍,近 1/8 的鸟类、1/4 的哺乳动物、1/3 的两栖动物正濒临灭绝,目前平均每天有 70 多个物种从地球上永远消失……"长此以往,或许下一个"荣登"生物灭绝名单的,恰恰就是人类! 面对如此严峻的形势,人类不得不惊呼:还我森林,还我自然!

(五)沙尘暴肆虐

沙尘暴是沙暴和尘暴二者的总称,是指强风把地面大量沙尘卷入空中,使空气特别浑浊,水平能见度低于 1 千米的天气现象,其中沙暴是指大风把大量沙粒吹入近地层所形成的挟沙风暴;尘暴则是大风把大量尘埃及其他细粒物质卷入高空所形成的风暴。对沙尘暴强度等级的划分一般采用风速和能见度两个指标。目前将沙尘暴强度划分为四个等级:即 4 级 ≤风速 ≤6 级,500 米 ≤能见度 ≤1000 米,称为弱沙尘暴;6 级 ≤风速 ≤8 级,200 米 ≤能见度 ≤500 米,称为中等强度沙尘暴;风速 ≥9 级,50 米 ≤能见度 ≤200 米,称为强沙尘暴;当其达到最大强度(瞬时最大风速 ≥25 米/秒,能见度 ≤50 米,甚至降低到 0 米)时,称为特强沙尘暴或黑风暴,俗称"黑风"。我国受到沙尘暴的危害严重,特别是西北地区的工矿、交通、新兴城镇及其他水利、电力、煤田和油气井等设施,均受风沙危害或威胁,一旦出现沙尘暴或黑风暴,受害尤为严重。1993 年 5 月 5 日的一次特强沙尘暴造成直接经济损失 56 亿元。此次特强沙尘暴的影响范围总面积约 110 万平方千米,涉及西北四省区 18 个地市的 72 个县旗,1200 多万人。据统计,在此次灾害中,共死亡 85 人,失踪 31 人,伤 264 人。死亡和丢失大小牲畜几十万头,受灾农田和果林与幼林等均达几十万公顷,数以百计的塑料大棚被毁,草场、牧场和盐场的基础设施、供电线路、公路和铁路等破坏都十分严重。此外,沙尘暴对西北地区的生态环境的破坏,大大加快了该地区的土地荒漠化的进程,其间接损失是无法估算的。另外降尘会对城市的大气造成污染,直接影响人们的健康。经统计,20 世纪 60 年代的特大沙尘暴在我国发生过 8 次,70 年代发生过 13 次,80 年代发生过 14 次,而 90 年代发生过 20 多次,到了 21 世纪其波及的范围愈来愈广,造成的损失愈来愈重。

(六)水土流失严重、水资源枯竭

水是生命之源,土是生存之本。水土资源是生态环境良性演替的基本要素和物质环境,是人类社会存在和发展的基础。土壤侵蚀是指在水流作用下,土壤被侵蚀、搬运和沉淀的整个过程。在自然状态下,纯粹由自然因素引起的地表侵蚀过程非常缓慢,常与土壤形成过程处于相对平衡状态,因此坡地还能保持完整。这种侵蚀称为自然侵蚀,也称为地质侵蚀。在人类活动影响下,特别是人类严重地破坏了坡地植被后,由自然因素引起的地表土壤破坏和土地物质的移动,流失过程加速,即发生水土流失。我国是世界上水土流失最严重的国家之一,全国水土流失面积高达 295 万平方公里,占国土面积的 30.7%。水土流失是我国土地资源遭到破坏的最常见的地质灾害,水土流失面积大、分布广,而且强度大、侵蚀重,再加上成因复杂,区域差异明显。泥沙淤积在湖泊、水库、河床,对整个国民经济建设造成的危害十分严重,在全国各省(区)不同程度地都存在这样的问题。我国是个多山国家,山地面积占国土面积的 2/3,土地荒漠化、盐碱化面积也不断扩大,其中以黄土高原地区最为严重。我国水土流失总的情况是:点上有治理,面上有扩大,治理赶不上破坏。全国水土流失面积解放初期为 17.4 亿亩,到 1980 年约治理 6 亿亩。由于治理赶不上破坏,水土流失面积扩大到 22.5 亿亩,约占国土总面积的 1/6,涉及近千个县。全国山地丘陵区有坡耕地约 4 亿亩,其中修梯田约 1 亿亩,而另外 3 亿亩坡地正遭受水土流失的危害。

## 二、震惊世界的"八大公害"和"十大事件"

在人类历史上,由于人类过度开发等因素的影响,人类与生态环境的关系在某个时间、某些地区,也曾出现过不协调和紧张的危险状况,但像今天这样,人类同生态环境完全处于紧张的状况是前所未有的。20世纪上半叶,随着工业化的深入,震惊全球的由环境污染导致的生态环境失衡的事件就频频发生,大自然狠狠地惩罚了"聪明"的人类,其中最为著名的是"八大公害"和"十大事件"。

### (一)"八大公害"

20世纪30年代到60年代,震惊世界的环境污染事件频繁发生,致多人非正常死亡、残废、患病的公害事件不断出现,其中最严重的有八起污染事件,人们称之为"八大公害"。

| 公害事件名称 | 公害污染物 | 公害发生地 | 公害发生时间 | 中毒情况 | 中毒症状 | 致害原因 | 公害原因 |
|---|---|---|---|---|---|---|---|
| 马斯河谷烟雾事件 | 烟尘、二氧化硫 | 比利时马斯河谷(长24千米,两侧山高90米) | 1930年12月 | 几千人发病,60人死亡 | 咳嗽、流泪、恶心、呕吐 | 二氧化硫氧化为三氧化硫进入肺部 | 山谷中工厂多,逆温天气,工业污染物积聚,又遇雾日 |
| 多诺拉烟雾事件 | 烟尘、二氧化硫 | 美国多诺拉(马蹄形河湾,两边山高120米) | 1948年10月 | 4天内42%的居民患病,17人死亡 | 咳嗽、呕吐、腹泻、喉痛 | 二氧化硫与烟尘作用生成硫酸,吸入肺部 | 工厂多,遇雾天和逆温天气 |
| 伦敦烟雾事件 | 烟尘、二氧化硫 | 英国伦敦 | 1952年12月 | 5天内4000人死亡 | 咳嗽、呕吐、喉痛 | 烟尘中的三氧化铁使二氧化硫变化成硫酸沫,附在烟尘上,吸入肺部 | 居民使用烟煤取暖,煤中硫含量高,排出的烟尘量大,遇逆温天气 |

续表

| 公害事件名称 | 公害污染物 | 公害发生地 | 公害发生时间 | 中毒情况 | 中毒症状 | 致害原因 | 公害原因 |
|---|---|---|---|---|---|---|---|
| 洛杉矶光化学烟雾事件 | 光化学烟雾 | 美国洛杉矶 | 1943 年 5—10 月 | 大多数居民患病,65 岁以上老人死亡 400 人 | 刺激眼、鼻、喉,引起眼病、喉头炎 | 石油工业和汽车废气在紫外线作用下生成光化学烟雾 | 汽车多,每天有 1000 多吨碳氢化合物进入大气,市区空气水平流动缓慢 |
| 日本水俣病事件 | 甲基汞 | 日本九州南部熊本县水俣镇 | 1953 年—1963 年 | 水俣镇病者 180 多人,死亡 50 多人 | 口齿不清,步态不稳,面部痴呆,耳聋眼瞎,全身麻木,最后精神失常 | 甲基汞被鱼吃后,人吃中毒的鱼而生病 | 氮肥生产中,采用氯化汞和硫酸汞作催化剂,含甲基汞的毒水、废渣排入水 |
| 富山事件(骨痛病) | 镉 | 日本富山县,蔓延到其他县的 7 条河流流域 | 1955 年—1968 年 | 患者超过 280 人,死亡 34 人 | 关节痛等全身骨痛,最后骨骼软化,在衰弱疼痛中死去 | 吃含镉的米,喝含镉的水 | 炼锌厂未经处理净化的含镉废水排入河流 |
| 四日事件(哮喘病) | 二氧化硫、烟尘、重金属粉 | 日本四日市(蔓延到几十个城市) | 1955 年—1991 年 | 患者 500 多人,有 36 人在气喘病折磨中死去 | 支气管炎,支气管哮喘,肺气肿 | 有毒重金属微粒及二氧化硫吸入肺部 | 工厂向大气排放二氧化硫和煤粉尘数量多,并含有钴、锰、钛等 |

9

| 公害事件名称 | 公害污染物 | 公害发生地 | 公害发生时间 | 中毒情况 | 中毒症状 | 致害原因 | 公害原因 |
|---|---|---|---|---|---|---|---|
| 米糠油事件 | 多氯联苯 | 日本九州爱知县等23个府县 | 1963年 | 患者5000多人,死亡16人,实际受害者超过10000人 | 眼皮肿,常出汗,全身起红疙瘩,肝功能下降,肌肉痛,咳嗽不止 | 食用含多氯联苯的米糠油 | 米糠油生产中,用多氯联苯作载热体,因管理不善毒物进入米糠油中 |

（二）"十大事件"

1. 北美死湖事件

美国东北部和加拿大东南部是西半球工业最发达的地区,每年向大气中排放二氧化硫2500多万吨。其中约有380万吨由美国飘到加拿大,100多万吨由加拿大飘到美国。七十年代开始,这些地区出现了大面积酸雨区。美国受酸雨影响的水域达3.6万平方公里,23个州的17059个湖泊有9400个酸化变质。最强的酸性雨降在弗吉尼亚洲,酸度值(pH)1.4。纽约州阿迪龙达克山区,1930年只有4%的湖无鱼,1975年近50%的湖泊无鱼,其中200个是死湖,听不见蛙声,死一般寂静。加拿大受酸雨影响的水域5.2万平方公里,5000多个湖泊明显酸化。多伦多1979年平均降水酸度值(pH)3.5,比番茄汁还要酸,安大略省萨德伯里周围1500多个湖泊池塘漂浮死鱼,湖滨树木枯萎。

2. 卡迪兹号油轮事件

1978年3月16日,美国22万吨的超级油轮"亚莫克·卡迪兹号",满载伊朗原油向荷兰鹿特丹驶去,航行至法国布列塔尼海岸触礁沉没,漏出原油22.4万吨,污染了350公里长的海岸带。仅牡蛎就死掉9000多吨,海鸟死亡2万多吨。海事本身损失1亿多美元,污染的损失及治理费用却达5亿多美元,而给被污染区域的海洋生态环境造成的损失更是难以估量。

3. 墨西哥湾井喷事件

1979 年 6 月 3 日,墨西哥石油公司在墨西哥湾南坎佩切湾尤卡坦半岛附近海域的伊斯托克 1 号平台钻机打入水下 3625 米深的海底油层时,突然发生严重井喷,平台陷入熊熊火海之中,原油以每天 4080 吨的流量向海面喷射。后来在伊斯托克井 800 米以外海域抢打两眼引油副井,分别于 9 月中、10 月初钻成,减轻了主井压力,喷势才稍减。直到 1980 年 3 月 24 日井喷才完全停止,历时 296 天,其流失原油 45.36 万吨,以世界海上最大井喷事故载入史册,这次井喷造成 10 毫米厚的原油顺潮北流,涌向墨西哥和美国海岸。黑油带长 480 公里,宽 40 公里,覆盖 1.9 万平方公里的海面,使这一带的海洋环境受到严重污染。

4. 库巴唐"死亡谷"事件

巴西圣保罗以南 60 公里的库巴唐市,20 世纪 80 年代以"死亡之谷"知名于世。该市位于山谷之中,60 年代引进炼油、石化、炼铁等外资企业 300 多家,人口剧增至 15 万,成为圣保罗的工业卫星城。企业主只顾赚钱,随意排放废气废水,谷地浓烟弥漫、臭水横流,有 20% 的人得了呼吸道过敏症,医院挤满了接受吸氧治疗的儿童和老人,使 2 万多贫民窟居民严重受害。1984 年 2 月 25 日,一条输油管破裂,10 万加仑油熊熊燃烧,烧死百余人,烧伤 400 多人。1985 年 1 月 26 日,一家化肥厂泄漏 50 吨氨气,30 人中毒,3000 人撤离。市郊 60 平方公里森林陆续枯死,山岭光秃,遇雨便滑坡,大片贫民窟被摧毁。

5. 西德森林枯死病事件

原西德共有森林 740 万公顷,到 1983 年为止有 34% 染上枯死病,每年枯死的蓄积量占同年森林生长量的 21% 多,先后有 80 多万公顷森林被毁。这种枯死病来自酸雨之害。在巴伐利亚国家公园,由于酸雨的影响,几乎每棵树都得了病,景色全非。黑森州海拔 500 米以上的枞树相继枯死,全州 57% 的松树病入膏肓。巴登—符腾堡州的"黑森林",是因枞、松绿的发黑而得名,是欧洲著名的度假胜地,也有一半树染上枯死病,树叶黄褐脱落,其中 46 万亩完全死亡。汉堡也有 3/4 的树木面临死亡。当时鲁尔工业区的森林里,到处可见秃树、死鸟、死蜂,该区儿童每年有数万人感染特殊的喉炎症。

6. 印度博帕尔公害事件

1984 年 12 月 3 日凌晨,震惊世界的印度博帕尔公害事件发生。午夜,坐落在博帕尔市郊的"联合碳化杀虫剂厂"一座存贮 45 吨异氰酸甲酯贮槽的保安阀出现了毒气泄漏事故。1 小时后有毒烟雾袭向这个城市，形成了一个方圆 25 平方英里的毒雾笼罩区。首先是邻近的两个小镇上，有数百人在睡梦中死亡。随后，火车站里的一些乞丐死亡。毒雾扩散时，居民们有的以为是"瘟疫降临"，有的以为是"原子弹爆炸"，有的以为是"地震发生"，有的以为是"世界末日的来临"。一周后，有 2500 人死于这场污染事故，另有 1000 多人危在旦夕，3000 多人病入膏肓。在这一污染事故中，有 15 万人因受污染危害而进入医院就诊，事故发生 4 天后，受害的病人还以每分钟一人的速度增加。这次事故还使 20 多万人双目失明。博帕尔的这次公害事件是有史以来最严重的因事故性污染而造成的惨案。

7. 切尔诺贝利核漏事件

1986 年 4 月 27 日早晨，前苏联乌克兰切尔诺贝利核电站一组反应堆突然发生核漏事故，引起一系列严重后果。带有放射性物质的云团随风飘到丹麦、挪威、瑞典和芬兰等国，瑞典东部沿海地区的辐射剂量超过正常情况时的 100 倍。核事故使乌克兰地区 10% 的小麦受到影响，此外由于水源污染，使前苏联和欧洲国家的畜牧业大受其害。当时预测，这场核灾难，还可能导致日后 10 年中 10 万居民患肺癌和骨癌而死亡。

8. 莱茵河污染事件

1986 年 11 月 1 日深夜，瑞士巴富尔市桑多斯化学公司仓库起火，装有 1250 吨剧毒农药的钢罐爆炸，硫、磷、汞等毒物随着百余吨灭火剂进入下水道，排入莱茵河。警报传向下游瑞士、德国、法国、荷兰四国 835 公里沿岸城市。剧毒物质构成 70 公里长的微红色飘带，以每小时 4 公里速度向下游流去，流经地区鱼类死亡，沿河自来水厂全部关闭，改用汽车向居民送水，接近海口的荷兰，全国与莱茵河相通的河闸全部关闭。翌日，化工厂有毒物质继续流入莱茵河，后来用塑料塞堵下水道。8 天后，塞子在水的压力下脱落，几十吨含有汞的物质流入莱茵河，造成又一次污染。11 月 21 日，德国巴登市的苯胺和苏打化学公司冷却系统故障，又使 2 吨农药流入莱茵河，使河水含毒量超标准 200 倍。这次污染使莱茵河的生态受到了严重破坏。

9. 雅典"紧急状态事件"

1989 年 11 月 2 日上午 9 时,希腊首都雅典市中心大气质量监测站显示,空气中二氧化碳浓度 318 毫克/立方米,超过国家标准(200 毫克/立方米)59%,发出了红色危险讯号。11 时浓度升至 604 毫克/立方米,超过 500 毫克/立方米紧急危险线。中央政府当即宣布雅典进入"紧急状态",禁止所有私人汽车在市中心行驶,限制出租汽车和摩托车行驶,并下令熄灭所有燃料锅炉,主要工厂削减燃料消耗量 50%,学校一律停课。中午,二氧化碳浓度增至 631 毫克/立方米,超过历史最高记录。一氧化碳浓度也突破危险线。许多市民出现头疼、乏力、呕吐、呼吸困难等中毒症状。市区到处响起救护车的呼啸声。下午 4 点 30 分,戴着防毒面具的自行车队在大街上示威游行,高喊"要污染,还是要我们!""请为排气管安上过滤嘴!"

10. 海湾战争油污染事件

据估计,1990 年 8 月 2 日至 1991 年 2 月 28 日海湾战争期间,先后泄入海湾的石油达 150 万吨。1991 年多国部队对伊拉克空袭后,科威特油田到处起火。1 月 22 日科威特南部的瓦夫腊油田被炸,浓烟蔽日,原油顺海岸流入波斯湾。随后,伊拉克占领的科威特米纳艾哈麦迪开闸放油入海。科南部的输油管也到处破裂,原油滔滔入海。1 月 25 日,科威特接近沙特的海面上形成长 16 公里、宽 3 公里的油带,每天以 24 公里的速度向南扩展,部分油膜起火燃烧黑烟遮没阳光,伊朗南部降了"黏糊糊的黑雨"。至 2 月 2 日,油膜展宽 16 公里,长 90 公里,逼近巴林,危及沙特。迫使两国架设浮栏,保护海水淡化厂水源。这次海湾战争酿成的油污染事件,在短时间内就使数万只海鸟丧命,并毁灭了波斯湾一带大部分海洋生物。

### 三、当代环境变化的现实危情

"八大公害"和"十大事件"只是 20 世纪中叶众多严重生态环境问题中被列举出来具有代表性的几宗事件。随着 21 世纪的到来,人类并没有从生态灾难中觉醒,一例例触目惊心的污染事件正在上演,蓝色星球在流泪。正如弗·卡普拉和查·斯普雷纳克在《绿色政治——全球的希望》一书中尖锐地指出人类正面临的巨大困境:"人们在一个成熟的工业社会中,精神和生命正濒临崩溃和毁灭的边缘。"①

(一)厄瓜多尔原始雨林遭破坏事件

跨国石油巨头德士古石油公司是于 1972 年至 1990 年运营的一个财团,在厄瓜多尔北部一小片热带原始雨林中开采原油。虽然从 1993 年起,跨国石油巨头德士古公司已经撤离厄瓜多尔。但是,该公司在厄瓜多尔原始雨林中的石油开采行为已经给这个发展中国家造成了巨大的生态灾难。它为厄瓜多尔留下的是一片油腻的印迹,在当初的钻井附近,到处都是石油污染物。经过 30 年的开采,厄瓜多尔的许多巨型露天矿坑中都积满了废弃的石油。德士古公司于 2001 年被美国雪佛龙石油公司所收购。因此,德士古公司和现在的雪佛龙石油公司也陷入了难以脱身的法律泥潭,法庭指控这家跨国公司对发展中国家的环境造成了严重的破坏。当地居民指责环境污染和废弃的石油对他们的健康造成了极大的影响,他们认定遭污染区域癌症发病率是厄瓜多尔平均值的将近两倍,发病率最高的癌症依次是胃癌、子宫癌和白血病。德士古公司的恶行也开创了著名跨国公司每日不断向原始雨林输送有毒废物的先例。

(二)美国田纳西州煤灰泄漏事件

这是在美国由人为因素引起的最恶劣的环境灾难,严重程度甚至远远超过"瓦尔迪兹"号油轮石油泄漏事件。2008 年 12 月,发生于田纳西州金斯顿的煤灰泄漏事件将 540 万立方码(约合 413 万立方米)的有毒煤灰倾泻到艾莫里河中,掩埋了附近大片的农田和房屋。这些有毒煤灰中含有砷和各种可能致癌的重金属等。这次事件是由堆放煤灰的大坝倒塌所引起的。这个大坝高约 50 英尺(约合 15.2 米),归田纳西流域管理局拥有。由于无法承受数十年来所堆积的煤灰的重量,再加上疏于管理,该大坝轰然倒塌。田纳西州煤灰泄漏事件致使超过 400 万立方米煤灰外泄,周围 1.2 平方公里面积受污染,数十栋房屋遭掩埋,幸无人伤亡,这是美国有史以来最严重的煤灰泄漏事件。

(三)咸海萎缩和干涸事件

咸海位于哈萨克斯坦和乌兹别克斯坦两国境内,"1960 年时的咸海曾是世界

---

① 王小龙.地球生态系统正在逼近 9 大极限[J].生态文化,2010(3).

第四大内陆湖,面积 68000 平方公里、水量 1100 立方公里。但在那之后,随着工业和农业用水的急剧增加,咸海水立不断降低、面积持续缩小"。① 从 1989 年到 2008 年间,巨大的咸海已萎缩了数倍,大部分水域已干涸。自 20 世纪 60 年代起,咸海的上游支流被苏联人改变流向,将河水用作前苏联的农田灌溉工程,因此咸海日渐萎缩并干涸。咸海曾经作为世界上第四大内陆咸水水体,如今只剩下原来水域面积的 10%,而当地原来发达的渔业现在已基本销声匿迹。当地生态系统遭到了毁灭性的打击,干涸的海床上覆盖着一层盐尘和有毒化学物质,这些化学物质大都来自武器试验、农药、工业项目和化肥流失等。

(四)美国墨西哥湾原油泄漏事件

2010 年 4 月 20 日,英国石油公司租赁的墨西哥湾钻井平台"深水地平线"发生爆炸、沉没,其海底油井从 4 月 24 日开始向外泄漏石油,持续十多天,每天有超过 20 万加仑的原油泻入墨西哥湾,并迅速向美国东海岸扩散,成为 1989 年埃克森瓦尔迪兹油轮泄漏事件以来美国历史上最严重的原油泄漏事故之一。② 此次漏油事件造成了巨大的环境和经济损失,同时,也给美国及北极近海油田开发带来巨大变数。受漏油事件影响,美国路易斯安那州、亚拉巴马州、佛罗里达州的部分地区以及密西西比州先后宣布进入紧急状态。事发当天,奥巴马在白宫表示,命令内政部长肯·萨拉查对"深水地平线"钻井平台爆炸沉没一事展开详尽调查,并在 30 天内提交报告。美国国土安全部长纳波利塔诺宣布,漏油事件的影响已经不是英国石油公司以及它的承包商越洋钻探公司能解决得了的,美国政府或将大规模介入。根据英国石油公司方面提供的数据,原油泄漏的速度大约为每天5000 桶,但美国方面则估计,这一数字应在 1.2 万桶到 1.9 万桶之间,而在漏油油井被堵住之前,漏油总量可能高达 2200 万至 4800 万加仑。更为严重的是,据专家估计,即使漏油得到了控制,由于漏出的原油成分水溶性高,极易与墨西哥湾的海水融为一体,难以燃烧和清理。彻底清理油污可能至少需要 5 年,而漏油事件对环境造成的危害可能会持续数十年。墨西哥湾原油泄漏已经演变为美国历史上最严重的石油污染大灾难。

---

① 唐黎标. 恐怖诡异的自然灾害[J]. 防灾博览,2005(5).
② 申洪臣,王健行等. 海上石油泄漏事故危害及其应急处理[J]. 环境工程,2009(6).

　　墨西哥湾漏油事件使美国遭受了历史上严重的生态和环境灾难,已经造成墨西哥湾附近水域的严重污染。在事件发生一个多月后,随着清理油污工作的陆续进行,有关漏油对健康带来危害的报道也日渐增加。媒体认为,从短期看原油中一些物质可能引发皮肤不适、头疼、晕眩、恶心、眼睛灼热、呼吸不畅、记忆力下降等急性症状。而清理油污过程中使用的大量化油剂也会对人体产生危害;从长期看,泄漏原油会进入食物链,对人类健康的潜在威胁不容乐观。实际上,在清污过程中已有一些工作人员和沿岸居民出现了头晕、恶心、头疼、胸痛等症状。墨西哥湾漏油事件无疑是一场生态灾难,而且是一场人为的生态灾难。美国政府同时担心,鉴于油污对墨西哥湾沿岸地区经济带来的巨大冲击,正在缓慢复苏中的美国经济有可能再遭重创甚至导致二次触底。5月27日,美国总统奥巴马宣布,所有深海探油活动暂停6个月,近海油井则全部停工,直到通过验收符合新的安全标准之后才予以放行。据估算,近海采油禁令持续到6月底,美国浅水石油开采的损失就会达1.35亿美元,禁采半年,将会导致2万个与采油业相关的工作岗位消失。墨西哥湾原油泄漏事件再次表明,多少前车之鉴,似乎并未使我们痛定思痛,学会与自然和谐相处,反而仍是无休止地索取与破坏。面对日益恶化的地球环境、日趋脆弱的海洋生态系统,面对自然给予人类的报复与惩罚,我们该警醒了!

（五）福岛核电站泄漏事件

　　2011年3月12日,日本受9级特大地震影响,福岛第一核电站的放射性物质发生泄漏。3月13日,日本有关方面确定福岛核电站出现"少量核物质泄漏"。3月14日福岛第一核电站3号机组上午发生氢气爆炸,反应堆所在建筑遭到损坏,下午,2号机组核反应堆丧失冷却功能,晚20时,2号反应堆内的燃料棒完全露出水面,日本大部分地区开始轮流停电。3月15日早上6点左右福岛2号机组发生爆炸。3月16日福岛第一核电站4号机组再次有火情,3号机组反应堆冒出白烟,同时在福岛核电站约21公里处,测到的辐射量是正常情况的6600倍,政府下令东京等核电站周边城市的居民开始移往其他城市。3月18日,日本原子能安全保安院将福岛核泄漏事故等级提高为5级,这是日本迄今最为严重的核泄漏事故。4月4日,日本福岛第一核电站将1.15万吨"低放射性污水"倾倒入了太平洋,全世界哗然,各国纷纷谴责日本无权让全世界"共享"核污染。5月3日东京电力公司宣布,在福岛第一核电站附近海底泥土中,检测出远高于正常浓度的放射性物质。

日本的核泄漏对核电站周边所产生的危害是全方位的,从人到牲畜、农作物、水以及土壤等,都会受到不同程度的影响。长期来说,放射性物质的半衰期有些会长达30年,随着大气运动可能进入海水,污染海洋生物,也可能再随风飘散到其他地方。由于长距离输送过程中变数很多,对生态的污染将是综合性的。日本从20世纪60年代开始经济起飞,不顾本国地震多发的国情,盲目学习美国发展模式,在狭窄的国土上建设了多达54个核电机组,以满足经济发展的需要。但是这些核电设施大多是由东电公司等私营企业经营的,他们为了资本家利益的最大化,往往以牺牲公众安全为代价,不幸造成了此次核灾难。显然,福岛第一核电站将彻底报废,核污染造成的大面积无人区将使日本人的生存空间更加狭小。"建设生态文明的前提是重建生态良知,这种良知认为,人类只是自然界众多物种之一,强调人与自然和谐相处,强调自我节制,适度消费,发展有度,正如一位伟人所说,人类要控制自己,做到有计划的增长。期望日本核污染危机能唤醒更多人的生态良知。"①

(六)泰国特大洪灾事件

泰国2011年遭遇罕见洪灾,截至11月15日,洪水已经造成了576人死亡,多达280万间民房遭受不同程度的洪涝侵害,多处地区现阶段仍面临着洪水威胁。洪水造成了192万公顷的土地,包括135万公顷稻田的损失,占全国耕地总面积的12.5%。据泰国农业和合作社部的统计,超过990万头牲畜有宰杀或转移的危险;泰国今年第一季水稻产量从原先预计的2500万吨减少至1900万吨,减产近25%。另外不断推进的洪水打破了保护曼谷第二大机场廊曼机场的防线。该机场主要用于国内航班,从这里起落的商业航班已被迫全部取消。除了空中交通外,许多公路和桥梁已被洪水淹没甚至冲毁。泰国路政署报告显示,535段高速路被淹,北方16个省里有67段高速已被认定为彻底毁坏。单就高速路的经济损失目前已达50亿泰铢(约合1.63亿美元)。根据穆迪投资者服务公司的数据,曼谷北部有超过400家日本公司的生产已经被打乱,包括丰田、本田和三菱汽车,电子公司如索尼、佳能和东芝。洪水导致7个工业基地被迫关闭,与曼谷接壤处的暖

---

① 沈培钧. 日本核污染危机启示录[J]. 综合运输,2011(4).

武里府和巴吞他尼府约 65 万人暂时失去工作。

　　旅游业是泰国的主要收入来源,也是受洪水影响最大的几个行业之一。沿豪华酒店林立的湄南河沿岸是救援工作集中的主要中心之一,许多国家已经就泰国的洪水发出旅行警告,直接导致该地区的许多酒店比往常大大降低入住率。首府曼谷是泰国的经济中心。如果曼谷的商业或旅游业受洪水直接袭击,那么损失可能会超过我们现在看到的全国损失的总和。一些泰国研究人员认为,目前正在泰国肆虐的特大洪水灾害导致大量洪水倾入泰国湾,可能导致海洋生态平衡遭到破坏,对海洋生物的生存带来危害。泰国自然资源和环境部官员米克民说,受洪水影响,鱿鱼、海鲶等数量的减少,导致鲸、海豚等生物的生存也受到威胁。

　　泰国洪灾固然有降雨大、雨季时间长等原因,但人为因素也是不可忽视的。首先,雨季来临之前,泰国政府对于降雨趋势和洪灾的严重程度认识不够,没有及时采取防范措施。事实上,2010 年的强降雨就导致泰国北部及东北部的 29 个府遭受水灾,而这并没有提醒当局和民众密切关注今年的天气形势。在今年七月雨季到来之前,湄南河上游的重要水库普密蓬水库几乎蓄满,管理者没有及时开闸泄水,这在泰国国内遭到了强烈批评。其次,森林覆盖面积减少和排水设施管理不善也是洪水泛滥的原因之一。泰国地处热带,森林茂密,而森林在涵养水源、拦截洪水等方面发挥着巨大的作用。近年来,由于人口增长、城市化等原因,森林面积大幅度减少。从 1951 年到 1995 年,泰国的森林覆盖面积从 60% 下降到 22%,这导致土壤蓄水能力大幅下降,强降雨带来的洪水风险急剧上升。同时,泰国政府对湄南河水流的疏导体系不够完善。尽管在 1983 年的严重洪灾之后,曼谷加强了排水设施的建设,但还是难以抵御来自湄南河上游的巨量洪峰。再者,人口增长和城市化进程也造成洪水无处可排的局面。曼谷、大成府和巴吞它尼府是本次受灾较严重的 3 个地区,同时,这些地区也是泰国人口和工业最为集中的地区之一,但是这些城市在规划中都忽视了防洪条件。在过去几十年,城市不断建造道路、房屋和工业区,破坏了自然水道,占用了能够渗透、储存洪水的低洼地带,例如,大城府和巴吞它尼府的七个工业园区都建造在洪水进入三角洲必经的低地,破坏了自然的蓄洪条件。

　　(七)日趋严重的雾霾事件

　　2013 年,"雾霾"成为年度关键词。这一年的 1 月,4 次雾霾过程笼罩 30 个省

（区、市），在北京，仅有 5 天不是雾霾天。有报告显示，中国最大的 500 个城市中，只有不到 1% 的城市达到世界卫生组织推荐的空气质量标准，与此同时，世界上污染最严重的 10 个城市有 7 个在中国。持续的雾霾天气笼罩着全国 10 余个省份，雾霾天气，空中浮游大量尘粒和烟粒等有害物质，会对人体的呼吸道造成伤害，空气中飘浮大量的颗粒、粉尘、污染物病毒等，一旦被人体吸入，就会刺激并破坏呼吸道黏膜，使鼻腔变得干燥，破坏呼吸道黏膜防御能力，细菌进入呼吸道，容易造成上呼吸道感染。如果认为污染只是北方特色，那么就大错特错。在 2013 年底，上海、南京等华中地区遭遇最严重雾霾，上海多地多次出现 PM2.5 数据超过 500。此外，广东甚至海南地区同样遭遇雾霾侵袭，不夸张地说"雾霾"已经成为中国环境污染第一词。

（八）腾格里沙漠环境污染案

2014 年 9 月 6 日，据媒体报道，内蒙古自治区腾格里沙漠腹地部分地区出现排污池。牧民反映，当地企业将未经处理的废水排入排污池，让其自然蒸发。然后将黏稠的沉淀物，用铲车铲出，直接埋在沙漠里面。一些足球场大小的排污池，有的注满墨汁样的液体，有的是暗色的泥浆，上空还飘着白色烟雾。植物学家和草原生态学家、内蒙古师范大学生态学教授刘书润就指出，当大量的化工企业纷纷进驻腾格里沙漠，而这些企业又将未经处理的污水源源不断地排入沙漠，并且大量开采着地下水用于生产，一旦地下水被污染，不仅将失去千百年来牧民们生存的栖息地，更重要的是，我国的第四大沙漠——腾格里沙漠独特的生态环境可能也将面临严重威胁。沙漠地下水一旦被污染，修复几乎是不可能的。中国环境科学某院研究员赵章元认为，蒸发排污对排污设施有很高的要求，因此，蒸发排污存在危险，蒸发排污不光是蒸发到空中，它还会产生一些废弃物，会飘到大气中，飘到各地去，只要飘到有人的地方就都会产生污染。另外对土、水，都会产生有害污染，这不光是蒸发到大气的问题。

（九）联邦制药内蒙古污染事件

乌梁素海，位于内蒙古巴彦淖尔市乌拉特前旗，是中国八大淡水湖之一，素有"塞外明珠"的美誉。同时，乌梁素海也是河套灌区灌排体系的重要组成部分，接纳灌区所容纳的灌溉退水、地下水、部分城镇生活污水和工业废水，全部由排水系统进入乌梁素海，是灌溉水的唯一受纳水体和排水通道。但自从 20 世纪 90 年代以来,乌梁素海自然补给水量不断减少,而城市污水和工业废水排放明显增加,导致湖区面积急剧减少,生态功能严重退化,湖泊水体富营养化严重,沼泽化进程加快。根据巴彦淖尔市环境监测站 2005 年至 2010 年的监测资料,乌梁素海目前环境污染和生态功能退化形势严峻,氨氮超标率为 30.3%;底泥污染严重,总氮、总磷和重金属超标,西大滩与东大滩底泥污染最重;鱼类种类和数量大幅度减少,淡水渔业基地功能逐渐丧失。值得注意的是,临河区内有化学工业高新技术园,里面有一批以联邦制药(内蒙古)有限公司为代表的药厂,每天源源不断地产生大量的废水。据当地人的说法,正是这些药厂排出的废水,没有经过处理就直接排入五排干,从而导致了整条五排干的严重污染,并最终殃及乌梁素海。

有医药业内人士向记者透露,以联邦制药在内蒙古的工厂规模估算,大概每天产生 1 万至 1.5 万吨化学需氧量指标(COD)在 500 以上的废水,每吨废水按照标准必须处理到 COD60 以下才能排放到五排干中,然而每吨废水的处理成本大概需要 5—15 元,最保守估计,一家药厂一年处理废水的花费至少在 1800 万元以上,这还只是最为保守的数字,实际数字应该超过 5000 万,考虑到当地政府的经济能力,负担起来比较困难。

## 第二节　穹顶之下:是谁搅动了气候

### 一、全球气候的演变简述

面对茫茫天宇,人类从未停止过思考和探索。既有中国的"盘古开天辟地""女娲补天"的神话,又有西方"创世纪说""诺亚方舟"的传说。然而人类在慨叹宇宙的大不可方之余,抬眼望星际银河,龙光牛斗,回头俯身察宇宙中的地球母亲,万类繁衍,万物得时,人类不禁又要问,宇宙产生又经过亿万斯年后,初生的地球情形又是怎样? 那时地球的地质地貌、天气气候又是如何?

美国学者斯蒂芬施奈德在他的《地球——我们输不起的实验室》一书中描写到:"一段特别值得一游的时期将是生命的萌芽时期,那就是大约 35 亿年以前的所谓的太古代时期。在那里……我们会看到什么? ……我们将会看到太阳从天空云彩背后冉冉升起,看到高耸的、喷着烟雾的火山,看到海浪在轻轻拍打着既无树木也无杂草的瘠薄平地。海岸线上凸立的是一些古怪的、N米见方的、蘑菇状的石块。如果没有保护眼睛和皮肤的装置,我们不敢离开我们的时间机器,因为外面紫外线辐射强度极高,高到足以对陆地或空气中所有已知的生命的生存构成威胁。我们还必须佩戴氧气面罩,因为大气主要由二氧化碳气体组成,虽然存在一些氧气,但其含量大约只有今天的一亿分之一。大气温度高达38℃,但正午的太阳比起我们所熟悉的全新世间冰川期(我们生活的时代)的太阳似乎要暗淡一些,而且显得要小一些。我们的时间机器外部的太阳能接收面板显示接收的能量约为600瓦,这大概是我们今天所接收的太阳能的四分之一。35亿年以前的太阳要比今天的太阳小……"这就是斯蒂芬施奈德结合科学研究和他的文学造诣,以及他无比绝伦的幻想,为人们描述的充满浪漫、想象力而又不乏科学依据的地球遥远的太古时代的气候。

大约又过了数亿年,地球无声地走过了由古生代(5.7亿—2.25亿年以前)、中生代(2.25亿—0.65亿年以前)以及新生代(0.65亿年以前至今)组成的"晚近"时期,地球的生命在这一地质时代悄然形成。地球上的诸多生命,随着地球"冷—暖""干—湿"、极端舒适、极端恶劣等一系列的自然气候变化,有的退化灭绝,有的生存繁衍。而由气候变化引起的不同物种的灭绝和新生,为人类敲响了警钟,也指引了方向。

通过科学家不懈的努力,他们发现,在最近的一百万年中以寒冷气候为主导,即第四纪大冰期时期,北极地区的冰盖向中纬度地区大幅度扩张,最强盛的时候到达过北纬57度,某些地方冰盖的厚度达2千米。大冰期中间隔着温暖的间冰期,冷暖的气候变迁引起冰川的消长进退,对欧洲阿尔卑斯山的冰川地貌研究表明,第四纪冰期分为四个冰期,为三个相对温暖的间冰期所分隔。冰期与间冰期相比较,中纬度地区的山地雪线升降幅度可超过1200米。

在距今1.1万—0.5万年,由于地球轨道参数的变化,气候转暖,冰川退缩,北半球山地冰川发生一次显著的退缩事件,地球再次进入了温暖的间冰期,但当时冰川退缩的规模比20世纪末要小得多。大冰期以后,地球大部分地区的气候在公元前5000至公元前3000年前最为温暖,被认为是冰期以后的气候最适期。

公元前900—450年,即所谓铁器时代的早期,欧洲的气候进入了冷湿时期,阿尔卑斯山的冰川显著扩张,从爱尔兰到德国的许多泥炭层刨面中显示出2500年前在这一广大地区分布着沼泽,北美洲落基山北纬50度以南所发现的现代冰川遗迹大多在这个时期形成。此后,大致在公元1000—1200年,南、北半球的气候又处于适宜的温暖状态,也被称为"第二个气候最适期"。当时格陵兰岛南部的气温据推测比现在高4度左右,由于气候比较适宜,维金人在公元982年移民到格陵兰定居。公元1430—1850年间,北半球的气候转冷,特别是在1650—1750年间,被称为"小冰期"。伴随着寒冷期气候而来的,是中纬度地带的湿润,雨量的增加,使这一时期里海的水平面较之以前和以后几个世纪高出了5米以上。

总之,从遥远的太古至1750年即工业革命以前,全球气候变化基本由地球本身的自然变化引起,而且也呈现出一定的规律性。如在过去的42万年里,地球的温度有4个变化周期,一个周期大概10万年,温度从6度到10度不等。在此期间,地球气候也出现过几次突变情况,如在距今12500年、8000年和距今三四百年前都发生过地球温度忽然发生突变的情况,正如电影《后天》中描述的那样,但这些气候变化都是不以人的意志变化为转移,和人类活动本身大体无关。而工业革命以后,人类文明在加速前进的同时,全球气候也因人类活动的肆意无度,经历了一个真正意义上的史无前例的大变化。

### 二、气候变暖的僭越恶果

气候系统是地球系统中最为活跃的组成部分之一,从地质历史看,地球一直以来就经历着"冷—暖"和"干—湿"等一系列的自然变化,而且不排除在某一时期存在比现在更适宜或更恶劣的地球气候。1860年,英国科学家廷德尔(Tyndall)发现,造成温室效应的因素不是大气里主要的氮和氧,而是比较少量的其他各种气体,特别是水汽、$CO_2$和$CH_4$,于是人们把这些气体称为"温室气体"。由于温室气体排放增加,全球气候呈明显的变暖趋势。政府间气候变化专门委员会(IPCC)第四次评估报告指出:全球地表平均温度近百年来(1906—2005年)升高了0.74℃,最近50年的升温速率几乎是过去100年的两倍,最近10年是有记录以来最热的10年。报告认为,若不采取减排措施,21世纪全球气候仍将持续变暖。到2020年,全球地表平均温度相对于20世纪后20年大约升高0.4℃,到21世纪末可能升高1.1℃—6.4℃,其中以陆地和北半球高纬度地区的增暖最为显著。这将对地球气候系统产生深刻影响,进一步破坏人类与生态环境系统之间已建立起的相互适应关系,使全球的可持续发展受到严重的挑战。

（一）从极端事件透视气候的恶化

天气和气候极端事件,主要是指天气和气候状态在一定时间内较大程度地偏离正常状况。据国际气象组织报告,2008 年全球气象特征表现非常极端。例如,土耳其度过了 50 年来最冷的 1 月,美国中西部地区 2 月的平均气温低于正常值约 5℃,加拿大多伦多的降雪量为 70 年之最,阿根廷在 5 月迎来了历史上最冷的冬天,而 11 月又经历了 50 年来最热的夏天。据统计,2008 年,太平洋、大西洋和印度洋共生成了约 60 个热带风暴,它们遍布南亚、东南亚、非洲、加勒比海、欧洲及美洲,甚至连国土主要被沙漠和地表岩石所覆盖的陆地都曾一度变成沼泽之国。其中,5 月在印度洋北部生成的纳尔吉斯气旋是 1991 年以来亚洲遭遇过的最具破坏性的热带风暴,在缅甸造成了近 8 万人死亡的空前灾难。而在这些国家饱受洪涝灾害之苦的同时,澳大利亚、葡萄牙、西班牙,以及南美洲的乌拉圭、巴拉圭等国却都发生了严重的旱灾。

与全球气候变化几乎保持同步,中国近年来的天气和气候极端事件也呈上升趋势。2008 年 1 月 10 日至 2 月 2 日,我国连续遭受 4 次低温雨雪及冰冻天气的袭击,影响范围之广、强度之大、持续时间之长,总体上为百年一遇,受灾人口达 1 亿多人,而同年我国的台风登陆次数之多、登陆时间之早、登陆比例之高,也都打破了历史记录。2008 年 3 月,黄河内蒙古段因气温回升迅速,开河速度明显加快,由于开河期河槽蓄水量大、水位高,导致黄河内蒙古部分河段发生新中国成立以来最为严重的凌汛灾害。2008 年 8 月 25 日,上海市出现入汛后最强暴雨天气,徐汇区 1 小时最大降水量为 117.5 毫米,为 1872 年有气象记录以来的最大值。10 月下旬至 11 月上旬,中国南方地区出现了罕见的持续性强降水天气。10 月 21 日至 11 月 8 日,南方平均降水量为 94.9 毫米,是常年同期的 1.6 倍,为 1951 年以来的最大值。

据国家气候变化对策协调小组办公室的初步估计,由极端天气和灾害所带来的损失和 50 年前相比已增加了 10 倍,20 世纪 90 年代,全球发生的重大气象灾害比 20 世纪 50 年代多 5 倍。20 世纪 60 年代,气象灾害平均每年造成的经济损失约 40 亿美元,而到了 20 世纪 80 年代和 90 年代灾害每年造成的经济损失则高达

290 亿美元。中国因气象灾害造成的年平均经济损失,20 世纪 50 年代为 80 亿元,80 年代增至年均 410 亿元,而到了 90 年代则年均高达 1300 亿元。随着气候变化问题的日益加剧、极端天气气候事件及其引发的相关事件(如海平面上升)发生概率的增加,人类社会生活的各个方面将面临更大的威胁和挑战,其中的一些影响可能会危及人类社会沿袭数千年的生产生活方式,甚至带来不可恢复的毁灭性的灾难。

(二)从行业层面分析气候的变化

就中国而言,气候变化对各行业的影响十分巨大。例如,气候变化对中国农牧业生产的负面影响已经显现,农业生产不稳定性增加;因气候变暖引起农作物发育期提前而加大早春冻害;草原产量和质量均有所下降,气象灾害造成的农牧业损失增大。未来气候变化对农牧业的影响仍以负面影响为主,小麦、水稻和玉米三大作物均可能以减产为主;农业生产布局和结构将出现变化;土壤有机质分解加快;农作物病虫害出现的范围可能扩大;草地潜在荒漠化趋势加剧;火灾发生频率将呈增加趋势;畜禽生产和繁殖能力可能受到影响,畜禽疫情发生风险加大。

有研究指出,北半球年平均气温每增减 1 度,会使农作物的生长期增减 3—4 周。这个变化对农作物生长具有重大影响,如在气候温和时期,单季稻种植区可北进至黄河流域,双季稻则可至长江两岸;而在寒冷时期,单季稻种植区要南退至淮河流域,双季稻则退至华南。气候变化对农业产量的影响,在高纬度地区表现最为明显,而对低纬度地区则影响相对较小。在中高纬地区,如果局地平均温度增加 1℃—3℃,作物生长季节延长,生长速度加快,粮食产量预计会有少量增加;若升温超过这一范围,某些地区农作物产量则会降低。从全球角度看,若局地平均温度增加范围在 1℃—3℃,粮食生产潜力预计会随温度升高而增加;若超过这一范围,则会降低。

现有的研究表明,气候变化导致温度的升高,能够直接影响作物的生长发育,从而影响粮食生产能力。而气温和降水的反常变化、干旱和洪涝等自然灾害发生的频率和强度的增大,都将导致粮食生产的不稳定性加剧,作物产量波动加大。气候变暖还可能会改变土壤条件、加剧病虫害的流行和杂草蔓延,从而使农业生产条件恶化。因适应气候变化,未来粮食生产结构与布局可能发生重大调整,种植制度、作物种类、品种质量、生产成本和投资等都可能发生重大变化。气候变化也会影响到其他种植业、畜牧业和水产业的生产环境、布局、结构、产量等。按照目前的趋势,全球平均气温很可能继续升高2℃—3℃,中国的农业生产届时将受到严重冲击。根据中国农业和气候科学家的最新研究,气候变化可能导致中国三大主要粮食作物(水稻、小麦和玉米)产量持续下降,受气温升高、农业用水减少和耕地面积下降等因素的综合作用,估算表明,气候变化和极端气候灾害将导致我国农业生产尤其是粮食生产的波动,从过去的10%增加到20%,极端年景甚至达到30%以上。2050年中国的粮食总生产水平可能下降14%—23%(林而达,2008),如果不采取措施,气候变化将严重影响中国长期的粮食安全。

另外,为减缓气候变化,生物能源被作为矿物燃料的替代品正不断发展壮大,这有可能加剧土地和粮食供求矛盾,从而对世界粮食安全构成另一种挑战。在气候变化的背景下,全球粮食生产的不稳定性、产量下降和格局调整还可能影响世界粮食的贸易和价格,粮食可能被视为一种重要的战略资源被实行出口配额和贸易限制措施,使粮食供应问题加重,高粮价将严重挫伤那些靠进口粮食来满足内部需求的发展中国家和贫困人口,引发潜在的冲突。

全球气温升高后,某些病虫的分布区域可能扩大,一些病虫害发生的起始时间提前,使多世代害虫繁殖的代数增加,危害时间延长,从而影响农业生产。

(三)从区域层面剖析气候的演变

由于地域的不同和自然生态系统的差别,地球上不同区域所面对的气候变化问题可能存在类型、范围和程度上的差异,而且由于社会生产和生活体系的差异,不同区域在面对气候变化问题时也表现出了不同的脆弱性,这两个因素使地球上不同区域的气候变化影响及其表现存在着一定程度的区域差别。

第一,非洲。非洲是应对气候变化最为脆弱的大陆之一。因为气候变化,预计到2020年,将有0.75亿—2.5亿非洲人口的用水安全会受到较大冲击,这不仅会直接影响当地的生活,而且会使与水有关的其他问题(如地区安全)进一步恶化。

第二,亚洲。据估计在未来20—30年内,由于冰川融化,喜马拉雅地区的岩崩和洪水概率将明显增大。同时,由于海水入侵加上部分源于河流的洪水暴增,广大沿海地区尤其是东亚、南亚和东南亚等大三角洲地区,由于人口十分稠密,洪水产生的风险将十分巨大。

第三，澳洲。到2020年，预计在那些生态资源相对比较丰富的区域，气候变化将导致生物种类急剧衰减，当然，这种风险在其他地区也势必存在。到2030年，由于火灾和干旱事件频发，预计在新西兰东部和澳大利亚东南部等很多地区，林业和农业产量将明显减少。

第四，欧洲。预计在未来，气候变化将对欧洲绝大多数地区产生极为不利的影响，包括内陆地区洪水突发概率会增大，而海岸地区的洪水暴发次数更多，且侵蚀也越来越重，很多部门都将受到威胁。对多数生态系统和生物群落来说，这种气候变化是非常难以适应的。

第五，南美洲。由于温度持续升高，土壤含水量逐步降低，预计到21世纪中叶，在亚马孙东部地区，热带稀树草原将逐渐取代热带雨林，半干旱植被也将慢慢被干旱地区的植被所代替。在热带拉丁美洲，将有部分物种灭绝，从而导致生物多样性迅速减少。

第六，北美洲。对于北美洲农作物而言，面临的风险主要是不断升高的温度将超出其适宜范围的最高限，还有农作物需要的水资源是否能够提高利用效率的问题。对于那些遭遇热浪比较频繁的城市来说，21世纪将会面临更为严重的热浪袭击，这将对人们的健康产生极为不利的影响。

第七，极地地区。对极地地区来说，气候变化的主要影响包括冰盖、冰川厚度变薄，以及海冰面积将进一步减少。在北极地区，海冰的面积将持续下降，并且多年冻土的融化深度也将不断增加。此外，由于气候变化，容易造成物种入侵，从而使极地地区生态系统遭到破坏。

第八，小岛屿。由于海平面上升，风暴潮、洪水及其他灾害发生的频率大为增加，使得小岛屿上的人居环境和重要的基础设施遭到破坏，影响居民的生活和生产环境。

### 三、气候异常的幕后推手

瓦特发明的蒸汽机，将大西洋的一个海岛小国推向日不落帝国之巅，与此同时，也将人类历史推进了工业化时代。这个被马克思称为"一百多年创造的财富，相当于人类几千年创造的财富总和"的时代，在加速推进人类文明进程的同时，也在悄然改变着恒居万年不变的全球气候系统。

对于气候变暖造成的异常，有自然原因，也有人类活动原因。自然原因包括地球系统本身的某些因素如火山爆发、海—陆—气相互作用、地壳运动和地球转动等；有的是地球以外的因素，如太阳辐射、银河系尘埃等。但经过科学家长期艰苦的探索，他们认为：虽然影响气候变化的因子非常复杂，但全球气候正在加速变暖的主要原因是温室气体增加，而温室气体增加主要原因是由于大气中 $CO_2$ 浓度不断增加，是人类大量排放的结果。

大气温室气体增温效应即"温室效应"早在 1827 年就被证实，[1] "温室效应"是由于人为活动产生的温室气体（$CO_2$、$CH_4$、$N_2O$、HFCs、PFCs、$SF_6$）排放量不断增加，打破了原来各种天然温室气体成分的自然平衡，使大气中的温室气体浓度呈现不断增长的趋势。

1750 年以来，全球大气中 $CO_2$、$CH_4$、$N_2O$ 和一些氢氟碳化物的含量剧增，目前已经远远超出工业革命前的水平。[2] $CO_2$ 的增加主要是人类使用化石燃料所致，而 $CH_4$ 和 $N_2O$ 的增加主要是由于人类的农业生产活动。目前，这些气体已经大大超出了根据冰芯记录得到的工业化前几千年来的浓度值，其中 $CO_2$ 浓度从工业化前的约 0.280mol/L 增加到 2005 年的 0.379mol/L，$CH_4$ 浓度值从工业化前的约 $7.15 \times 10^{-4}$ mol/L 增加到 2005 年的 $1.774 \times 10^{-3}$ mol/L，$N_2O$ 浓度从工业化前的约 $2.70 \times 10^{-4}$ mol/L 增加到 2005 年的 $3.19 \times 10^{-4}$ mol/L。[3] Crowley 利用能量平衡模式（Energy Balance Climate Model）研究了近 1000 年来北半球的气温变化，他认为，20 世纪的升温中，温室气体的强迫贡献已超过了气候的自然变化。[4] $CO_2$ 一旦排放到大气中，可以生存 50—200 年。从 $CO_2$ 的生存周期来看，现在空气中很大一部分 $CO_2$ 是发达国家从工业革命以来排放到大气中的，现在仍在起作用，1750—1950 年发达国家排放的二氧化碳占世界总量的 95%，1950—2002 年发达国家二氧化碳排放量占世界累计排放量的 77%。

① IPCC. Climate Change 1995：The Science of Climate Change. Cambridge：Cambridge University Press. 1996.

② 国家气候中心. 全球气候变化的最新科学事实和研究进展——IPC 第一工作组第四次评估报告初步解读[J]. 环境保护,2007(11).

③ Crowley TJ. Causes of climate change over the past 1000 years. Science, 2000, 289（5477）：270—277.

④ 郑斯中. 全球变暖对我国粮食产量影响估计中的乐观倾向[J]. 中国农业气象,1993(5).

　　鉴于气候变化是世界性的问题,各国政府在做决策时,需要有一个科学的权威依据,于是在 1988 年 11 月世界气象组织和联合国环境规划署联合成立了政府间气候变化专门委员会(简称 IPCC),为国际社会就气候变化问题提供科学依据。从 20 世纪 80 年代中期开始至今,IPCC 对人类活动影响气候变化做了四次评估。2007 年 2 月 2 日开始发布第四次评估报告,对这个问题有了越来越清晰的认识。第四次评估报告对引起气候变暖的原因,综合了全世界的研究指出:过去 100 年特别是过去 50 年的全球气候变暖很可能主要是由大气中 $CO_2$ 等温室气体浓度增加引起的。这一结论主要基于大量的观测事实和气候模式模拟分析。模拟研究一般采用全球大气—海洋环流耦合模式,考虑自然强迫因子如太阳活动和火山活动,以及人类排放的温室气体和硫化物气溶胶,模拟 20 世纪全球年平均气温的变化。这些研究表明,当只考虑自然强迫时,模拟不出 20 世纪的全球变暖;当只考虑人类活动影响时,可以基本上模拟出 20 世纪全球变暖的趋势;而当输入所有的强迫时,模拟与观测的气温变化过程吻合得最好。IPCC 报告还认为,影响 20 世纪气候变化的主要因子是太阳活动、火山活动和人类活动,而人类活动排放的温室气体在近 50 多年的全球变暖中起到主导作用。总之,根据 IPCC 的观点,结论十分清楚:全球气候正在变暖,原因是由于大气中 $CO_2$ 浓度不断增加,这是人类大量排放的结果,为此应严格限制 $CO_2$ 的排放。如果不采取措施控制二氧化碳等温室气体的排放,地球平均气温很可能(90% 可能性)将持续升高,造成海平面上升和极端气候等灾难性后果。①

　　那么是什么原因造成了人类往大气中排碳。这是由于 1860 年工业革命以来,社会文明的发展,人类的生产模式越来越依赖机器,这就需要更多的能源来维持其运作,这也意味着需要燃烧更多化石燃料来满足需求,结果导致大量的温室气体排放。据统计,1965—2010 年全球每年由化石能源燃烧产生的碳排放量从 $117.4 \times 108t$ 增加到 $331.6 \times 108t$,增长了 2.82 倍,年均增长 2.4%。全球二氧化碳排放量呈现出不断上升的趋势,但变化有一个曲折的过程。1965—1973 年期间增速较快,年均增长 4.8%,1974 年和 1975 年增速回落,1976—1979 年恢复增长,达到高点后,又有 4 年的回落,然后迂回增长,2002—2008 年又进入一个快速增长

---

　　①　参见联合国政府间气候变化专门委员会(IPCC)的《2007 气候变化综合报告》。

期,年均增长 3.09%,2009 年受美国金融危机的影响,全球经济萎缩,对能源的需求下降,碳排放量降低了 1.8%,为增速回落最大的年份,而 2010 年又强劲反弹,二氧化碳排放量增长 5.8%,接近历史最高值。研究还表明,近 50 年来大气中 $CO_2$ 含量以 0.4% 的增速增加,近年来有加速之势,过去 10 年(2001—2010 年)每年平均增加 2.04ppm,增速为 0.54%,明显高于平均值,形势令人堪忧。

从 $CO_2$ 排放的地区分布来看,经计算 1965—2008 年二氧化碳累计排放量中,美国是 40 年来累计排放量最大的国家,累计排放 238102 百万吨,占全球累计排放量的 25.5%,超过 1/4。欧洲国家在累计排放量前 10 名中最多,俄罗斯、德国、英国、法国都是二氧化碳排放量的大户,其他欧洲国家也占到全球累计排放量的 21%。中国由于人口众多,所以累计排放量也占到全球的 1/10。

在过去的一个世纪中,人类在工业化过程中创造了辉煌的物质文明,而物质文明的取得是建立在煤炭、石油、天然气等化石燃料需求量的大幅增加的基础之上。这一结果使全球 $CO_2$ 排放量大幅增加,从而导致全球气温变暖,使得自然界发生了不可逆转的变化。温室效应及其全球气候变暖问题与臭氧层破坏、生物多样性保护等问题一起构成了当今全球环境问题的主要内容。

## 第三节 人类文明:是谁造成了困境

以国家为单元的人类文明的竞争演进,迄今已经有 5000 余年的历史了,漫漫岁月,沧桑变幻,人类文明在灾难与收获的交互激荡中拓展伸延,已经由缓慢发展的农业文明社会,进境为发展速度骤然提升的工业文明时代了。但是,文明的进境与发展的速度,并没有从根本上改变人性,并没有改变人性的基本需求,更没有改变人类面对的种种基本难题。贫困与饥饿依然随处可见,战争与冲突依然不断重演。我们蓦然发现,当下的人类世界,面临着一个整体性的困境,这个整体困境就是:人类技术手段的飞速发展与人类文明停滞不前的巨大矛盾。

### 一、人类文明的演化

文明是指人类社会开化和进步的程度,它以社会生产的积极成果展示着社会进步和发展,成为人们衡量社会进步程度的重要标志。"文明"一词,我国古代典籍中早有记载,如《周易·乾·文言》中言:"见龙在田,天下文明",清秋瑾《愤时迭前韵》:"文明种子己萌芽,好振精神爱岁华"。这里的文明是指社会面貌的开化、进步、光明的状态。就西方而言,"文明"一词来源于古希腊"城邦"的代称。1961年出版的法国《世界百科全书》指出:"文明"主要是指"开化的社会""高度发达的社会""文明事业"等。1964年出版的《英国大百科全书》中称:"文明的内容包括语言、宗教、信仰、道德、艺术和人类思想与理想的表述。"从本质上讲,人类文明是人类在进化历史的长河中费尽心力打造出的所有物质财富和精神财富。这些都是在一定的社会关系和生产方式下进行的,并随着社会的进步不断演化的,表明人类社会越来越发达。① 可以说,人类社会的历史就是一部人类文明史,按历史学家公认说法,人类文明史大致分为原始文明、农业文明和工业文明。

### 二、始于混沌的原始文明

人类的产生是地球史上最重大的事件。大约300万年前,人类从高度发达的类人猿发展出来,开始了地球的人类史时期。人类开始产生,世界就变了样,这是地球上物质进化最近的一次质变。原始人类的生存环境是原生的自然环境。自然环境为人类提供了广泛的物质基础和活动舞台。但人类在诞生以后很长的一段岁月里,还只是自然食物的采集者和捕食者。从人类诞生之日到农业文明之前的数百万年时间里,人类一直处于原始采集和渔猎时代,在洪荒的原野上过着茹毛饮血、穴居露野的原始生活。那时人类对自然界的作用非常有限,人类是以极其简单的石制、木制的工具,以采集、狩猎、渔捞等劳动方式,去直接获得自然界赐给的"现成产品"。

远古的人类面对异常强大的自然力,力量非常弱小,他们面临寒冷、饥饿、野兽、疾病和死亡的威胁,生活十分不易。为了克服这些困难,人类成群结队地生活在一起。原始人群聚集在一个地区,辟山洞为居室,靠采摘植物的果实和块根,猎取野兽、飞禽,得到自己生存所需要的食物。通过这样的采集和狩猎活动,人类既对他赖以为生的动植物种群施加影响,又受自然界中植物及果实的生长季节、动

---

① 丁鸣.论人类发展的生态文明向度[M].辽宁师范大学,2010.

物繁衍及迁移的规律制约。可以说，人类在这一时期还只是自然生态系统食物网上的一个环节，人类对自然的影响，只是通过直接作用于食物网而反馈到生态系统中去的。这时的人类活动主要是顺其自然的利用环境，而不是有意识地改造环境，环境对人类活动有巨大的制约力。由于采集狩猎技术进步缓慢，人口增长和社会规模主要受自然资源再生能力的限制。在这一漫长的时期里，人和自然相互作用的历史形式，是以生态规律占支配地位的原始人和自然共同进化的方式。原始人对人和自然关系的认识，还处于一种混沌不分、主客体不清的神秘状态中。

　　我们还可以通过原始人的图腾崇拜来具体认识原始人对自然的强烈依赖。由于原始人干预自然的能力非常小，他们不得不屈服于各种强大的、变幻无常的自然力。在对各种自然现象，如日月星辰、风雨雷电、巨石大树的惊奇和敬畏中，他们把一些与自己氏族生存密切相关的动植物联系起来，于是形成了图腾崇拜。原始人通过把自己跟图腾氏族的集体和图腾物视为一个整体，来扩大对自然环境的依赖，从而找到自己在自然整体中的一席地位。图腾崇拜说明了原始人存在完全依赖于自然、归属于自然。正如马克思所指出："自然界起初是作为一种完全异化的、有无限威力和不可制服的力量与人们对立的，人们同自然的关系完全像动物同自然界的关系一样，人们就像畜生一样慑服于自然界，因而，这是对自然界的一种纯粹动物式的意识。"①

　　在原始文明时代，尽管人对自然界的认识和改造作用极其有限，但也开始了推动自然界人化的过程。随着人类适应自然环境能力的增强，由于人类过度的采集和渔猎，往往消灭了居住地的许多物种，人们在取得食物的同时，破坏了原有的食物链和生态环境，也就破坏了自己的食物来源，失去进一步获得食物的可能性，使自己的生存受到威胁。有许多大型哺乳动物，如披毛犀就是这样灭绝的。竭泽而渔的掠夺式生存所造成的生态平衡的失调，是人类早期以土地破坏为主要特征的环境问题。这些孕育了人类灿烂古代文明的沃土，曾经是生态条件良好、人和自然和谐生存的地方。但由于人类活动缺乏科学限制，导致了自身的生存危机。为了解决生存危机，人类便进行迁徙，转移到有食物的地方去。

　　过一个时期，人类又以同样的方式破坏了那里的食物来源，被迫再度进行迁

---

① 马克思,恩格斯. 马克思恩格斯选集:第一卷[M]. 北京:人民出版社,1995:81—82.

徙。由于地球上人口数量很少,一个地区停止人类活动之后,生命维持系统可以慢慢地自行恢复,因而人类总是可以从一个地方迁徙到另一个地方。人类的原始生活状态维持了300多万年。但是,迁徙不能从根本上解决人类与自然的上述问题。为了解决这个矛盾,需要选择新的生存方式,引进一个新的技术过程,这便是一万多年前农业产生的动力源泉。在原始文明末期,人类生物进化基本完成,技术进步加快,发生了旧石器晚期的技术革命,尤其是铁器的发明和普及,极大地增强了人类对自然资源的利用能力,创造了人类光辉灿烂的古代文明——农业文明,实现了人类历史上第一次文明的转型。

### 三、自在自为的农业文明

如果说,原始文明时期的人类尚是一个浑噩的自在之物,那么人类在进入农业文明时期则有了更多的自主意识,开始主动地调整人与自然关系。大约在一万年前,人类从中石器时代过渡到新石器时代,石犁、石锄、石杵以及弓箭的广泛运用和陶器的发明,表征着新的生产力以及新的产业——农业的产生。农业作为中心产业的完成是由金属工具的使用推动的。首先是铜器,接着是青铜器和铁器的使用;在能源方面,不仅仅利用人的体力,而且随着畜牧业的产生开始了畜力的利用。农业和畜牧业产生,在社会生产中逐渐代替采集狩猎成为社会的核心产业,这是人类史上的第一次产业革命。

人们创造了农田、牧业、渔业生态系统,把人和自然的相互作用扩大到了物质循环、水循环、气候条件和生物物种关系等许多层次。人类利用和改造自然的能力大大增强了,生产对象本身也成了人类劳动的产物,无论是农作物还是被驯化的牲畜都已经不是天然环境下的面貌,它们已经属于某种"人造自然"。第一次打破了大自然不受人类控制的自发变化的状态。从此它开始一步一步地在人类的控制下为人类所利用。在农业文明条件下,人类通过与自然的密切交往,通过在农业生产活动中对自然规律的把握和利用,在一定程度上认识到了自己和自然的区别,同时人们还深深地体验到自己的生存对整个自然的依赖,认识到人类必须和自然建立和谐一体的融洽关系。对人与自然关系的最初意识,表现在对自然的崇拜和万物有灵的观念中,如中国古代哲学的"天人合一"思想,就是用整体观来有机地看待人与自然的统一。在道家看来,自然是创造生命的本源,是人和万物的母亲,人的生命应该与自然的生命融为一体,人和自然的关系应该是亲如母子的关系。自然是人的安身立命之所,天道的自然是人道的社会根基,也是建立人与人和谐关系效法的榜样。人类只有与自然建立起和谐的关系,才能在世界中找到一个值得依赖的最深刻根源。中国古代哲学的这种看法,体现了建立在农业生产基础上的中国古代社会对自然环境的强烈依赖,体现了农业社会对生存于其中的自然环境的高度关怀。

光辉灿烂的古代文明成果为今人赞叹,然而,大部分的古代文明,却在兴盛繁荣了10多个世纪之后湮灭了,或者埋葬于沙漠下,或者遗留在荒野中,人们只能通过考古发掘将其光辉历史陈迹展示在世人面前。这是因为在农业文明时期,为了发展种植业和畜牧业,人们砍伐和焚烧森林,开垦土地和草原,把焚烧森林的草木灰作为土地的肥料。这样耕种土地,总是力求最高的产量,但是常常是过分利用地力。耕种几年之后,天然肥力用尽,收成开始下降,继而被迫弃耕,转移到别的地方去。但是,随着人口增加,越来越多的森林被砍伐变成农田和牧场,反复地进行刀耕火种,反复地弃耕,广种薄收,地力很快被耗尽。由于掠夺式的开发自然生态系统,没有重视从外部补充相应的物质和能量,人们在许多地区逐渐破坏了农业生态系统的稳定条件,导致土地破坏,出现严重的水土流失,使沃野良田变为不毛之地。

面对这一自然环境的变化,美国学者认为,"文明之所以会在孕育了这些文明的故乡衰落,主要是由于人们糟蹋或者毁坏了帮助人类发展文明的环境"①。恩格斯更是明确指出:"我们不要过分陶醉于我们对自然界的胜利。对于每一次这样的胜利,自然界都对我们进行报复。每一次胜利,起初确实取得了我们预期的结果,但是往后和再往后却发生完全不同的、出乎预料的影响,常常把最初的结果又消除了。美索不达米亚、希腊、小亚细亚以及其他各地的居民,为了得到耕地,毁灭了森林,但是他们做梦也想不到,这些地方今天竟因此而成为不毛之地,因为他们使这些地方失去了森林,也就失去了水分的积聚中心和贮藏库。阿尔卑斯山的意大利人,当他们在山南坡把在山北坡得到精心保护的那同一种枞树林砍光用尽时,没有预料到,这样一来,他们就把本地区的高山畜牧业的根基毁掉了;他们

---

① 弗·卡特等. 表土与人类文明[M]. 北京:中国环境科学出版社,1987:5.

更没有预料到,他们这样做,竟使山泉在一年中的大部分时间内枯竭了,同时在雨季又使更加凶猛的洪水倾泻到平原上。"①因此,人类农业文明带来的最严重问题就是森林植被破坏以及随后导致的土地破坏,而环境迅速恶化是造成人类文明衰落的一个重要原因。

　　总的看来,农业文明时期,人类在相当程度上保持了自然界的生态平衡。这是因为这一时期社会生产力和科学技术发展较为缓慢,人类物质生产活动基本上是利用和强化自然的过程,对自然的开发利用是一种局部的、表层的,缺乏对自然实行根本性的变革和改造,所以,人类对自然的破坏尽管具有一定的规模,并且破坏的总趋势从未中止,但只是造成整个自然界的局部斑秃和伤痕,并没有造成严重的生态危机。此时,人类的生存状况和发展水平还远远不尽如人意,人类还不能成为自然进化的帮手,文明样式还需变革和深化。

### 四、掠夺与征服的工业文明

　　人类文明以舒缓的步履走完了几千年的农业文明时代,揭开了一个文明新纪元。18 世纪 60 年代,英国蒸汽机的发明和运用,标志着工业文明时代的到来。在这个文明时代,人类利用科技力量创造了无穷的财富。在"人类中心主义"的理念指导下,在征服自然的进程中人类社会迅速进入现代工业文明时代,迎来了人类第二次产业革命。

　　在工业文明条件下,人口迅速增长,技术突飞猛进,人类活动进入到地球几乎所有的陆地和水域,使地球的整个表面成为人的活动场所,甚至人类活动还超出地球进入宇宙太空。人类对自然改造和利用形式更加深广和复杂。工业生产以机器系统或自动化流水线代替手工工具,从而使手工工场的生产变为工厂化大生产。工业生产所需的能源,是以煤、石油和天然气等为主体的矿物燃料,这为社会提供了比农业社会大得无法比拟的动力,驱动工业生产加速发展。各种金属和非金属材料的开发利用,生产出了丰富的商品供社会需要,使工业化发达国家发展为高消费社会。同时,工业生产对传统农业产业实行工业化,例如拖拉机、播种机和收割机在农业生产中应用,化肥、农药和除草剂用于农业,优良品种以及现代化

---

　　①　马克思,恩格斯. 马克思恩格斯选集:第 4 卷[M]. 北京:人民出版社,1995:383.

管理手段投入生产,从而实现了从传统农业到现代农业的转变。

随着现代化大工业的出现,建立在个人才能、技巧和经验之上的小生产被置于科学技术成果之上的大生产所取代,劳动生产率大幅度地提高,环境中物质、能量和信息的传递系统大规模地改变,人类的活动领域极大扩张,人类的物质欲望与日俱增。矿物资源被开采出来,大片原野被开发,大量的废水废气排入环境,大量的环境问题由此而生,如城市汽车排气,光化学烟雾,农药化肥污染,江河海洋污染,全球性的温度上升,种种有关环境污染所致疾病的产生,等等。生态系统的破坏,人类与环境关系的失调,威胁着人们的生活和健康,以致造成资源危机、能源危机和环境危机,地球遭到了空前的挑战。

工业文明以"人类主宰自然"为理论依据,以对自然的巨大损害为代价,追求单纯的经济增长。人们把自然仅仅作为提供无偿消费和损耗的对象,对自然尽其可能地多开发,对自然资源尽可能多消费,最大限度地满足当代人的物质贪欲,而不考虑自然界的承受能力,也不考虑生产对自然界和社会带来的长远影响。工业化国家所采取的这种不可持续的生产和消费方式,是造成全球环境恶化的主要原因。大量难以回收和降解的生活垃圾和工业垃圾的存在,已成为工业化国家的另一种标志。

由于对自然资源的过度开发,不可避免地带来资源和生态环境的恶化等一系列问题:环境污染、气候异常、土壤流失、沙漠化扩大、水旱灾频繁……人与自然关系的失调,人类将面临灭顶之灾。人类为了自己一个物种的利益,以竭泽而渔的方式榨取自然,最终使人类自身陷入了生态失序的困境之中,也使地球上所有生命物种面临着日益加剧的生存危机的威胁。美国著名社会学家、未来学家阿尔温·托夫勒认为:"可以毫不夸张地说,从来没有任何一个文明,能够创造出这种手段,能够不仅摧毁一个城市,而且可以毁灭整个地球。从来没有整个海洋面临中毒的问题。由于人类贪婪或疏忽,整个空间可能突然一夜之间从地球上消失。"①这就表明:我们一方面不顾一切地运用现代科学技术,力图取得人类更辉煌的成就,另一方面却又不得不面对日益严峻的全球性生态环境问题。这是工业文明内在形成的、自身无法解决的一个矛盾。人类通过反思深刻地认识到,在工

---

① 阿尔温·托夫勒. 第三次浪潮. 北京:三联书店出版社,1984:187.

业文明的框架内,采用"头痛医头,脚痛医脚"的方法,不能从根本上解决问题。

工业文明的时代已经走到了尽头,人类再也不能继续按照工业文明时代的道路走下去了,这是因为工业文明依赖的是一种资源浪费型、环境污染型、生态破坏型的发展方式,这种以对自然资源掠夺为主要特征的发展模式是不可持续的。也就是说,当人的行为违背自然规律、资源消耗超过自然承载能力、污染排放超过环境容量时,就将导致人与自然关系的失衡,造成人与自然的不和谐。因此,人类就必须寻找一条新的发展道路,必须对工业文明形态改弦更张,突破工业文明的旧框架,建设一种新的文明形态。

## 第四节　低碳经济:文明形态变革的必由之路

工业革命以来,人类贪婪地追求经济发展与物质需要,无休止地利用化石能源,放任二氧化碳的高排放,把自己从农业社会的"原生态"低碳经济体系逐渐带入了工业社会的"高碳经济"体系,同时也把自己带入了全球变暖和生态环境严重恶化的尴尬境地。面对目前的困境,人类就必须寻找一条新的经济发展模式,建设一种新的文明形态。

### 一、低碳经济的由来

"低碳经济"一词最早见诸于政府文献的是英国于 2003 年 2 月 4 日颁布了《能源白皮书》(我们能源的未来——创建低碳经济),正式提出英国能源战略的首要目标是实现低碳经济,[①]这是世界范围内第一次提出低碳经济理念。英国随后在各年度报告中评估了本国低碳发展的目标和确定了本国未来的走向。[②]《能源白皮书》讲述了英国政府在未来 50 年的能源政策,阐明了今后英国政府将如何实现《京都议定书》的承诺和确保长期能源供应的安全性和经济性的措施等,并且

---

① DePartment of TradeIn dustry(DTI). Energy White PaPer: Creating a Low Carbon Eeonomy. London: DTI,2003.

② DePartment of Trade Industry . Energy Reviews Challenge: AWhite PaPeron Energy. London: DTI,2006.

设立了一个详细的发展低碳经济的目标:2010 年二氧化碳排放量在 1990 年的基础上减少 20%,到 2050 年减少 60%,并在 2050 年要建成低碳社会。为了实现能源白皮书的目标,英国制定了一系列的气候政策来提高能源利用效率,降低温室气体排放量。其中成立碳基金和参与英国与欧盟排放贸易计划是其中两项重要的气候政策。

英国提出"低碳经济"有着其特定的国内外经济、政治、社会及能源与环境方面的背景①。首先,在第二次工业革命之后,英国的产业经济已落后于美国和德国,综合国力日渐衰落,尤其是二战以后被经济学家称为"英国病"问题,长期困扰英国的经济发展。20 世纪 70 年代,英国一度沦为欧洲的"二流"国家,此时英国的经济亟须扭转,产业经济的重新塑造是这一时期英国经济发展中的重大变革。在世界经济不断发展形势下,强烈寻求变革来提升国际竞争力是英国发展低碳经济的重要动力之一。其次,在国力日益衰落的背景下,英国的国际影响力及国际地位也在下滑。在世界经济的全球化趋势不断加强和国际政治经济新秩序逐渐形成这一新的历史环境下,英国政府以改革和团结合作的精神应对全球化的挑战,积极调整国家战略和政策措施,从而抓住"低碳经济"这一未来发展机遇。最后,英国现阶段能源供应主要依靠进口,尽管它曾是西欧国家中能源资源最丰富的国家,如果不改变当前的消费模式,预计英国到 2020 年所需能源的 80% 都必须依靠进口。而《京都议定书》为英国所确立的温室气体减排目标对英国实现可持续发展提出更大的现实挑战。这些都迫切要求英国在能源的开发利用层面进行低碳转型。

由于英国是工业革命的发源地,也是世界上最早实现工业化的国家,其白皮书的内容及所引领的未来政策方向备受瞩目。因此,英国提出发展低碳经济后,欧盟各成员国均认同这一理念,并提出相似的发展战略。随后,欧盟积极进行减排行动。2007 年,欧盟能源技术战略计划(European Commission,2007)通过,鼓励发展低碳能源技术,面向一个低碳未来。2008 年 1 月,欧盟委员会制定欧盟能源气候一揽子计划(European Commission,2008),并于同年 12 月通过。

①  DePartment of Trade Industry . Energy Reviews Challenge:AWhite PaPeron Energy. London:DTI,2006.

美国政府也致力于气候变化及低碳经济的相关法案。2007 年,《美国气候安全法案》(Americas Climate Security Act)在议会委员会层面上得到通过。2007 年 2月,美国参议员提出"低碳经济法案"。2007 年 11 月,美国进步中心(Center for A-merican Progress)为新政府提出《渐进增长,促进美国向低碳经济转型》的报告。2009 年 3 月,美国众议院能源委员会向国会提出"2009 年美国绿色能源与安全保障法"(America Clean Energy and Security Act of 2009)。政府大力推动绿色能源法案的出台。

日本在低碳经济发展上也非常积极。2008 年 1 月,日本前首相福田康夫首份施政报告中的主要议题之一为全球气候变暖。2008 年 6 月,前首相福田康夫发表题为"低碳社会与日本"的讲话,倡导建立低碳社会。

在全球低碳热潮中,中国也展现了自身的积极方面。2006 年,科技部、国家发改委、中国气象局、国家环保总局等六部委联合发布《气候变化国家评估报告》。2007 年 6 月,中国发布《中国应对气候变化国家方案》,提出建立低碳排放社会。2007 年 12 月,《中国能源状况与政策》白皮书发布,将可再生能源列为国家未来能源发展的重要部分。2007 年 9 月,国家主席胡锦涛在亚太经合组织 15 国领导人会议上,明确提出发展低碳经济。

## 二、低碳经济的理论基础及特征

低碳经济是低碳产业、低碳技术、低碳生活等一类经济形态的总称。它以低能耗、低污染、低排放、低碳含量和高效能、高效率、优环境为基本特征,以应对气候变暖影响为基本要求,以实现经济社会的可持续发展为基本目的,其实质是能源高效利用、清洁能源开发、可持续发展的问题,核心是能源技术和减排技术创新、产业结构和制度创新以及人类生存发展观念的根本性转变。相对于高碳经济,发展低碳经济关键在于降低单位能源消费量的碳排放量,提高能效,实现低碳发展;相对于化石能源为主的经济发展模式,发展低碳经济关键在于改变人们的高碳消费倾向,通过能源替代,抑制化石能源消耗量,实现低碳生存的可持续消费模式。

从经济理论的演变角度看,低碳经济的形成与发展离不开相关理论体系的支撑。低碳经济理论基础源于以下几个理论体系支撑:(一)"可持续发展"理论。

可持续发展的概念最初是由环境学家和生态学家提出的。[①] 1980 年,"可持续发展"在《世界自然保护大纲》中被首次提出,并提出了"可持续发展"的前景和途径,指出"持续增长"的概念是不确切的。1987 年,世界环境与发展委员会在一份题为"我们的未来"(又称布鲁兰特报告)的报告中将"可持续发展"界定为"既满足当代人的需要,又不损害后代人满足其需求的能力的发展",得到了国际社会的广泛认可。1992 年 6 月,联合国环境与发展大会上通过的《里约环境与发展宣言》等一系列文件,对"可持续发展"理论做了进一步的阐述。(二)"绿色经济"理论。绿色经济是一种"新经济",它既是以知识为基础的知识经济,又是人类创造绿色财富的经济。绿色经济作为人类文明演进的一个崭新阶段,它既包含着物质文明,又包含着非物质文明,是物质文明与非物质文明的有机统一体。[②] 绿色经济是由英国经济学家皮尔斯 1989 年出版的《绿色经济蓝皮书》首次提出。雅可布(Jacobs)与波斯特尔(Postel)等人在 1990 年代所提出的绿色经济学中倡议在传统经济学三种生产基本要素:劳动、土地及人造资本之外,必须再加入一项社会组织资本(social and organization capital,SOC),从而完善了绿色经济理论体系。(三)"循环经济"理论。"循环经济"是以生态优先和物质循环理念重构传统的经济流程和工业发展模式,以清洁生产技术、生态化产业链集成技术、环境无害化技术、废物回收和再资源化技术为基础,以环境友好的方式永续利用自然资源,以和谐的方式处理人与自然环境的关系,实现资源消耗减量化和高效化,废弃物再资源化和无害化,经济活动生态化和循环化。"循环经济"的理念最早是由美国经济学家 K·鲍尔丁提出来的,1990 年,英国环境经济学家罗伯杰(D. pearce)和珀曼(R. K. Tumer)在出版的《自然资源和环境经济学》一书中,重提了"循环经济"的概念并赋予其新的内涵。(四)"清洁生产"理论。1996 年,UNEP(联合国环境规划署)将清洁生产的概念定义为:清洁生产意味着对生产过程、产品和服务持续运用整体预防的环境战略以期增加生态效率并减轻人类和环境的风险。清洁生产是关于产品生产过程的一种新的、创造性的思维方式。对于生产过程,它意味着

---

① 刘培哲. 可持续发展理论与中国 21 世纪议程[M]. 北京:北京气象出版社,2011:12.

② 赵斌. 关于绿色经济理论与实践的思考[J]. 社会科学研究,2006(2).

充分利用原料和能源,消除有毒物料,在各种废物排出前,尽量减少其毒性和数量。① 尽管国内外对于清洁生产概念的描述和界定有所不同,但其主旨和中心的内核坚持清洁生产理论是一致的,都是改变末端治理、提倡清洁生产的策略,发展从源头减少污染、治理污染,在生产全过程中贯彻综合预防为主的可持续发展战略,其理论基础也是一脉相承的。

从对低碳经济的概念与内涵的分析我们可以认识到,低碳经济是应对气候变化和环境危机的根本途径,是实现绿色环保和经济增长的重大引擎。低碳经济具有以下几点特征:(一)低能耗。在低碳经济三个基本特征中,低能耗是最基本的,也是其区别于其他传统经济模式的最主要特征。能源是人类赖以生存和发展的物质基础,世界经济和人类社会的发展都离不开能源的开发和利用,能源的改进和更替也不断地推动着人类文明的发展。而传统的经济发展模式都是建立在高能耗的基础上,经济得到发展的同时也消耗了大量的物质资源和人力资源。随着低碳经济的提出以及低碳能源技术的不断发展,人类在不久的将来能逐渐摆脱对于传统能源的依赖,建立一种全新的低碳经济增长模式和低碳社会消费模式,将低能耗体现在生产、生活中的各个环节。(二)低排放。传统经济发展模式十分依赖化石能源,而化石能源充分燃烧或者燃烧不完全都会向空气中释放出大量的温室气体,因此传统的经济发展模式向来都是温室气体"高排放"的代名词。低碳经济则正好相反,低碳经济发展的关键在于如何解除经济增长与能源消费连带的高碳排放之间的联系,实现两者错位增长,最终达到此长彼消的状态。随着低碳经济的发展,低碳能源无疑会在能源市场上大放异彩。低碳能源是一种含碳分子量少或者完全不含碳分子结构的能源,燃烧的时候可以减少温室气体在空气中的排放,低碳能源具有可再生并且可持续应用、高效并且适应环境性能强、节能减排效果显著等特点。因此,如今的低碳经济无疑是"低排放"最佳的代名词。(三)低污染。随处可见的生活垃圾、臭气熏天的河流、不断恶化的空气质量是之前几十年来工业发展给环境带来严重污染和破坏的真实写照。人类总是热衷于关注自己的生活空间是否干净、整洁,而不太在乎整个地球生态系统是否清洁、无污染。因此,低碳经济的提出,给人类敲响了沉痛的警钟,地球家园因人类活动而变得千

---

① 石芝玲. 清洁生产理论与实践研究[M]. 天津:河北工业大学,2005.

疮百孔。低碳经济所倡导的高效、节能的生产方式和节约、简单的生活方式,能将人类活动所带来的污染降到最低值。低碳经济所提倡的低碳能源更是低污染的"主力军",其中的太阳能和风能在利用的过程中甚至可以达到零污染。

### 三、低碳经济推动人类文明形态的变革

美国科学院院士雷德·戴蒙德在《崩溃——社会如何选择成败兴亡》一书中指出,不要以为古文明覆灭的悲剧只会发生在过去,它其实已是我们今天无法回避的现实,甚至在当今世界最富庶强大的国家生态环境破坏最少的州——号称"苍穹之乡",情况也不容乐观。人口增长、水质恶化、空气质量不良、有毒废物、森林火灾、土壤流失、生态多样性减少正全方位侵蚀着我们这个星球。而全球的气候将反复无常,气象灾害范围更大、更频繁和更严重,直接威胁到人类的生存与发展。人类文明再一次走到了一个一字路口。

近现代的经济是基于"化石能源"的经济发展模式,这也意味着经济的发展与碳的排放具有不可分割的联系。在技术发展日趋成熟、能源成本和碳成本不断攀升、国际减排呼声日益高涨的情况下,寻求"碳依赖"经济发展模式之外的新型发展道路成为可能,这一新的发展模式最典型的特征就是经济发展的"零碳化"。实现社会经济发展向低碳道路迈进,可以在保持经济增长活力的前提下,实现人类的气候目标。低碳道路面临政策保障、技术支持、资金成本、市场竞争等多方面的挑战。一旦国际社会建立起相对稳定和成熟的国际碳减排合作框架,那么确立经济目标与环境目标充分结合的低碳发展道路将成为人类应对气候变化的最根本、最现实的选择。应对气候变化是全球大势所趋,把发展低碳经济作为协调社会经济发展与应对气候变化的基本途径,正逐渐得到全球越来越多国家的共识,其核心就是在市场机制基础上,通过制度框架与政策措施的制定和创新,形成明确、稳定和长期的引导和激励,推动低碳技术的开发和利用,并且调整社会经济的发展模式和发展理念,促进整个社会经济朝向高能效、低能耗和低碳排放的模式转型。

# 第二章

# 低碳经济与生态文明互动解析

## 第一节　生态文明的阐释与解读

生态文明是在"解构"①工业文明的范式中产生的一种新文明。虽然目前还没有出现被广泛认可的、具体化的生态文明范式，但从全世界的角度来看，人类对生态文明的认识和研究，已经在可持续发展理论的基础上向前迈进，它要求我们转变工业文明的自然观与价值观，建构生态文明时代的物质生产方式、生活消费方式以及经济增长方式等新范式，在自然生态进化规律与人类社会发展规律的基础上，建设一个人与自然和谐发展的生态文明时代。因此，需要我们对生态文明的概念、特征，以及哲学理论基础有一个更加明晰的认识和理解。

### 一、生态文明兴起的背景

（一）日益恶化的环境状况

改革开放以来，随着我国工业化进程的加速，我国的环境问题已经到了非常严峻的程度，生态环境恶化、自然资源枯竭，严重影响社会的可持续发展和人民群众生活水平的提高。据统计，中国人均不可再生资源储备不到世界平均值的1/2，贫矿多，难选矿多，中小型和坑采矿多，大型超大型矿与露采矿少，而单位产值资源消耗

---

① "解构"这个概念来自后现代哲学流派解构主义中的一个术语，此处表示对工业文明的批判和改变。

率约为世界平均值的 3 倍,中国森林覆盖率约为 9%,居世界百名之后,人均 0.1 公顷,不到世界人均森林面积的 1/10;中国的水资源人均占有量仅为 2200 立方米,相当于世界平均水平的 1/5,美国的 1/6,印度的 1/8,加拿大的 1/60,名列世界第 122 位,被列为世界 13 个贫水国之一;建国 60 年来,中国荒漠化土地面积已增至 262.2 万平方公里,占国土总面积的 27.3%,18 个省(区)的 471 个县近 4 亿人口的耕地和家园处于荒漠化威胁之中。严重水土流失的国土面积有 367 万平方公里(占国土 38.2%);中国污水排放总量极大,每年约排放 800 亿—900 亿吨,其中 80% 以上未经任何处理直接排入江河湖海。法国每 5000 人就有一座污水处理站,而中国迟至 70 年代才有了第一座污水处理厂。90% 以上的城市水环境恶化,可饮用之水越来越少;大量使用农药、化肥以及长期的污灌,造成农牧渔业产品严重污染和农业生态环境的极大破坏,农作物和水产品的残毒极高。报载,某大城市在 10 个菜市场抽查了 60 个蔬菜样品,结果含铅量全部超过最大限量标准(0.5 毫克/公斤)。在其他的一些抽查中,发现蔬菜中含汞、硝酸盐等全部超标。

(二)国际环保趋势

20 世纪七八十年代,随着全球环境污染的进一步恶化以及"能源危机"的冲击,在世界范围内各种环保运动逐渐兴起。伴随着人们对公平(代际公平与代内公平)作为社会发展目标认识的加深以及对一系列全球性环境问题达成共识,可持续发展的思想随之形成。1979 年全球气候变化问题首次引起了国际社会的关注,在世界气候组织召开的第一届世界气候大会上,各国对以地球大气层迅速变暖为特征的气候变化予以高度重视,并共同发表声明号召"预见并防止可能对人类福利不利的潜在的人"。1980 年联合国制订《世界自然保护大纲》明确提出"可持续发展的概念"。在此之后,直到 1988 年对于气候变化问题的国际合作才有了实质性的发展,联合国环境规划署和世界气象组织的所有成员国成立了"政府间气候变化委员会"(简称 IPCC),1990 年 8 月 IPCC 通过了第一次气候变化评估报告,这为《联合国气候变化框架公约》提供了科学和技术的基础。1992 年 6 月在联合国环境与发展大会上,《联合国气候变化框架公约》正式签署,并于 1994 年 3 月 21 日生效。这份公约最大限度地将国际社会的成员纳入到气候领域的国际合作机制中,它迈出了建立国际合作机制进程中的第一步,并最终在 1997 年 12 月 11 日通过了《(联合国气候变化框架公约)京都议定书》。2005 年 2 月 16 日世界各国迎来了《京都议定书》的生效,而正如世界自然基金会的专家斯蒂芬所说,"这表明,全球大多数国家正协同一致,来应对全球面临的最大挑战之———危险的气候变化问题。"截至 2007 年 12 月,共有 176 个缔约方批准、加入、接受或核准《京都议定书》。① 2007 年 12 月 3—15 日,在印度尼西亚巴厘岛举行了《联合国气候变化框架公约》缔约方会议第 13 次会议暨《京都议定书》缔约方会议第 3 次会议,此次会议的主要成果是制定了"巴厘路线图",进一步确认了公约和议定书下的"双轨"谈判进程。2009 年 12 月 7 日至 19 日,来自全球 192 个国家的代表齐聚丹麦首都哥本哈根,商讨《京都议定书》第一个承诺期结束后,全球应对气候变化的道路该何去何从。2010 年 11 月 19 日《京都议定书》第六次缔约方会议在墨西哥坎昆举行,会议通过两项应对气候变化决议,推动气候谈判进程向前。2011 年 6 月 6 日,联合国新一轮气候谈判在德国波恩举行,为班德峰会做准备。2011 年 11 月 28 日至 12 月 9 日,《联合国气候变化框架公约》第 17 次缔约方大会暨《京都议定书》第七次缔约方会议在南非港口城市德班召开,经过曲折而艰难的谈判,会议决定实施《京都议定书》第二承诺期并启动绿色气候基金。环境保护在全球范围内得到了最广泛和最高级别的承诺,而且还使这一思想由理论变成了各国人民的行动纲领和指南,为生态文明的建设提供了重要的制度保障。

(三)传统文化传承与社会主义发展趋势

中华文化的基本精髓从社会政治制度到文化哲学艺术,无不闪烁着生态智慧的光芒。中国哲学的基本理念讲究的是"天人合一"。② 儒家强调"天地变化,圣人效之",道家强调"人法地,地法天,天法道,道法自然",佛教所谓"一切众生悉有佛性,如来常住无有变异",从人文、自然、因果联系等方面阐述了人与自然的和谐观。中国传统文化中关于人与自然和谐的理念,为实现生态文明提供了深厚的哲学基础与思想源泉。同样,社会主义作为对资本主义的超越,代表了一种更高级的文明形态,代表了一种更美好的社会理想。"只有社会主义才能消除种种危及人类生存和发展的人与自然的对抗,社会主义制度的建立为人与自然的和解创

---

① 水利部应对气候变化研究中心. 联合国气候变化框架公约及京都议定书简介[J]. 中国水利,2008(2).

② 蒙培元. 人与自然——中国哲学生态观[M]. 北京:人民出版社,2004:3.

造了必要的条件。"①马克思、恩格斯很早就把自然、环境和生态摆在对人的优先发展的地位,他们认为人是自然界的产物,当然受自然规律支配。人具有主观能动性,但不能违背自然规律,否则一定会受到历史的惩罚。可以说,生态文明为社会主义理论在更高层次的融合提供了发展空间,社会主义为生态文明的实现提供了制度保障。

### 二、生态文明概念的界定

生态文明不是一种局部的社会经济现象,而是相对于农业文明、工业文明的一种社会经济形态,它是比工业文明更进步、更高级的人类文明新形态。应该说,生态文明是一个既高度复杂又有广泛认同的概念,如何对它加以科学的界定和阐明,需要把文明和生态的概念融入到生态文明的内涵中。

按照美国学者摩尔根的观点,文明是人类社会发展到高级阶段的产物,文明是与蒙昧、野蛮相对应。他认为在人类最近的 10 万年历史中,蒙昧时期占 6 万年,野蛮时期占 3.5 万年,文明时期只有 5000 多年。一直以来,文明是指人们改造世界所获得的对人类生存和发展有价值的物质成果和精神成果的总和。具体表述为:文明是指人类借助科学、技术等手段来改造客观世界,通过法律、道德等制度来协调群体关系,借助宗教、艺术等形式来调节自身情感,从而最大限度地满足基本需要、实现全面发展所达到的程度。② 它既从历史的纵坐标反映人类社会的发展程度,又从历史的横坐标反映一个国家或民族的经济、社会和文化的发展水平与整体风貌。因此,文明是表征人类社会进步的标志。

生态,在英文中用"ECO"表示,源于希腊文"Oikos",意为"人和住所"。原始的生态概念,是在生态学中用它来表示生物有机体与其他生物之间、与非生物之间的关系。随着人们对生态问题的研究与深化,"生态"的含义可理解为"生物和人类与环境的关系"。环境与生态并非同一个概念。任何事物的主体都有环境,但并非任何事物都有生态。生命和非生命都处于一定的环境中,但只有生命处于生态中。生态是生命的环境,对生命而言,其环境都是一个生态系统。这里所指

---

① 潘岳. 社会主义生态文明[J]. 绿叶,2007(9).
② 陈炎. 文明与文化[J]. 学术月刊,2002(2).

的环境不仅包括无机环境如土壤、气候等,也包括有其他生物组成的有机环境。在生态系统中,物质循环与能量流动是通过食物链环环相扣地运行着,任何一种自然物都在这个系统中发挥着自己特有的功能。人是生物群落中的消费者。他处在与生物群落中生产者和分解者的关系中,处在与非生物环境的能量交换中。在有人参加的生态系统中,主要存在着人与自然、人与社会这两个子系统的统一。生态系统的平衡就是这两个子系统及其相互之间的平衡,即自然——人——社会的生态系统平衡。① 因此,目前对人类的生态环境的理解不仅包括自然环境,还包括政治环境、经济环境、文化环境和社会环境。

由于对生态和文明概念的不同理解,造成对生态文明概念的界定也是众说纷纭,仁者见仁、智者见智,归纳起来有三种类型。第一种类型的概念,是针对包括人在内的自然生态系统的平衡为目标而界定的,比如,俞可平认为,"生态文明就是人类在改造自然以造福自身的过程中为实现人与自然之间的和谐所做的全部努力和所取得的全部成果,它表征着人与自然相互关系的进步状态"②。直接反映出其概念提出的实践意图,保护与恢复自然生态平衡,它是生态生产发展水平及其成果的体现,是社会文明在人类赖以生存的自然环境领域的扩展和延伸。第二种类型的概念,是针对可持续发展的理论而界定的,能更好地与当前可持续发展战略相吻合,生态文明就是要求人类通过有意识、有目的的实践活动,创造人类所需要的各种物质产品,满足人类生存与发展的需要。做到既改造和利用自然,又保护自然,维护人与自然的协调发展,尤其对解决当前工业文明造成的生态危机具有很强的针对性。第三种类型的概念,超越了人与自然关系,认为生态文明不仅要积极改善和优化人与自然的关系,同时也要协调和优化人与社会的关系。这是一种理想的要求,也是生态文明的发展方向和目标,反映了历史发展的必然趋势,如国家环境保护部潘岳提出的,"生态文明,是指人类遵循人、自然、社会和谐发展这一客观规律而取得的物质与精神成果的总和;是指以人与自然、人与人、人与社会和谐共生、良性循环、全面发展、持续繁荣为基本宗旨的文化伦理形

---

① 李良美. 生态文明的科学内涵及其理论意义[J]. 毛泽东邓小平理论研究,2005(2).
② 俞可平. 科学发展观与生态文明[J]. 马克思主义与现实,2005(4).

态"①。它所追求的人与自然、人与人和谐的境界与马克思所讲的共产主义理想相一致,"这种共产主义,作为完成了的自然主义,等于人道主义,而作为完成了的人道主义,等于自然主义,它是人和自然界之间、人和人之间的矛盾的真正解决"②。从生态文明概念的不同指向,表明对生态文明的认识与理解有很大的差距,同时也反映了生态文明概念逐步递进的发展理念。

中国共产党第十八次全国代表大会把生态文明建设放在十分突出的地位,形成了经济建设、政治建设、文化建设、社会建设、生态文明建设五位一体的中国特色社会主义事业总布局,充分体现了实现全面协调可持续发展的科学发展观基本要求,对于不断开拓生产发展、生活富裕、生态良好的文明发展道路,全面推进中国特色社会主义事业,具有重大意义。生态文明是人类存在的基本形式之一,它涵盖了人与人的关系、人与自然的关系,与物质文明、精神文明和政治文明紧密相连,是涉及人类生存、生活甚至生命的一种精神追求和价值关怀。因此,生态文明是在和谐的生态发展环境、科学的生态发展意识和健康有序的生态运行机制基础上,实现经济、社会、生态的良性循环与发展。生态文明是人类社会与自然和谐发展的新文明,也是人类社会全面发展的一个重要标志。

### 三、生态文明的主要特征

文明的发展是一个历史过程。目前,生态文明正处于不断发展的过程之中,其内涵也在不断丰富之中,为了了解生态文明发展的趋势和方向,我们需要通过深刻理解生态文明的主要特征来把握。生态文明具有以下五个主要特征:

(一)生态文明是以生态为本的文明形态

从世界演进的过程看,先于人类而存在的自然界,是人类社会产生和发展的物质基础,也为构成人类社会客观实在性创造了物质条件。人类作为自然界的一部分,也是自然界的产物,良性的生态环境是人类赖以生存和发展的客观物质基础。如果人类不能保持自身与自然的和谐统一,那就会危及自身的生存与发展。生态文明的根本出发点,就是以承认人类是自然界的一部分为前提,承认以生态

---

① 学习时报,2006 - 9 - 27.

② 马克思,恩格斯. 马克思恩格斯全集:第42卷[M]. 北京:人民出版社,1979:120.

为本。所谓以生态为本,就是强调以生态利益为根本出发点,以生态建设为中心,主张人类应该尊重和顺应自然本身的发展规律,合理调节人类与自然之间的资源互换关系,以消解人类与自然的对立,最终实现人类与自然的和谐发展。坚持以生态为本,抛弃了人类中心主义和主客二分的思想,将自然作为权利主体,纳入到道德共同体中。它引导人们关注自然自身的内在价值和生态公正,开展生态文明建设的实践。以生态为本,它重建了人与自然和谐统一的关系,体现了人类认识的重大转变,这不仅为构建和谐社会提供了理论基础,也为生态文明理论的发展提供了有力的支撑。

(二)生态文明是以生态建设为中心的文明形态

生态文明主张将生态建设作为中心。工业社会的到来,使得人类的物质欲望和工具理性倾向极度膨胀,这种利欲需求不断引导着人类片面追求经济发展和物质享受。一切以经济建设为中心、忽视生态环境建设、无视大自然自身的环境承载能力的人类行为,导致一系列生态危机的产生,这直接危及到人类自身的生存和发展,这种本末倒置的做法值得人类深刻的反思。发展生态文明,就是要以生态为本,按生态规律办事,把生存作为第一要务;就是要随着社会主要矛盾的变化,把以经济建设为中心,逐步调整到以生态建设为中心上来。具体体现在:在生产方式上,转变高污染、高生产与高消耗的工业化生产方式,以生态技术为基础实现社会物质生产,使生态产业在产业结构中居于主导地位;在生活方式上,倡导科学、合理、适度消费,使绿色消费成为人类生活的新目标与新时尚;在文化价值上,清醒认识自然的价值,树立符合自然生态规律的价值需求、规范和目标;在社会层面上,使生态化渗透到社会结构之中,实现人类活动对生态的最小损害并能够进行一定的生态建设,从而使人类与自然变得更加和谐,这才是合乎社会发展规律的。

(三)生态文明是以生存作为第一要务的文明形态

因为生存与发展是人类社会面临的两大永恒主题,因利益因素而追求一时的发展与享受所导致的环境危机,威胁着人类的生存,所以生态文明强调将生存作为第一要务。生存与发展之间是相互影响,相互渗透的,生存是发展的前提,没有生存就谈不上发展,一切发展都只能在确保生存的基础上进行;而发展又依附并服务于生存,发展是生存的保证,发展是为了更好的生存。从关系的递进上来看,生存是第一位的,发展是第二位的。人类首先必须要生存下去,然后才能谈得上发展。因此,生存是第一要务。

(四)生态文明是以生态公正为目标的文明形态

在生态领域,分别从横向和纵向两个角度来看,生态文明追求的生态公正目标具有丰富的内涵:从横向上看,是不同国家、地区、城乡之间的生态公正,这是代内之间的生态公正。如发达国家与发展中国家之间存在着国际生态殖民主义,因经济发展不平衡,发达国家掠夺发展中国家的资源、转移污染等;从纵向上看,是指代际之间的生态公正。体现在上代人为了满足自己的物质利益,而使整个地球生态系统的负载能力透支,从而直接威胁到下代人的生存和发展需求,继而威胁到整个人类的继续生存和发展。人类的发展不仅要讲究代内公正,而且要讲究代际之间公正,亦即不能以当代人的利益为中心而不惜牺牲后代人的利益。同时,生态公正同社会公正是紧密联系在一起的,生态不公正严重恶化了人类与自然、人与人、人类与社会之间的相互关系,且往往还会导致社会不公正,这更是直接关系到生态社会的最终实现。

(五)生态文明是自然规律与社会发展规律相融的文明形态

生态文明强调了人的自律与自觉,强调了人与自然环境的共荣共生、相互促进,既追求人与自然之间的和谐,也追求人与人、人与社会之间的和谐,而且人与自然的和谐是人与人、人与社会和谐的前提。生态文明区别于工业文明,它是以尊重生态规律为前提的文明形态。自然有着自身特有的发展规律,虽然人类社会可以改变这种规律发挥作用的条件,把自然纳入人类对象化的改造范围之内,但是人类却不可以任意改变和取消自然发展规律,因而生态文明是符合自然发展规律的文明形态。人类文明经历了原始文明、农业文明和工业文明这三大发展阶段,工业文明的发展在创造巨大物质财富的同时,也带来了一系列世界性的生态危机。这客观上就需要开创一种新的文明形态来延续人类的生存,生态文明因此应运而生。它是人类对传统文明形态,尤其是工业文明进行深刻反思的结果,是人类文明形态和发展理念、模式、道路的重大进步,是社会进步的必然要求,因此它符合人类社会的发展规律。只有将自然规律与人类社会发展规律相融合,人类文明形态和文明发展理念、道路和模式才有重大进步。

## 第二节 探索前行中的低碳经济

圣雄甘地说过："地球能满足人类的需要，但满足不了人类的贪婪。"工业革命以来，人类贪婪地追求经济发展与物质需要，无休止地利用化石能源，放任二氧化碳的高排放，把自己从农业社会的"原生态"低碳经济体系逐渐带入了工业社会的"高碳经济"体系，同时也把自己带入了全球变暖的尴尬境地。面对全球变暖，人类在对人与自然、人与社会、人与人和谐关系进行理性认知后，开始在经济增长与福利改进的关系、经济发展与环境保护的关系中积极寻求一种理性权衡，从而提出了现代低碳经济的发展理念。

### 一、低碳经济理论提出的背景

自从人类步入到以工业生产为经济主导成分的现代社会以来，社会形态及其各个方面都发生了翻天覆地的变化，尤其体现在经济发展模式上。通过勘探开采、加工和利用化石能源已经成为人类工业文明的基本特征之一。然而，工业文明所推崇的高碳经济模式，给地球大气带来了灾难性的变化，也使人类面临着能源资源逐渐枯竭的窘境。

（一）温室气体效应

温室气体指的是大气中能吸收地面反射的太阳辐射，并重新发射辐射的一些气体，如水蒸气、二氧化碳、大部分制冷剂等。它们的作用是使地球表面变得更暖，类似于温室截留太阳辐射，并加热温室内空气的作用。这种温室气体使地球变得更温暖的影响称为"温室效应"。水汽、二氧化碳、氧化亚氮、甲烷和臭氧是地球大气中主要的温室气体。

诺贝尔化学奖得主阿累利乌斯早在 1986 年就预测：人类大量燃烧化石燃料将会使大气中二氧化碳的浓度增加，从而产生温室效应导致全球气候变暖。全球气候变暖使得冰川融化、生态系统恶化、海平面上升，气象灾害范围将更大、更频繁和更严重，深度触及水资源安全、农业和粮食安全、能源安全、公共卫生安全、全球生态系统安全，进而直接威胁人类的生存与发展。据位于苏黎世的世界冰川监测机构显示,全球9大山脉的30个冰层一直在消融;仅南极半岛在1995年到2002年间就失去了大约1.25万平方公里的冰架;澳大利亚环境学家警告称,如果海平面继续上升,马尔代夫三个岛国、图瓦卢以及邻国基里巴斯将面临"灭顶之灾"。实事上,从2001年开始,图瓦卢根据与新西兰签订的协议,陆续将1.1万国民迁移到新西兰,不得不放弃赖以生存的家园。

联合国开发计划署(UNDP)在《人类发展报告2007/2008——应对气候变化:分化世界中的人类团结》中指出,青藏高原面积相当于整个西欧,并且拥有4.5万多座冰川,正在以每年131.4 $km^2$的速度融化;依照目前的速度,中国2/3的冰川——包括天山——将在2060年之前消失,到2100年将完全融化。UNDP的报告还指出:冰雪融化必然导致海平面上升,而海平面上升将对全球经济社会发展产生巨大的影响。根据推断,冰盖融化,海平面上升1米(概率约为70%—80%),将会影响陆地面积的0.3%,人口的1.3%,GDP的1.3%,城镇区面积的1.0%,农业区面积的0.4%,湿地区面积的1.9%。

英国利兹大学、约克大学的科学家们对气候与生物多样性在5.2亿年间变化的关系研究中指出,历史上发生的五次大的物种灭绝事件,有四次与"温室气体有关"。20世纪70年代后,随着海洋温度的上升,地球上强台风数量不断增加。[1]世界自然基金会2008年《地球生命力报告》显示,由于海水温度的上升,海洋生命地球指数从1970—2005年减少了14%。火热的地球不断上演的洪水、台风、干旱、热浪、海啸等大量的事实表明,全球气候变暖将给人类带来全方位的深远影响。特别值得一提的是2010年南极出现罕见的珠母云奇观,专家称此现象或预示全球变暖呈加速趋势。

全球气候的温室效应问题已引起国际社会的高度关注。英国首席科学顾问戴维·金在2004年1月发表的《科学》杂志上指出,相对于强权政治、恐怖主义,全球异常的气候变化才是人类将要面对的最大威胁;同年2月,美国五角大楼在《气候突变与美国国家安全》的秘密报告中指出,无数人将在未来20年内气候变化所引起的战争与自然灾害中丧生,这将对全球的稳定造成极大的威胁;达沃斯世界经济论坛的2007年会上,全球变暖超过了伊拉克问题、恐怖主义和阿以冲

---

① 卞卓丹,苏蕾.人类离危险临界点还有多远[J].环球,2007(18).

突,被列为是未来影响世界的首要问题。美国总统奥巴马还把气候变化称作是对我们时代的挑战。[1]

(二)高碳模式的窘境

工业文明的一个显著特点就是依赖于化石能源的高碳经济发展模式。而化石能源的形成过程漫长、条件复杂,且存量有限。无论是煤、石油、天然气,都是远古生物体经过漫长演变而生成的矿物。三类化石能源的形成过程极其缓慢,不可再生性不言而喻。即使现在沉积的生物体在亿年以后也会生成化石能源,但对人类来说,显得毫无意义。[2]

高碳生产模式导致全球化石能源的消费量持续增长。过去 30 年,世界能源消费大约以年均3%的速度递增,能源消费弹性系数为 0.660。据美国能源部能源情报署《国际能源展望2004》预测,全球能源消费总量将从 2001 年的 102.4 亿吨油当量增加到 2025 年 162 亿吨油当量,世界能源消费在 2001—2025 年将增加54%,全球能源消费峰值将出现在 2020—2030 年。另据国际能源署(IEA)预测到2030 年,化石能源占世界一次能源的比重仍将为80%,且煤炭需求是各种能源品种中增长最快的,石油仍是最主要的燃料。[3]

能源资源的不断枯竭导致化石能源生产难度不断加大。化石能源的生产条件是千差万别的,随着社会生产力的不断发展,社会经济系统对化石能源的需求与生态系统对化石能源的供给之间出现了日益增大的供求矛盾,致使很多化石能源的价值逐步变为由劣等条件下生产该资源的个别价值来决定的趋势。这是由于随着 200 多年工业革命的不断发展,人类已优先开采品质好、易于开采的化石资源,随着优等条件的化石能源储量大大减少,迫使当代人和后代人向着条件比较差的资源区域去开发,这无疑增加了人类使用化石能源的经济成本和加大了开采技术难度。同时石油资源越来越成为政治工具,世界现代史上三次能源危机,不仅造成了人为因素的能源短缺,造成了世界经济不断衰退;而且还导致了两场局部战争,给人类带来了难以忘却的伤痛。

---

① 摘自:美国总统经济报告:2009.
② 李宝林.中国经济可持续发展之化石能源约束研究.吉林大学 2008 年博士论文.
③ IEA. World Energy Outlook 2008,Paris:EIA,2008.

鉴于此,发达国家深刻意识到依靠目前的高碳经济模式只能导致气候灾难和资源日趋枯竭。因此,西方国家出于对能源资源可持续利用的考虑,把应对气候变化的重点放在节能技术和可再生能源的开发应用上。换句话说,发达国家不依赖煤炭等高碳能源的生产和消费,依然可以保持在现有福利水平。发达国家在后工业化的现阶段,除在交通领域需要使用化石能源外,其他的生活方面都可以不使用高碳能源。在此背景下,"低碳经济""低碳城市""低碳社会"等一系列新概念应运而生。

（三）发达国家的先行引领

1999 年,美国著名学者莱斯特．R·布朗在《生态经济革命》一书中最早提出"低碳经济"一词,他指出:创建经济的可持续发展"首要工作是变革能源经济",同时提出面对地球温室化的威胁,首先应尽快转变现有的经济发展模式,积极开发新能源和可再生能源。2001 年他出版了《B 模式——拯救地球延续文明》一书,掀起了发展模式的"B"①与"A"②之争。他倡导全世界采用"B 模式"发展社会经济,遏制全球气候的恶化,延续文明,坚持可持续发展的道路。他明确提出要大力减少二氧化碳的排放量,防止地球气温持续升高,积极提高能源的利用效率,同时要大力开发可再生能源和新能源。这些可持续发展的理论观点为目前低碳经济的发展奠定了理论基础。

英国是世界上控制气候变化的倡导者和先行者,也是最早提出"低碳"概念并积极倡导低碳经济的国家。作为全球低碳经济的"领头羊",在过去 10 年间,英国实现了 200 年来最长的经济增长期,经济增长了 28%,温室气体排放减少了 8%。③ 英国的实践证明,经济增长和低碳排放是可以同时实现的。向低碳前进,既是应对气候变化的方法,也是经济繁荣的机会。

英国政府在继 2003 年能源白皮书之后,2006 年 10 月 30 日,受英国政府委托,前世界银行首席经济学家、现任英国政府经济顾问尼古拉斯—斯特恩爵士

---

① B 模式:以利用风能、太阳能、地热资源、小型水电、生物质能等可再生能源为基础的生态经济发展新模式称为"B 模式"。

② A 模式:现行的以化石燃料为基础、以破坏环境为代价、以经济为绝对中心的传统发展模式称作"A 模式"。

③ 英国贸工部．我们能源的未来——创建一个低碳经济体．2003－2－24.

（Nicholas Stem）领导编写了《气候变化的经济学：斯特恩报告》（简称《斯特恩报告》），对全球变暖的经济影响做了定量评估。《斯特恩报告》呼吁全球向低碳经济转型。

作为世界能耗主要大国，美国一贯重视其能源安全。为了带动国内经济恢复增长，美国选择能源产业为突破口，制定了一系列关于新能源和节能增效的法律法规，形成了美国的新能源战略。尽管奥巴马政府的新能源政策因经济危机而起，美国的新能源战略却暗合了当今世界低碳经济时代潮流。

法国的绿色经济政策重点是发展核能和可再生能源。2008年12月，环境部公布了一揽子旨在发展可再生能源的计划，该计划有50项措施，涵盖了生物能源、风能、地热能、太阳能以及水力发电等多个领域。为了最大限度地节约不可再生能源、保证可持续发展，法国政府制定了一系列保证可持续发展的政策，鼓励开发利用可再生能源和核能，通过扶持发展洁净汽车、降低新房能耗和改善垃圾处理等措施鼓励人们在生活中节能。

作为太平洋岛国之一的日本，受全球气候变暖的影响远比其他发达国家大。鉴于气候变暖可能给该国农业、渔业、环境和国民健康带来不良影响，日本政府一直在宣传推广节能减排计划，主导建设低碳社会。日本是世界范围内率先提出建设低碳社会的国家之一，声称欲引领世界低碳经济革命，将发展低碳经济作为促进日本经济发展的增长点。2008年7月，日本内阁会议通过了《建设低碳社会行动计划》，提出要重点发展太阳能和核能等低碳能源，使日本早日实现低碳社会，并在预算中对低碳产业发展给予大力扶持。

**二、低碳经济的内涵与形成机制**

（一）低碳经济的内涵

虽然低碳的概念已得到世界各国的理解与认同，但到目前为止对于低碳经济还没有形成一致的概念，一般认为低碳经济具有能源消耗量低、污染轻易及碳排放低的特点。低碳经济的实质是指通过技术创新和制度创新，来降低能耗和减少污染物排放，建立新的能源结构，目标是解决能源危机、减缓气候恶化和促进人类的可持续发展。低碳经济的核心内容是低碳技术。为实现低消耗、低排放、低污染等排放目标，必须直接或间接地采用和依赖低碳技术。而低碳技术的实施需要相应运行机制、政策体系、制度框架的辅佐。通过在市场运行机制、政策法规体系以及制度框架上的创新,推动我国低碳技术的发展,改善我国的能源框架体系,降低对石油、煤炭等传统化石能源的依赖,推动新能源技术的开发和应用,减少碳排放,改善人类赖以生存的自然环境,改变传统的经济发展方式和人们的生活方式。低碳理念和低碳发展是人类的又一次重大进步,提高能源利用效率、开发利用清洁能源、减少碳排放、实现绿色发展是社会和经济发展的必然要求,是能源技术领域的重大创新和发展,是经济产业结构的重大变革,是人类生存和发展理念的重大转变。实现低碳发展的关键是对能源系统、技术体系和产业结构的变革。要加快新能源技术的开发和应用,改变传统的高碳能源体系,建立起新型环保的绿色新能源系统;加大新技术的开发力度,改善、淘汰落后的高碳技术,推动先进的低碳技术的应用和普及,建立起先进的低碳技术体系;调整产业结构,改变经济发展模式,建立起系统的低碳产业结构。改变人们的发展理念,变革传统的生产方式和消费模式,建立起利于低碳发展的政策法规体系,培育促进低碳发展的市场机制。

通过以上的分析要正确把握低碳经济的内涵应该包括:第一,低碳经济是人的生产生活(经济发展)方式的变革,不是外在于人的"经济"或"经济模式";第二,变革人的生产生活方式,首先取决于"转变传统观念",关键在于"提高公众的低碳意识";第三,"三低"只是手段,其目标或目的是"三高";第四,"三高"是统一体,即综合效益、生活质量、社会和谐三者由"人通过人的劳动"形成的"协调和集成"效应;第五,提高"三高"必须依靠自然科技、人文科技、社会科技的"协调和集成",而不是靠"自然科技独自能够解决"的。这一点和胡锦涛同志指出的科学发展观是一致的,他指出"落实科学发展观是一项系统工程……要把自然科学、人文科学、社会科学等方方面面的知识、方法和手段协调和集成起来"①。

(二)低碳经济形成机制

低碳经济的形成机制问题,许多学者主张"自发的互动"论,他们认为:"科学技术作为社会的子系统,存在着要素与整体之间的自发作用和不可分割的互动关系。""互动论"中又有"直接互动"和"间接互动"两种观点。其中"直接互动"论

---

① 胡锦涛. 在两院院士大会上的讲话[N]. 人民日报,2004 – 6 – 4.

认为:"现代科技与社会作为各自相对对立的两个实体发生互动作用";"间接互动"论认为:"科学技术通过知识、技术和产品创新……推动经济和社会的发展",而"社会通过各种资源的投入作用于科学技术"。显然,这种"自发互动"论的要害,就是一种"去人化"倾向。因为科学技术作为知识体系是人类"脑力劳动的产物",是人将主观精神活动的结果外化在物质载体上形成的"客观精神世界",即波普尔认为的"客观意义的知识是没有认识者的知识,亦即没有认识主体的知识","是通过说或写而传达出来的信息"。尽管"雕塑、绘画以及书籍"的"版本不同,内容依然不变,这个内容属于世界范畴"①。而社会是指人与人之间社会联系和社会关系的集合,这种"关系"是由"关系的承担者"(人)之间或事物之间通过人的活动发生相互作用的结果,当"关系"一旦形成就涌现出原来的"关系承担者"所没有的新特性,并"存在于社会的个人意识之外"(马克思语)。因此,无论是科学技术知识还是社会作为概念系统或关系范畴,其本身只有潜在的效能,而且其潜能的发挥都必须是由"人通过人的劳动"。也就是说,没有人和人的实践活动,这些"死的东西"之间决不会"自发的发生互动作用",犹如图书馆或资料室的书籍,没有人去阅读并应用于实践活动,除了压垮书架之外不会有任何效应。显然,唯自然"科学主义"者宣扬什么"自然科技独自能够解决人类面临的所有难题",是一种现代迷信或者"伪观点"。

讨论低碳经济的形成机制问题,就要如实地突显"人通过人的劳动",正如马克思指出的,整个世界都是人通过人的劳动而产生的,是自然界对人来说的生成过程。然而目前在学术界尚未见到专门论述,多数的文章只是探讨影响碳排量的诸多因素分析,并通过数学计算得出结论认为:人口数量、人均 GDP 或人均消费量、知识或技术进步影响着碳排量,其中"人口、经济增长是决定性因素"。这类观点仍然是一种传统思维:一是它注意到多维因素,却忽视了主导因素。因为任何事物的形成与发展都是"主导多维因素的整合效应"。② 二是"人口数量"并非指主体一人,而是外在于个人的居住在地球上或地球上某个地区的人的总量。显

---

① 波普尔. 波普尔科学哲学选集[M]. 北京:生活、读书、新知三联书店出版社,1987:364—410.

② 陈文化. 陈文化全面科技哲学文集[M]. 沈阳:东北大学出版社,2010:466—470.

然,"人口数量"是增加低碳排放的一个因素,如果将它当作"影响碳排量的决定性因素",就会忽视提高人们的节能减排意识、"转变传统观念"。其实,控制人口数量并没有普遍性意义,目前许多发达国家或地区正在采取种种措施增加人口数量。三是"控制人均 GDP"或"人均财富""控制人均消费量"并不是经济发展的目的,应对气候变暖的根本措施是转变经济发展方式,改变消费观念和方式,实行节能减排或零排放。因此,低碳经济的培育和形成是以"人通过人的劳动"为主导的多种因素相互作用的集成效应。

低碳经济活动是人将资源(包括自然资源、人文资源、社会资源)在一定的外部环境下协调和集成的过程。环境亦由自然环境、人文环境、社会环境通过人的活动形成整体环境。于是,低碳经济就是"人通过人的劳动"将人文资源、社会资源、自然资源与其相对应的人文环境、社会环境、自然环境相互作用分别形成的集成效应。将"人的低碳活动"放在突出位置上,突显它在全面低碳经济的形成和发展中的主导、决定性的作用。这种活动就是人们运用全面低碳科技和对低碳生产生活实行全面低碳管理。而且,这种活动在全面低碳经济的三大基本门类——自然低碳经济、人文低碳经济、社会低碳经济是唯一的根本途径。

低碳经济活动是人的低碳生产生活活动,与人的活动密不可分,当然也是自然物质环境、人文精神环境、社会关系环境由人通过人的低碳活动所形成的集成效应,这就是整体环境观。许多学者在研究低碳经济问题时,只谈论自然资源和自然物质环境,实际上是将人混同于一般动物了。这里的社会环境是人的"社会居所",即人生存、生活于社会关系之中的,而且人的活动是许多人"以一定方式结合起来共同活动和互相交换其活动"的过程。而人的活动在一定物质条件和外部环境下取决于个人精神状态、思想观念和目的追求,以及人的活动能力等主观因素。因此,人的低碳生产生活活动本身就体现出全面性,与其相随的必然是整体环境,并不是有些学者主张的"人们在生产中仅仅同自然界发生关系"。

### 三、低碳经济认识误区的辨析

发展低碳经济已成为当前全球性的热门话题。推行低碳经济,避免气候发生灾难性变化,是人类的共识和保持人类可持续发展的不二选择。但由于低碳经济是一个新生事物,又是国际博弈中比较敏感的问题,人们在认识和操作上还存在种种误区,严重影响到低碳经济的选择和发展。

（一）低碳经济与贫穷经济

在低碳经济问题上,有一种认识上的误区,认为发展低碳经济,限制温室气体排放量就是降低经济增长速度,将会制约经济的发展,低碳经济就是"贫穷经济",就是过苦行僧日子。

低碳,顾名思义就是减少二氧化碳的排放。随着全球人口和经济规模的不断增长,能源使用带来的环境问题及其诱因不断为人们所认识,大气中二氧化碳浓度升高所带来的地球温室效应,已被确认为不争的事实。从世界范围来看,最贫穷、最不发达的国家碳生产率都很好,人们不消费、不开车,当然是低碳状态,而发达国家人均碳排放量都很高,高排放才有高生活质量。因此,有人自觉不自觉地将低碳经济与贫困经济划等号。从我国低碳生活的要求看,搞低碳经济还会降低人们好不容易提升起来的生活水平,譬如希望拥有属于自己的汽车来改善自己的出行条件,希望购买较大的住房来改善自己的居住条件,而这都不符合低碳经济的要求。因此,有人对低碳经济不热心,甚至有抵触情绪,所有这些都是对低碳经济的误解。

其实,低碳不等于贫穷,低碳经济不等于贫穷经济;低碳经济的目标是低碳高增长:低碳经济是以减少温室气体排放为前提来谋求最大产出的经济发展理念或发展形势。"低碳"强调的是一种区别于传统的高能耗、多污染为代价的新发展思路。"经济"则强调了这种新理念根本上不排斥发展。不可否认,我们发展低碳经济,对人们的需求是有制约的。但低碳经济不是要压抑正常的生活需求,也不是要完全摆脱现代生活方式而回到农耕经济社会中去。低碳经济的目标是要在保证高标准生活需求的同时,降低那些奢侈浪费的高碳消费;通过技术进步和制度创新,尽一切努力最大限度地减少自然资源消耗、减少温室气体排放,从而减缓全球气候变化,实现经济和社会可持续发展的新经济形态。

由于低碳经济已经或将会成为世界发展的引擎,而以减少和控制碳排放量的低碳经济体系,至少可以在以可再生能源为代表的新能源的源头治理、生产和消费过程中力行节能的过程治理、对已排放的二氧化碳进行生产性利用和废物性回收的末端治理这三个环节上产出显著效应。在市场导向下,以上每个治理阶段都可派生出完整的产业链,并推动整体生产的低碳化。因此,发展节能技术、碳捕获和储存技术,开发利用风能、太阳能等可再生能源,提高电力设施效率等,都可以创造就业机会,带动经济增长。列如,英国将发展低碳经济置于国家战略高度,不仅仅是全力推动环保,应对气候变化,还希望通过发展、应用和输出低碳经济来创造新的商机和就业机会,在未来可能的低碳大产业中占据先机;美国奥巴马政府将发展低碳经济作为重要的经济刺激手段,计划在 10 年内创造 500 万个新能源、节能和清洁生产就业岗位。如果我们不能抓住这一历史机遇,奋起直追,那么我国的 GDP 增长将是不可持续的,人们的生活水平也将不可能持续提高。

低碳经济不是贫穷经济,实现低碳经济和提高人们生活水平之间并不矛盾,二者可以统一而且必须统一,二者殊途同归,即改善人们的生存环境和条件,促使人们拥有更健康的生活。低碳经济其实就是要求我们对浪费的生活方式有所制约,是在保护环境气候的前提下走向富裕。

(二)低碳经济与未来的经济

有些人认为发展低碳经济是全人类的事情,落实《京都议定书》和《巴厘岛路线图》还不知道是何年何月的事情,低碳经济的鼻祖英国也只提出到 2050 年建成"低碳经济社会",让人感觉十分遥远。因此,我们应该集中精力进一步加快经济发展的速度,提高我国的综合国力,发展低碳经济是一个长期目标,以后再说,其实这是认识上的误区。

从全球气候视角来看,气候问题已经非常严重,空气中二氧化碳的当量浓度达到 400ppm(百万分之一),如果到了 450ppm,全球温度将上升 2 度,这将引发灾难性后果。地球的物理极限是碳排放的刚性约束。科学家首次精确计算出了"碳预算"——即在不触发全球变暖的灾难性"临界点"前提下,全球能够排放的温室气体总量大约为 1 万亿吨碳。如果人类继续以现在的方式燃烧化石燃料,20 年内将耗尽"碳预算",而全球变暖的幅度将远不止 2 度。目前 100 多个国家承诺到 2050 年将全球温室气体排放减少 50%—80%,但国际气候专家认为,这个力度可能仍然不够。世界著名自然灾难专家、英国伦敦大学地球物理学教授比尔·麦克古尔在《7 年拯救地球》一书中警告:"从现在到 2015 年,人类还剩下 7 年时间拯救地球。"由此可见,低碳经济绝不是未来的事情,而是燃眉之急的"救火经济",它以"倒计时"形式告诫人们,发展低碳经济刻不容缓。

从国内的发展视角来看,发展是硬道理。但发展应采取什么的方式,避免西方国家走过的"先污染后治理"的老路,这是我国一直在探究的大课题。对此,我国先后提出过可持续发展战略、发展绿色经济,其实发展低碳经济对我国来说更是一项紧迫任务。我国不仅人均资源的拥有量大大低于世界人均水平,而且资源的利用效率大大低于世界平均水平。我国石油对外依存度已达到50%以上,这一比例将在一定时期内继续扩大。我国经济总量仅占世界经济总量的7%左右,但一次性能源用量占世界的16%以上,二氧化碳排放总量超过世界的20%。我国80%的河流受到污染,自然灾害频繁发生。我国的国情决定,粗放式的高碳经济发展模式难以为继,已经走到了尽头,要保证经济可持续发展,必须尽快转变经济发展模式,积极发展低碳经济,这对我国来说显得尤为迫切。

另外从长远战略上来看,低碳经济是世界经济发展的大势所趋。今后的竞争不是传统的劳动力竞争,也不是石油效率的竞争,而是碳生产率的竞争。如果我们为减少成本,没有必要的付出,贪图当前一点蝇头小利,将来我们的产品、产业甚至整个经济就可能没有竞争力,从而被排斥出世界经济的主流。而从现实竞争力来看,现在欧洲、美国的很多产品都有"碳标签",标明该产品生命周期的碳排放,消费者会有意识地选择低碳产品。如果我们的产品碳含量比较高,别人不买,我们就失去了市场。包括发达国家要对我国产品征收所谓的"边境调节税",就是因为考虑到我们的产品碳含量太高,使得我国许多工农业产品屡屡遭到欧美等发达国家的"碳标签""绿色标签"的贸易壁垒。

低碳经济离我们并不遥远,它每时每刻发生在我们的身边,每个人既是剧作者,又是剧中人。在阻止全球变暖的行动中,每一个普通人都应该也可以扮演重要的角色。我国已经向国际社会宣布了到2020年减排温室气体的具体指标,因此,发展低碳经济不仅要从我做起,而且要从现在做起,如果缺乏政治与经济敏锐眼光,不能把握未来经济发展模式,那么将会再次失去发展良机。

(三)低碳经济与高投入经济

还有一种观点认为,低碳经济就是"高投入经济"。这是因为低碳经济的核心是新能源技术,目前这类新技术还有许多问题没有突破,即使技术上突破了,其技术成本也是比较高的,是需要高投入,因此发展低碳经济从经济成本来讲并不划算。

不可否认,搞低碳经济需要有先进技术的研发作支撑,需要人力、物力和财力的投入,需要有成本的付出,特别是在我们这么一个发展中的大国,这是一个严重的挑战。著名的麦肯锡咨询公司在一份题为"中国的绿色革命:实现能源与环境可持续发展的技术选择"的报告中指出,在未来 20 年中,中国有潜力向"低碳经济"转型,即应用目前已商业化或有商业化条件的新技术,预计能够帮助中国在 2030 年将石油进口量最多减少 30%—40%,煤炭需求减少 40%,温室气体排放量减少 50%。据估算,这种转型需要在未来 20 年每年平均投入 1.5 万—2 万亿元的额外资金,才能有效部署必要的绿色技术,从而实现研究报告中所提出的实质性进步。而绿色技术,特别是新能源发电技术成本居高不下,如光伏发电仍然是传统发电成本的 8—10 倍,太阳能发电仍然是传统发电成本的 2 倍以上,核电的选址要求严格,水力发电也受到自然条件以及生态保护的限制,这必然客观上导致了资金向传统经济领域流动。

但从我国正处于工业化转型的关键阶段来看,低碳经济也并非"高投入经济"。全球管理咨询公司麦肯锡曾做过这样一个推算:中国构建低碳的绿色经济需要在未来 20 年投资约 40 万亿元。从静态上看,这个数据很惊人,但是从动态上看,以年度为基础计算,这部分所需的资金只相当于我国同期 GDP 的 1.5%—2.5%。从全社会固定资产投资来看,我国总投资由 2000 年的 3.29 万亿元增加到 2008 年的 17.23 万亿元,年均增长 23%。以年均增长 20% 计算,预计到 2015 年全社会固定资产投资可以达到 61.7 万亿元,每年投入 2 万亿元仅相当于总投资的 3.2%。应当说,这个投资比例是很低的。在我国实施的 4 万亿元经济刺激计划中,用于节能减排和生态环境建设的就有 2100 亿元,占 5.3%。这表明,我国完全有能力、有条件、有资金来保障低碳经济的足够投入。

另外,随着科学技术的日新月异,太阳能光伏发电成本有望降至 1 元/度以下,达到或接近常规发电成本,从而使太阳能光伏电拥有完全取代化石燃料发电的经济基础和商业价值。[①] 低碳技术几乎遍及所有涉及温室气体排放的行业部门,包括电力、交通、建筑、冶金、化工、石化等,在这些领域,低碳技术的应用可以节能和提高能效,从而降低成本。

低碳经济在关系国民经济发展的诸方面确实需要高投入,但从社会经济可持

---

① 曾纪发.发展低碳经济须澄清十大误区[N].中国财经报,2009 - 9 - 8.

续发展角度来看,这并不是高投入经济。同时,低碳经济还体现在居民日常生活的方方面面,某些方面有时并非需要高投入,只是居民生活方式和思维方式改变的问题。

(四)低碳经济与消费水平

在低碳社会,我们的生活开始倡导用"碳"来计算,以控制地球温室效应:你坐飞机旅游耗碳、你自驾车消耗碳、你的衣食住行均在消耗碳;如果你省一度电,少搭乘1次电梯,那么你就减少碳排放量等。据此,有一种观点认为低碳经济就是降低消费水平,过自虐的苦行僧日子。

这种观点的逻辑是从节约资源能源、环保以及减少碳排放等角度看,实现低碳生活不仅是件大事,也是件好事。但从低碳生活的要求看,可能会降低人们好不容易提升起来的生活水平,这其实是一种误解。不可否认,发展低碳经济,对人们的需求是有制约的。但低碳经济不是要压抑正常的生活需求,也不是要完全摆脱现代生活方式而回到农耕经济社会中去。低碳经济的目标是要在保证高标准生活需求的同时,降低那些奢侈浪费的高碳消费;通过技术进步和制度创新,尽一切努力最大限度地减少自然资源消耗、减少温室气体排放,从而减缓全球气候变化,实现经济和社会可持续发展的新经济形态。

而在当今社会,对"奢侈消费"趋之若鹜,往往将消费看作是实现自我价值的唯一方式。另外人们往往将"现代化生活方式"含义片面理解为"更多地享受电气化、自动化提供的便利",导致了日常生活越来越依赖于高能耗的动力技术系统,其环境代价是增排温室气体。据推算,一家中型超市敞开式冷柜一年多耗约1.8万度电,相当于多耗约19吨标煤,多排放约48吨二氧化碳,多耗约19万升净水。

生态学马克思主义理论学者认为:"对经济的发展,生态学的态度是适度,而不是过度"①,"对自然和生态平衡的界定明显是一种人类的行为,一种与人的需要、愉悦和愿望相关的人类界定"②。因此过度的消费方式和不良的生活习惯使自然界负载了太多太多,人类大肆向自然界索取原材料并将其加工为自己所谓需

---

① 约翰·贝米拉·福斯特. 生态危机与资本主义[M]. 上海:上海译文出版社,2006:42.
② 戴维·佩珀. 生态社会主义:从深生态学到社会正义[M]. 济南:山东大学出版社,2005:34.

要的物品,但在异化消费的恶劣环境里,人们将使用后剩下的废弃物重新投向大自然,这种无限制的索取和"回馈"行为造成了人类和自然界之间巨大的矛盾。因此必须改变人类不合理的生活方式和习惯,探索一种低碳的可持续的消费模式,在维持高标准生活的同时尽量减少使用消费能源多的产品,降低二氧化碳等温室气体排放,使人与自然和谐相处。

## 第三节 低碳经济与生态文明的耦合逻辑

在学术界,"生态文明"在马克思、恩格斯生态哲学视野下获得了理论的诠释,成为理论界一致公认的人类社会发展最新的文明形态;而"低碳经济"在循环经济学和生态学理论的支撑下获得了学术的建构,日趋成为中外学者共同关注的主流话题。中国学术界在这两个学科的话语下,对这两个主题的研究已取得了丰厚的成果。通过研究表明这两个不同学科、不同主题的重要语汇在理论上不仅有着一定的耦合逻辑关系,而且在实践上存在着互动和支撑的联系。在当今社会,倡导生态文明理念、发展低碳经济,已成为解决和摆脱工业文明所带来日益沉重的生态危机和能源危机,推动人与自然、人与社会和谐发展的重要途径。

### 一、理论链接——学术创新生长点

"生态文明"始于20世纪60年代,由于工业文明的迅猛发展,带来了全球性的环境污染和资源危机,严重影响了人类经济社会的可持续性,在人类积极探寻新的文明形态的基础上,中国共产党于2002年在十七大会议上正式提出生态文明这个概念,并把它作为我国现代化建设的重要战略。生态文明是在中国传统文化中所蕴含的"天人合一"和"万物平等"等生态理念、西方历史文化中的生态思想和马克思恩格斯的生态社会思想的支撑下获得了理论构建,并在全球范围内被公认为是继农业文明、工业文明之后人类社会最新文明形态。"低碳经济"发端于2003年英国政府发表的题为:"我们未来的能源:创建低碳经济(Our Energy Future:Creating a Low Carbon Economy)",首次提出了"低碳经济"(Low-carbon Economy)概念,引起了国际社会的广泛关注。在短短的几年时间里,中外学者在循环经济、绿色经济和生态学理论的基础上探寻发展低碳经济的途径,学术成果斐然,低碳经济已成为发展新经济模式的理论基石。表面上低碳经济是为减少温室气体排放所做努力的结果,但实质上低碳经济是经济发展方式、能源消费方式,人类生活方式的一次新变革,它将全方位改造建立在以化石燃料(能源)为基础的现代经济发展模式。

总的来讲,生态文明与低碳经济是在全球人口、资源、能源与环境等方面问题日趋严重的背景下产生的两个重要话题。但是,在现今社会这两个重要语汇却没能在理论上实现沟通和链接。而现代科学发展的一个基本特点是,学科划分越来越细,但学科之间的隔阂也越来越严重。反之,在不同学科间进行"学术沟通"与"理论对接",常常成为学术创新的一个生长点。因此,这两个不同领域学科之间的联系,不论是在政治精英的丰富思维,还是在严谨学者的学术剖析都很难进行一种完全清晰的厘分。通过研究表明这两个不同学科、不同主题的重要语汇在理论上不仅有着一定的耦合逻辑关系,而且在实践上存在着互动和支撑的联系。倡导生态文明理念、发展低碳经济,是摆脱工业文明日益凸显的弊端,推动人与自然、人与社会和谐发展的重要途径。因此,将两个分属于不同领域的重要语汇进行理论上的"链接",易于在学术上求得创新。

### 二、生态文明与低碳经济的价值同构①

现代社会正面临着"麦金太尔难题"所揭示出各种文明、种族之间的价值冲突也突显出来。由于世界经济的发展日益受到环境与资源的约束,迫使各国不得不寻求一种能够跨越不同文明之间价值的差异,共同应对人类面临的生态危机和能源危机的新的文明价值观。"生态文明"和"低碳经济"正是在这样的背景下产生,作为一种文明形态和一种经济发展模式,它们两者之间有着相同的核心价值。

(一)人本意蕴:基于自然系统观视角

生态文明自然系统观认为,人虽然是大自然进化出来的具有较高价值的存在物,但并不是自然界系统中唯一具有内在价值的存在物,人与其他物种并没有高低之分,对整个生态系统而言,都具有不可缺少性,人的价值只是自然价值的延伸

---

① 薛建明. 低碳经济与生态文明:耦合逻辑与实现机制[J]. 江海学刊,2011(6).

和升华。作为自然的一部分,人的内在价值也不可能大于作为整体的自然的内在价值。人与自然界的其他存在物都是一个巨大的存在链上的环节。由于人类的活动及其所形成的社会是引起整个生态系统变化最强有力的因素,因此人的活动影响比任何生物对生态系统平衡的影响都大得多。人类通过生产活动和其他活动,虽然为人类自身造福,但反过来也会破坏了生态平衡。现代生态学业已揭示:不论人和人类社会的发展状况和程度如何,它都只是地球生态系统的一个组成部分;人和整个人类社会的生存和发展,在很大程度上取决于地球生态系统的平衡状态,人类的任何经济社会活动都不能破坏地球赖以为继的生态系统平衡。目前的环境问题,就是指由于人类活动引起环境质量恶化或生态系统失调,从而造成了人自身发展的困境。

生态文明作为对工业文明批判的产物,它的一个突出特点就是侧重于人类对于自身发展的一种反思,反思的对象是如何处理好人与自然的关系,从而实现人的全面发展,体现着"以人为本"的理念。正如马克思认为:"人靠自然界来生活。这就是说,自然界是人为了不致死亡而必须与之不断交往的人的身体。所谓人的肉体生活和精神生活同自然界相联系,也就等于说自然界同自身相联系,因为人是自然界的一部分"①。因此,生态文明建设的立足点是建立人与自然的和谐关系,其核心价值是实现人与自然的协调发展,其指导思想是坚持以人为本的原则,从人类的长远利益出发,既要满足人类社会发展的需要,又要保护生态平衡,最终实现人类自身从必然王国迈向自由王国的飞跃。

以马克思经济学人本意蕴观点解读,低碳经济是人类应该而且必然的选择。因为低碳经济是指碳生产力和人文发展达到一定水平的经济形态,旨在实现控制气体排放的全球共同愿景,②低碳经济研究的是以低能耗、低污染、低排放为基础的经济发展模式和生活方式。低碳经济作为一种新的发展模式,是经济发展的碳排放量、生态环境代价及社会经济成本最低的经济,是一种能够改善地球生态系统自我调节能力可持续很强的经济。③ 因此,低碳经济是将人、资源环境和科学

---

① 马克思. 1844 年经济学哲学手稿[M]. 北京:人民出版社,1972:49.
② 潘家华,庄贵阳等. 低碳经济的核心辨识及核心要素分析[J]. 国际经济评论,2010(4).
③ 方时姣. 也谈发展低碳经济[N]. 光明日报,2009 - 4 - 19.

技术等要素构成的一个大的系统来考量。低碳经济发展模式致力于构造一个以环境资源承载能力为基础、以自然规律为准则、以可持续社会经济文化政策为手段的环境友好型社会,实现经济、社会、环境的共赢。低碳经济的主要目标是运用高新科技,积极改善和优化人与自然的关系、人与社会的关系、人与人的关系,使自然生态系统和社会生态系统实现最优化和良性运行,最终达到生态、经济、社会的可持续发展。其中改善和优化人与自然的关系是基础,即把传统经济发展模式下的人对大自然的"征服""挑战"变为人与自然和谐相处、共生共荣、共同发展。

另外,发展低碳经济的核心就是节约、高效利用现有能源,同时积极开发、充分利用低碳能源。其关键就在于人的能力提升。从人与能源的关系看,人是认识与评价能源的主体,只有人才会对能源是否满足人的需要进行认识与评价。人又是更新改造能源的主体,能源则是适应人的需要基于能源本身的规定而由人创造的客体。但是人的素质、能力也决定了人可能损害能源。目前,不管是经济发达国家,还是发展中国家,都不同程度地存在能源浪费,其根本原因就在于人的能力,即认识与生产能力的缺陷。因此发展低碳经济,提高能源利用水平关键就在于人的能力提升。从人类发展所经历的自然低碳经济阶段、征服自然的高碳经济阶段以及后工业社会倡导的与自然相协调的低碳经济三个阶段来看,低碳经济正是人类自身对现有经济模式的反思、对自然系统观认识不断升华和依靠科学技术力量的创新所选择的新的经济发展模式,这与生态文明所倡导的敬畏自然、热爱自然与自然和谐相处的生态自然系统观相一致。随着低碳经济这一新的发展模式日益发展壮大,人类也将在这场能源革命变革中不断获得解放。

(二)自然责任:基于自然伦理观视角

在人与自然关系上始终存在两种基本观点:人类中心主义和非人类中心主义。前者将人归属于自然,后者将自然归属于人,但都是将人类与自然的关系对立起来。强调人是自然的一部分,就会将人消解于自然之中,造成自然对人的支配;认为自然是人的一部分,就会将自然消解于人之中,导致人对自然的奴役。①随着生态环境的恶化和能源危机的爆发,着重审视人对自然的责任和义务已成为自然伦理学研究的焦点。

---

① 甘绍平.应用伦理学前沿问题研究[M].南昌:江西人民出版社,2007:115.

生态文明从理论形态角度看是将人和自然的辩证关系作为理论的主题,它强调人类的道德认识应扩延到人与自然的关系层面,在充分认识自然的存在价值和生存权利的基础上,增强人对自然的责任感和义务感,建立公正合理的社会制度,来协调人与社会、自然的关系,运到三者共生共荣、共同发展。从伦理学本质上讲,生态文明伦理的实质是一种责任伦理。因为,责任伦理强调"人与人之间的责任延伸到人类,特别是对未来人类的尊重、责任和义务;并且人不仅仅是对人才有义务,而且对人类以外的大自然、作为整体的生物圈也有义务,并且这种保护并不是为了我们人类自己,而是为了自然本身"①。正如亚里士多德认为,幸福即是至善,"幸福就是合乎德性的现实活动"②,"合乎德性的现实活动,才是幸福的主导,其反而则导致不幸……在各种人的业绩中,没有一种能与合乎德性的现实活动相比,较之那些分门别类的科学,它们似乎更为牢固。在这些活动中,那享其至福的生活,最为持久,也是最荣耀和巩固的。"③在人与自然关系中合乎道德责任的实践活动是生态文明倡导的理念之一。

从伦理学角度,低碳经济是经济发展方式、能源消费方式和人类生活方式的一次新变革。它以保护自然资源和生态系统为目的,它将经济活动、生态智慧与对自然界的伦理关怀融为一体,反对以牺牲环境价值来获得人类的利益,并且在发展生产力、提高社会物质文明的基础上实现人类在环境利益上的公平和可持续发展。从伦理的价值观角度看,低碳经济认为处在社会结构中的人与自然都是社会发展中不可缺少的重要因素,都具有重要的价值。人的价值与自然环境的价值是相互作用和相互影响的。重视自然环境的价值,才能实现人的价值。如果只强调人的价值,无视或者忽视自然环境的价值,人的价值就不可能实现。从伦理的方法论视角,低碳经济在人与自然的关系方面,不再是单一地对自然的索取和利用,而更注重对自然生态系统的保护、修复和保持,强调经济、社会和环境的协调发展。低碳经济把自然环境当作人类的亲密伙伴,尊重和服从自然环境,顺应和

---

① 薛建明."人——地"关系可持续的理性思考[J].生产力研究,2007(11).

② 亚里士多德.尼各马科伦理学(下册)[M].苗力田,译.北京:中国人民大学出版社,2003:14.

③ 亚里士多德.尼各马科伦理学(下册)[M].苗力田,译.北京:中国人民大学出版社,2003:18.

善待自然环境,呵护和促进自然环境的发展。人不能善待自然,自然环境就会以各种方式对人类进行报复,导致生态环境危机,并由此引发一系列的社会危机。对自然环境的任何破坏都会导致对社会的破坏,生态环境灾难实质上是社会灾难和文化灾难,生态环境危机实质上是社会危机、文化危机和人对自然道德责任的缺失。

因此,低碳经济作为一种生态经济形态,它的伦理价值取向是追求对大自然的责任意识和关怀意识,而非当代人类自身财富价值的最大化。它以马克思的自然观为指导,既注重人的主体性,又承认自然的内在价值和道德责任,追求人与自然的协调发展、和谐发展,是人类实践活动中能动性与受动性辩证统一的充分体现。显而易见,低碳经济有别于其他经济形态,使人类对自身所应该承担的对自然的道德责任和道德义务有一个全新的认识和肯定,提升了人类的道德境界,体现了生态文明的伦理观责任伦理的价值取向。

(三)环境公平:基于可持续发展观视角

自古希腊哲学家柏拉图在《理想国》中提出"公平"概念伊始,公平就成为人类的崇高理想。随着人类进入工业文明时代,"高生产、高消耗、高污染"的经济发展模式带来的能源危机和环境污染等全球灾难性问题愈演愈烈。20 世纪 80 年代,人们在对现有发展模式反思和批判中,一种新的公平概念——环境公平由美国学者约翰·罗尔斯正式提出,所谓环境公平"首先,它意味着在分配环境利益方面今天活着的人之间的公平;其次,它主张代际之间尤其是今天的人类与未来的人类之间的公平;最后,它引入了物种之间公平的观念,即人类与其他生物物种之间的公平。"①这种蕴含着可持续发展内涵的公平概念一经提出,很快在世界各国传播开来,成为学术界的关注焦点。

环境公平性是生态文明的最根本特征。生态文明同以往的文明形态不同,在人与自然关系上,它是以把握自然规律、尊重和维护自然为前提,以人与自然、人与人、人与社会和谐共生为宗旨,以全球资源环境承载力为基础,以建立可持续的产业结构、生产方式、消费模式以及增强可持续发展能力为核心的文明形态。在人类关系上,代内公平开始纳入人类的视野,代际公平法得到应有重视。可持续发展观认为,

---

① 亚历山大·基斯. 国际环境法[M]. 张若思,编译. 北京:法律出版社,2000:3.

某一代人的发展仅仅是人类整个发展链条上的一个环节,为了确保人类发展的连续性,在人类追求本代人利益的过程中,必须充分顾及到后代人的发展条件,实现最大限度的代际公平。因此,生态文明的发展就是要消除人与自然的不平等关系,倡导构建世界各民族平等为核心,着眼代内公平、公正的全球政治经济新秩序,在强调人类在代内公平的基础上,追求代际公平,实现社会产品和自然资源的数量、质量与承担生态责任之间的统一,使当代人要为后代人保留优美的生态环境和发展资源。总之,生态文明理念要求人类社会从过去片面单一地追求经济效益的发展观,转为追求"环境——经济——社会"代际、代内之间公平、公正的、可持续的发展观上来,这是解决当今社会发展与环境恶化相冲突的唯一途径。

现代意义上的低碳经济是在人类社会发展过程中,人类自身对经济增长与福利改进、经济发展与环境保护关系的一种理性权衡;是对人与自然、人与社会、人与人之间和谐关系的一种理性认知;是一种低能耗、低物耗、低污染、低排放、高效能、高效率、高效益的绿色可持续经济;是人类社会继工业革命、信息革命之后的新能源革命。① 其指导思想是在不影响经济社会发展的前提下,通过技术革新、制度创新和生活方式改变,降低能源和资源的消耗,尽可能最大限度地减少温室气体的排放,避免生态环境进一步恶化,使有限的资源得到最大化地利用。这与传统经济发展模式将生产、资源和环境割裂开来,形成大量生产、大量消耗和大量污染的恶性循环截然不同,低碳经济是在寻求一种"在保持自然资源的质量和其所提供的,使经济发展的净利益增加到最大限度"②的发展模式。因此,低碳经济发展模式强调人与自然、人与人之间的公平和谐;强调人类社会经济发展过程中环境与资源利用的公平公正性。可见,低碳经济在本质上就是可持续发展经济,是生态经济可持续发展的新阶段,在对于环境公平这一可持续重要命题上,低碳经济与生态文明在理念上有着共同的追求。

生态文明的构建需要低碳经济的基础之维,而低碳经济发展则需要生态文明理念的引导,在理论层面都是为了克服发展过程中的资源、环境、生态问题,实现人与自然之间的和谐共生;在实践层面上都是围绕着新能源、新的生活方式和新

---

① 王仕军. 低碳经济研究综述[J]. 开放导报,2009(5).

② 李龙熙. 对可持续发展理论的诠释与解析[J]. 行政与法,2005(1).

的经济模式来展开。倡导低碳经济,加速人类文明形态向生态文明转型,是现实社会可持续发展的必由之路。

### 三、低碳经济与生态文明的互动与支持

#### (一)低碳经济:文明转型的催化剂

工业文明时代,在"人类中心主义"价值观指导下,人们在生产活动过程中只关注如何最大限度地开发自然资源,最大限度地获取利润。工业文明虽然为人类创造了非常丰富的物质财富和精神财富,但它的高开采、高能耗、高消费、低利用"三高一低"的线性经济发展模式在创造了大量社会财富的基础上,也以惊人的速度吞噬着以化石燃料为主的不可再生能源资源,导致全球能源枯竭。同时,大量的温室气体排放扰乱了自然生态系统各种因素之间的微妙平衡,导致全球气候变暖、冰川融化、生态系统退化、自然灾害频发,这将直接影响着人类的生存和安全。据统计,全球每年产生的230多亿吨二氧化碳,其中约有30亿吨为地球生态系统自进化,而剩下的200亿吨残留在大气层中,①而这正是导致温度变化进而引发各种生态危机的首因。英国著名的社会学家吉登斯指出:"现代社会如同置身于朝四方疾驰狂奔的不可驾驭的力量之中,这种力量必然将现代社会带入被人为制造出来的大量新型风险之中,这其中包括生态破坏和灾难。"②事实上,臭氧层破坏、土地荒漠化、能源危机、气候变暖、物种灭绝等灾难无不与高碳排放有着直接的关联,每一种危机都关系到人类未来的生存,人类文明的延续和发展。面对生存困境,人们不得不对现有的发展模式进行反思与批判,在更高层面上探寻新的文明形态和发展模式。作为人类对传统工业文明进行理性反思的产物,生态文明已成为21世纪正在形成和发展的人类最新文明范式。

尽管生态文明与工业文明也有着相同之处,即强调发展是人类社会活动的轴心,但生态文明要求发展必须在生态可承受的范围内,更好地保障和促进经济社会的可持续性。因此,生态文明建设需要一种新的经济模式和实现平台来支撑。低碳经济作为一场"降低对自然资源依赖的新经济发展模式,在发展中注重生态

---

① 曾继发. 发展低碳经济是我国的必然选择[N]. 中国信息报,2009(8).
② 曲格平. 生态文明理念和发展方略[J]. 人民论坛,2010(2).

环境保护,促进人类文明由工业文明向生态文明的转变"①的社会形态的变革。是"人类自身对经济增长与福利改进、经济发展与环境保护关系的一种理性权衡;是对人与自然、人与社会、人与人和谐关系的一种理性认知;是一种低能耗、低物耗、低污染、低排放、高效能、高效率、高效益的绿色可持续经济;是继人类社会经历过原始文明、农业文明、工业文明之后的生态文明;是人类社会继工业革命、信息革命之后的新能源革命"②。它的出现不仅有助于缓解我们面临保护资源环境的压力,而且它将通过生产技术创新、产品创新、生产工艺和生产组织与结构创新,发展低碳与无碳新能源,构建以非化石燃料为核心的,以可再生能源为基础的能源结构,使整个社会生产与再生产活动低碳或无碳化,使社会经济系统与自然生态系统间的物质、能量和信息的传递、迁移形成良性循环,从而形成可持续发展的社会经济优选模式。这种社会经济优选模式,按照人类文明形态发展轨迹,既可克服农业文明时代存在的低效率的明显弊端,又可消除工业文明时代虽然拥有高效率,却造成环境污染、生态恶化、气候变暖三大"非和谐效应",③从而实现生态文明所追求的人类社会摆脱贫困、污染等不利因素的干扰,开始迈向自由王国的理念。因此,低碳经济这种兼具效率与和谐的新经济模式,无疑在起着人类社会实现由工业文明向生态文明转型的催化和裂化作用。

(二)生态文明:经济转变的理论基石

生态文明是一种正在形成和发展的文明范式,是人类对传统工业文明进行理性反思的产物。目前人类文明正处在由工业文明向生态文明过渡的转型之中。由于不同的文明形态有着不同的生产方式和生活方式,因此,每一种社会形态的碳经济和碳排放有着显著区别。纵观人类社会演变史。在漫长的农业社会里,人类社会的生产力水平有了一定的提高,土地成了经济发展的稀缺资源,土地取代劳动力成为农业文明时代的主导发展因素。但处于生态食物链高端的人类,一方面从绿色植物获取碳水化合物中的植物蛋白等糖类化合物,从食草动物中获取动物蛋白,以维持生命所需的物质和能量;另一方面从碳水化合物中的纤维素获得

---

① 张坤民,潘家华,崔大鹏. 低碳经济论[M]. 北京:中国环境科学出版社,2008:129.

② 刘细良. 低碳经济与人类社会发展[N]. 光明日报,2009-6-2.

③ 唐永红. 低碳经济的时代价值指归[N]. 山东工商学院学报,2010(2).

生物质能,如木材和干草为人类提供了供热取暖的生物能源。由于生产力发展水平低下,对资源的开发和利用有限,人类对自然生态系统的影响是有限的,大气中二氧化碳含量一直稳定在250ppm—280ppm。这个浓度对于地球大气温度的变化起到了平衡作用,农业文明最大的特点是天人合一。在工业社会,化石燃料基础上的高碳经济工业文明重组了人类的能源结构,实现了从木材向化石燃料的转型。这一历史性变革极大扩展了人类经济活动的广度和深度,同时也彻底改造了地球的原始大气。工业社会极大地推动了生产力的快速发展,生产方式和生活方式都发生了根本性的变化。工业文明的标识是人类对碳氢化合物的发现和使用,如煤炭、石油和天然气等。因此,工业社会是建立在对化石燃料的勘探、开采、加工、利用基础之上的经济社会,它使人类经济发展方式发生了翻天覆地的变化。但长期以来,以化石能源为基础的工业社会已悄然地把人类带入了"高碳经济"体系,化石能源是以高二氧化碳排放为代价的。在化石能源体系的支撑下,形成了高能耗的工业即高碳工业,甚至连传统的农业也演变成高碳农业。支撑现代农业发展的化肥和农药都是以化石能源为基础的,从而造成了化石能源的使用规模和速度与二氧化碳排放量呈线性增长趋势,影响着地球自然生态系统的内在平衡性,是目前人类社会环境污染和资源枯竭的主要因素,直接威胁到人类的生存和发展,是一种不可持续的社会发展形态。以生态文明理念为指导的未来社会是基于化石能源高效利用和开发可再生能源基础之上的低碳排放的经济发展模式,是一种将温室气体排放有效控制到尽可能低的一种经济发展方式。作为一种能够改善地球生态系统自我调节能力的可持续发展的经济形态,生态文明所倡导的从关注碳水化合物的开发利用转向关注碳氢化合物的研究利用,构建以低碳或无碳能源为核心的技术体系和基础设施,这正是低碳经济所推崇的一种将温室气体排放有效控制到尽可能低的经济发展方式的核心所在。生态文明不仅从理论上为低碳经济提供目标引导,而且在实践中也支撑着低碳经济的快速发展。

其次,生态文明的兴起为低碳经济的技术转型提供了动力。不同的文明时代有不同的核心技术,每一次社会转型都是在重大技术突破的基础上发生的。耕种、饲养等技术的发明,使人类从迁徙的狩猎文明进入定居的农业文明;以蒸汽机为先导的机器技术,开辟了化石能源大规模利用的工业文明时代。然而支撑工业文明的化石能源是有限资源,大量使用会导致生态失衡和能源枯竭,因而是不可持续的。而生态文明是以可再生能源替代化石能源为主要标志的人类与自然和谐相处的文明,其能源模式是以太阳能、地热能、风能、海洋能、核能及生物能为核心的"可再生能源"。如太阳能是太阳核子连续不断地核聚变反应生产的能量,每秒照射到地球的能量相当于 500 万吨煤的能量。风能储量大、可再生、分布广、无污染,是取之不尽、用之不竭的能源。而逐渐成熟的核电技术可以大规模地生产清洁能源,并有很大的发展空间。如果把海水中的氢提取出来,它所产生的总热量比地球上所有化石燃料放出的热量还要大 9000 倍。这些正是生态文明追求和倡导的低碳经济的核心技术范式。这些低碳技术的开发应用,特别是大规模应用,将颠覆以化石能源为基石的工业文明发展模式,带来能源利用方式的全新革命,它不仅能够化解当前社会资源短缺的现实状况,而且也是避免当今世界生态持续恶化,破解当今科学技术"双刃剑"难题的有效途径。

(三)低碳经济:生活方式变革的载体

众所周知,一个社会要推动一项经济模式的发展,必须以大众的生活消费模式为根基。工业文明时代由于受笛卡尔的"二元论"的影响,特别是在 20 世纪 30 年代凯恩斯的消费不足危机理论中所提出的"鼓励消费、反对节俭、浪费致富"的理念支配下,西方世界将消费主义作为一种生活方式和商业主义的意识形态广为流行,提倡毫无节制、毫无顾忌地消耗物质财富和自然资源,并把消费看作是人生最高目的加以追求。这种由"消费致富理论"所衍生出的消费异端的生活方式不仅在发达国家非常普及,目前正逐步向发展中国家蔓延。长此以往,它势必造成自然资源的严重匮乏和生态环境的不堪重负。同时,过度消费的价值观使人们遗忘了人类作为整体的有机的自然的一部分,所应当有的伦理和精神上的联系。其结果,人们虽然过上了舒适优裕的物质生活,却在精神上陷入空虚和迷茫。这与生态文明所倡导的和谐、可持续、公平的消费观格格不入。马克思曾有力地对消费异端所包含的过度消费进行过批判:"享受过度消费的人……他把人本质力量的实现,仅仅看作自己放纵的欲望、古怪的癖好和离奇的念头的实现。"[1]

低碳经济的发展不仅需要生产方式向低碳转型,更需要引导大众的生活消费理念和方式向低碳转变,使低碳社会消费模式成为化解目前人类生存困境的一个

---

[1]　马克思,恩格斯. 马克思恩格斯全集:第 42 卷[M]. 北京:人民出版社,1979:141—142.

重要途径。低碳经济所倡导的低碳生活是一种简约、简单、简朴的生活方式,其实质是一种生态消费模式和可持续消费观。首先,低碳生活方式符合人与自然和谐相处的生态伦理要求。人与自然原本就相互依赖、相互制约。人与自然在发生物质交换关系的同时,还发生着重要的伦理互动关系,和谐共荣是人与自然关系发展的伦理目标。在"征服自然""人定胜天""自然资源取之不尽,用之不竭"等思想指导下,现代工业文明在追求经济增长的过程中给环境带来极大破坏,造成了今天全球气候变暖的整体趋势和严峻现实。自然界正以一种特殊的方式向人类施加给它的影响做出强烈反应,这种反应被恩格斯称为"报复"。因此,保护人类赖以生存的家园,促进人与自然和谐相处,已经成为有识之士的共同伦理渴求,是对自然界"报复"人类行为的积极回应和救赎。低碳生活方式是人们对传统生活方式的革命性变革,符合人与自然和谐相处的生态伦理要求,也有利于实现人与自然和谐相处的伦理目标。其次,低碳生活方式担当了代际消费伦理责任。在西方消费主义的影响下,人们的物质欲望快速增长,高消费、"用明天的钱圆今天的梦"的超前消费、一次性的便捷消费等为人们所追捧。但是,高消费刺激高需求,高需求刺激高生产,高生产导致向大自然的高索取,高索取最终导致资源的高消耗、环境的高污染和生态系统的高破坏。人们的消费方式直接影响到气候环境的变化。消费不仅是物质行为,也是道德行为。所谓消费公正,是消费主体在消费自然资源和物质资料时应充分考虑到其他消费主体的消费权益,考虑消费活动对自然环境的影响。不公正的消费行为理应受到伦理谴责和道德审判,而"低碳生活方式恰好担当了代际消费公正的道德责任"。当代人不能只顾满足自身的发展,而要尽可能地给后代人留下更广阔的生存和发展空间;也不必因照顾后代人的消费而消极克制当代人的消费,扼杀当代人在环境开发与利用上的能动性,重新使人沦为环境盲目性的奴隶。谈到低碳生活,许多人就认为用步行代替车行直接影响汽车工业的发展,少使用或不使用空调直接影响家电产业的发展,不吃或少吃方便食品直接影响食品工业的发展,认为这种生活方式会导致中国经济发展放缓甚至倒退。尽管这样的想法比较片面,但客观上造成了人们在经济伦理上的现实困境。要发展就必然要排碳,要消费也必然会相应增加碳排放量,这是符合经济发展和社会生活客观规律的。从伦理上讲,这是正当的、善的。但是,在发展经济的过程中人们的健康权、生存权、发展权也要得到保障,这也是正当的、善的。

而这两个"善"在根本上具有一致性。经济发展的目的是为了让人们过上幸福生活,发展是获取幸福生活的重要手段,目的善和手段善有机地结合在一起,低碳生活方式打通了经济与伦理内在统一。

从以上分析我们可以得出结论,低碳消费是一种生态消费、适度消费、精神消费、文明消费、理性消费、健康消费、绿色消费、可持续消费、追求人与自然和谐的消费。这种消费着力于解决人类生存环境危机,其实质是以"低碳"为导向的一种共生型消费方式,使人类社会这一系统工程的各单元能够和谐共生、共同发展,实现代际公平与代内公平,均衡物质消费、精神消费和生态消费;使人类消费行为与消费结构更加科学化;使社会总产品生产过程中,两大部类的生产更加趋向于合理化。低碳经济模式下,消费方式必将带来一次全新的转变。因此,全社会要树立起低碳、低排放的消费理念,从衣、食、住、行入手建立全新的生活观和消费观,克服工业革命以来形成的消费至上理念,摒弃以高耗能源为代价的"便利消费""奢侈和面子消费"嗜好,这不仅有益于人们的身心健康和生活质量的提高,且有利于实现人与自然的和谐共生,有利于实现人类生活消费方式向生态文明变革。

## 第四节　低碳经济托起生态文明

自党的十八大提出"把生态文明建设放在突出位置"以来,生态文明研究领域人声鼎沸,再一次成为焦点。然而,何以支撑生态文明建设,人们的理解却极不相同。许多研究和活动以"绿色低碳"为标榜,但这种所谓"绿色低碳"有些是过了时了的"浅绿色的低碳",有些甚至是"假低碳"或"伪低碳"。这些研究和活动,混淆视听,在生态文明建设中起到了误导的作用。

"浅绿色的低碳",关注工业发展带来的环境污染问题,它以人为尺度,来寻找治理污染的技术,制定和实施限制污染的法律,通过新技术应用和环境管理,来减轻国内和区内的污染,同时也就暗含着把污染产业向落后国家和落后地区转移。在"浅绿色"看来,资源问题可以通过市场和新技术应用加以解决。目前,许多人都是自觉或不自觉地循着这个思路来研究环境污染问题的。"浅绿色"认为,发达国家、发达地区在工业发展到一定程度以后,开始重视环境问题,因为有积累的财富可以推进可持续发展；对于落后国家、落后地区来说，推进可持续发展则是一种"奢侈"，各国所走的实际就是倒 U 型的环境库兹涅茨曲线所描述的"先污染后治理，先破坏后建设"的道路。"浅绿色"是针对工业文明出现问题以后的一种反思，它的产生有特殊的时代背景，其积极意义就在于促进了人类环境意识的觉醒。但是，"浅绿色"常常把经济和环境置于对立的境地，因而有时开出的"药方"就是要"反发展""零增长"。

如果说，"浅绿色"，还是一种认识和观念的话，那么，在实际生活中却充满着"假低碳"，或"伪低碳"。其表现就是借"绿色"之名行"反绿色"之实。譬如，一些城市小区建设在"绿色"的幌子下，以欧美风情为诱饵，动辄"普鲁旺斯""维也纳""美利坚"，宣称把"家建在大自然中""沿着树的方向回家"，把"生态足迹"踏遍自然风景区。这表面上是"绿色"的，符合"绿色"的原则。但是，在土地资源稀缺的大背景下，低密度的建设无疑是一种极大浪费。这不仅不符合可持续发展的原则，同时，这类小区还以多数人共享的城市乃至区域的优美环境为代价，蜕变成为少数有钱人、特权阶层拥有的局部"生态""绿色"，它凸显了社会问题的严重性。再如，在一些城市建设中，房地产开发商以"超大户型""二次置业""Town House"（一种 3 层左右、独门独户、前后有私家花园及车库或车位的联排式住宅）等所谓"新生活方式"来引导消费者，从而在消费社会起了推波助澜的作用，大行"反绿色"之实。"假低碳"或"伪低碳"还表现在视觉上的"绿色"，如不考虑区域的气候、资源和地理条件，盲目地大面积种植草坪、追求城市的珍稀树种，让山里大树也"城市化"（大树、古树移植进城），甚至河道硬化（在河岸和河底铺设水泥板）、湖底防渗（湖底铺设塑料膜），其实质都是"反绿色"的。

推进生态文明建设，必须摒弃"浅绿色"，坚决反对"假低碳"或"伪低碳"，要以"深绿色"托起生态文明。要使人们真正认识到，只有"深绿色"才是生态文明的真谛。"深绿色"认为，作为整体的大自然是一个互相影响、互相依赖的共同体，即使是最不复杂的生命形式也具有稳定整个生物群落的作用，每一个有生命的"螺丝和齿轮"对大地的健康运作都是重要的。人类的生命维持与发展，依赖于整个生态系统的动态平衡。"深绿色"不仅注重环境问题，更重视发展问题，它倡导人、社会和自然的协调和谐发展，并努力探寻环境与发展双赢的道路；它从发展的机制上防止、堵截环境问题的发生，倡导人类文明的创新与变革。从哲学层面上讲,"深绿色"强调,人类是大自然的守护者而非主宰,世界万事万物都是平等的,任何物种都不可能获得超越生态学规律的特权;生态环境问题与社会问题是紧密联系在一起的,环境问题的产生存在社会根源;"深绿色"倡导全球的合作,因为尽管各国都在推进环境保护,推进可持续发展战略,但是由于地球是人类的共同家园——"只有一个地球",环境问题的共同性,使每一个国家都不能独善其身,这就需要各国的通力合作。以"低碳经济"托起生态文明建设,至少应包括以下内容:

第一,发展循环经济。循环经济通过减量化、再利用、资源化、无害化,把资源消耗限制在资源再生的阈值之内,把污染排放限制在自然净化的阈值之内,从而实现可持续发展。循环经济是一种与环境和谐共生的经济发展模式,它要求把经济活动组织成一个"资源—产品—再生资源"的反馈式流程,其特征是低开采、高利用、低排放,所有的物质和能源要能在这个不断进行的经济循环中得到合理和持久的利用,以把经济活动对自然环境的影响降低到尽可能小的程度,从而让生产和消费过程基本上不产生或者只产生很少的废弃物,从根本上消解环境与发展之间的尖锐冲突。这也就是马克思所主张的,"人与自然之间的物质变换"成为"靠消耗最小的力量,在最无愧于和最适合于他们的人类本性的条件下来进行这种物质变换。"

第二,促进低碳发展。碳的排放虽然不是污染物,但它作为温室气体具有累积效应。虽然目前还有人质疑全球气候谈判是以政治替代科学,但 IPCC 的报告显示,全球气候变暖已是一个不争的事实,碳排放正在影响着人们的生活。从人类的现实与未来看,全球极端天气和自然灾害的肆虐,对人类的生产、生活和社会活动乃至于政治都带来了严重的影响,使人类的生命财产遭受了重大损失,严重威胁到了人类的生存与安全,这已被各国政府和绝大多数科学家所接受。全球气候变暖是对全人类的重大挑战,如何降低碳排放量已经成为各国学者和政治家共同关注的话题。虽然在国际气候谈判中,各国立场各异、相互龃龉,但低碳发展是各国都应该积极承担的责任。

第三,发展"环境产业"。传统的"环保产业"所产生的是"恶性经济效益",认为有污染就必须要采取措施治理,治理污染形成了市场,进而在国民经济账户中成为 GDP 的增加值。据称,经合组织国家(OECD)因治理污染和处理垃圾而形成的市场每年达到约 6000 亿美元。这一市场主要分为:垃圾处理、水净化处理设备,污染物控制装置(过滤设备、静电沉淀处理装置等);污染治理和危险废料处理的基础设施;经常性的服务与咨询(测量、分析、效果测定、环境状况评估)等。但是,"环境产业"却不同,虽然也包括由于传统发展造成生态环境破坏而产生的以防治环境污染、改善生态环境、保护自然资源为目的而进行的技术产品开发、商业流通、资源利用、信息服务、工程承包等活动,把生态环境与产业发展融为一体,使环境本身成为一种大的产业,但(后加)它更注重正面利用生态环境资产的效能和服务功能,更注意开发和利用环境资源。

第四,协调区域发展和缩小贫富差距。由于生态环境问题的产生存在深刻的社会根源,因而"深绿色"下的生态文明,不仅仅关注生态建设、环境污染治理问题,也不仅仅关注相关的技术进步和创新问题,它更关注人的生存状态,对人的尊严和符合人性的各种需要充分肯定,因而在发展中不同地域、不同人群之间,实现公共教育、就业服务、社会保障、医疗卫生、人口计生、住房保障、公共文化、基础设施、环境保护等公共服务的均等化,逐步缩小城乡之间、不同区域之间基本公共服务差距,做到广覆盖和全民享有。"深绿色"下的生态文明给予社会发展以特别关注,力求缩小不断拉大的地区差距和贫富差距,消除社会不公平现象,维护社会稳定和和谐。

第五,倡导"深绿色"文化。"深绿色"文化要求,崇尚自然,所谓"自然界最知道",既有的自然界是经过亿万年的进化才得到的精美结构,人类进行仿生设计永远也比不上自然界。同时,"深绿色"倡导最佳生产、最适消费、最少废弃,实现对于自然界的最小扰动,遵循宜于生存、宜于尊严、代际公平的原则。"深绿色"文化不仅要求视觉上的"绿色",天变蓝、地变绿、水变清、景变美,更重要的是体现在价值观上,这就是,人类要珍惜资源与环境,尽量节约使用,延长地球资源对人类的服务年限,要倡导与环境生态友善的生活方式与消费方式,注意节约与环保,杜绝奢靡与浪费,使用绿色产品,反对漫无边际的消费行为与反自然行为,重构人类社会与自然生态相平衡的系统。

第三章

# 低碳经济催生低碳时代的到来

资源环境危机在当代日益凸显,具有深刻的社会历史原因,其中最重要的背景,就是人类正在经历的工业化过程。工业化在加速社会发展的同时,也引发了经济增长与人的发展等一系列深层次矛盾,以及由这些矛盾而衍生的许多具体的社会问题。这些矛盾和问题往往与资源环境问题互为因果。从时代发展的视角看,对工业化进行反思是实现低碳发展的前提,实现低碳发展是推动新的文明时代变革的应有之义。

## 第一节 高碳时代的困境及挑战

传统工业化时代,主要是通过资源高投入,推动仅仅满足人类短期利益的经济增长,而忽视资源的集约性,以及经济社会全面、持续与自然和谐发展。因而一方面造成生产力空前巨大发展,另一方面也造成资源短缺、污染加重、经济社会发展不可持续的时代难题和困境。

### 一、全球气候变暖导致环境严重破坏

由于资源特别是煤炭的过度消耗等因素,造成环境严重破坏。自 1906 年以来,由于碳排放造成的温室效应,全球平均地表温度升高了 0.74℃,超过了 65 万年以来自然变化的范围,并且升温速率在不断加快。气候变暖成为全球有史以来最大的"公地悲剧"。它的主要危害在于:一是海平面持续上升。中国气象局提供的资料表明,近 50 年来,由于全球变暖,我国的山地冰川普遍退缩。冰川消融的

同时,海平面也在不断上升。《2003年中国海平面公报》显示,过去100年间,我国海平面上升了20—30厘米。平均每年上升0.25厘米,未来还将继续升高。专家指出,冰川融化在海平面上升中的贡献率其实不到一半,更多的因素是由于全球气候变暖导致海水变暖,海水膨胀后体积增大。海平面持续上升将使全球生活在海岸线地带成为"生态难民",许多岛屿将不复存在,或将威胁到约40个国家的存亡,基里巴斯、图瓦卢、马绍尔群岛、斐济、瓦努阿图、巴布亚新几内亚以及密克罗尼西亚等太平洋岛国首当其冲。二是"酸雨是当今世界普遍关注的环境公害之一,酸雨污染造成的危害日益成为制约我国经济和社会发展的重要因素,控制酸雨和全球酸化是人类走向可持续发展进程中必须解决的一个重大环境问题"①。酸雨是由于空气中二氧化硫和氮氧化物等酸性物污染物引起的值小于5.6的酸性降水。受酸雨危害的地区,出现了土壤和湖泊酸化,植被和生态系统遭受破坏,建筑材料、金属结构和文物被腐蚀,酸雨污染所造成的危害日益成为制约我国经济和社会发展的重要因素,控制酸雨和全球酸化是人类走向可持续发展过程中必须解决的一个重要环境问题。酸雨同样威胁人体的健康。酸雨中的甲醛、丙烯酸和硫酸盐雾毒性比二氧化硫还要高10倍,其微粒如果侵入人体的肺部组织,会引起肺水肿和肺硬化等疾病,甚至会导致人的死亡。三是对人类健康的影响。全球气候变暖对人类健康的影响可分为直接影响和间接影响两个方面。全球气候变暖直接导致部分地区夏天出现超高温,引发的心脏病及呼吸系统疾病每年都会夺去很多人的生命,其中又以新生儿和老人的危险性最大。在2003年的夏天,欧洲遭受了一股强大的热浪,有35000人因此丧生。从间接角度看,极端高温使疟疾、霍乱、脑膜炎、黄热病等传染病的传播数量增加,加速病毒的繁殖和变异,从而增加人类疾病发病率。哈佛大学新病和复发病研究所的保罗·爱泼斯坦注意到,植物也随雪线而移动,全世界山峰上的植物都在上移。随着山峦顶峰的变暖,海拔较高处的环境也越来越有利于蚊子和它们所携带的疟原虫子这样的微生物生存。据世界卫生组织统计,全球每年感染疟疾3.5亿—5亿人,死亡110万人(每天死亡3000人)。四是对动植物的影响。近日,数百名科学家以及世界上绝大多数的政府代表齐聚比利时首都布鲁塞尔,就"联合国政府间气候变化专门委员会"

---

① 闫百瑞,王永平. 酸雨的危害及其控制浅析[J]. 北方环境,2011(3).

(IPCC)的全球变暖报告第二部分进行讨论。科学家仍对全球变暖问题发出新的严重警告:由于全球变暖破坏了生态系统,50年后全球可能有近三分之一的动植物处于灭绝边缘。1600年来,地球上已有724个物种灭绝,3956个物种濒临危险,3647个物种容易受到损害,7240个物种呈稀有状态。统计表明,目前每年约有4000—6000个物种从地球上消失,更多的物种正受到威胁。1996年世界动植物保护协会的报告指出,地球上1/4的哺乳类动物正处于濒临灭绝的危险;世界银行发布的《2005年世界发展指标》报告中指出,全世界将近1万种鸟类中的12%易受到伤害或濒临灭绝。① 生物多样性锐减,严重影响自然生态系统的平衡。1990—2000年年均森林消失量达93952平方公里。世界的热带雨林正在以每年10万平方公里的速度遭到破坏。20世纪初地球上的森林覆盖面积约为50亿公顷,如今则减少到不到40亿公顷。森林减少导致水土流失、洪灾频繁、物种减少、气候变化等多种严重后果。

上述种种现象,既是传统工业化或高碳时代的伴生物,是人类对自然界的破坏,也是自然界对高碳发展的反抗,是自然界对人类的报复,表明既破坏自然界,也伤害人类的高碳发展方式陷入不可继续的深刻矛盾之中。


**二、气候变化对经济发展的挑战**

气候变化对经济发展带来前所未有的挑战,气候变化最大的影响之一是农业问题,即农业生产的布局、农业生产的结构,包括农业病虫害的防治等。因为气候变化,可能会导致干旱的地方更旱,降水多的地方更涝。对防御暴雨气候灾害和预防抗旱的要求就更高了,所以可能导致部分地区粮食的减产。气候变暖以后,收获季节、田间管理等都发生了很大变化。如果我们不适应这种气候变化,很可能对我们的农业生产造成很大的影响。据有关部门测算,我国人口估计到2030年大约达到15亿,新增人口2亿,至少需要多生产1亿吨的粮食。按目前的办法就要额外增加相当于1000万公顷的粮食播种面积,而目前由于气候的影响导致我国农田面积不断缩小、有效的高质量的农田也减少很多,粮食安全问题很严峻。

气候变化导致的气候变暖还将导致能源结构的调整,工业生产能力和经济效

---

① 世界银行.2005年世界发展指标[M].北京:中国财政经济出版社,2005.

益将受到影响。我国是世界上最大的煤炭生产国和消费国,煤炭约占商品能源消费结构的76%,已成为我国大气污染的主要来源。大力开发新能源和可再生能源的利用技术将成为减少环境污染的重要措施。能源问题是世界性的,向新能源过渡的时期迟早要到来。

2009年11月5日,中国政府承诺,到2020年我国单位国内生产总值二氧化碳排放量比2005年下降40%—50%,非化石能源占一次能源消费比重到达15%左右,森林面积、森林储蓄分别比2005年增加4000万公顷和13亿立方米。

尽管在温室气体减排问题上,中国表现出了一个对世界高度负责的态度,但国际社会,尤其是发达国家,却始终认为中国应承担更多减排责任。这并非是针对人类生存的考虑,而是个别国家对中国发展的限制手段。

发达国家今天享有的高度发达的经济,都经过了二氧化碳高排放的过程。而中国如今二氧化碳的人均排放量仅相当于英美1900—1907年的水平;中国的人均GDP也仅达到部分发达国家1960年的水平。种种数据表明排放问题就是发展问题。若大规模减排,中国就面临对能源结构的大规模改革,这注定要投入大量人力物力。在改革过程中我们又要以什么方式来弥补大量减少碳基能源所带来的能源不足? 总之,未来中国的发展将受到能源和环境的双重约束。

### 三、气候变化导致社会矛盾突出

气候变化引发了广泛的环境问题,而环境恶化引起的社会冲突并非新的现象,在20世纪80年代以前已经在局部地区出现。但其急剧蔓延似乎与90年代以后快速工业化导致的污染蔓延及其程度的恶化有关。国家环保总局历年《中国环境状况公报》显示,1991—1995年,全国环保系统共受理来信28.3万封,而2001年达到了36.7万多封,超过上述5年的总和;到2004年,环境来信数量更进一步增加到近60万封,环境上访数量也从1995年的5万余批增加到2001年以后的每年8万—9万批。根据江苏省环保厅有关官员介绍,环境信访自1996年起已经连续多年成为该省"大信访"中的"热点问题"。

从近年来较多爆发于农村地区的环境冲突事件中可以看出,环境污染已经超出城市的范围,环境污染的严重性并非单纯停留在对于经济增长或发展的限制,而是进一步凸现了政治乃至社会层面的极限。尽管中央政府在21世纪以来出台了一系列具有实质内涵的惠农政策,如减免和取消农业税、实行农村义务教育免费,以及加大对农村基础设施建设的投入等,使得学术界和公众视野里的"三农问题"表面上出现了缓和,但必须看到,由于中国式的工业化道路所带来的污染向农村大规模转移,"三农问题"实际上迎来了愈加复杂严峻的新阶段。从农民生存的角度而言,如果说 20 世纪 80 年代以前的农民是为了粮食和土地而抗争,那么,在经过艰难的制度变革取得了"温饱"之后,进入 90 年代,他们开始越来越多地被迫为水和空气而抗争。21 世纪以来,这种抗争的频率和规模都在明显上升。

另一方面,中国农民和农村社会所面临的环境污染的风险,不仅大大降低了其发展的可能性,而且在局部地区已经严重威胁到了农民的生存,正在系统地颠覆着农村社会并使其存续成为问题。可以推想,在农村医疗保障体系远没有建立起来的情况下,中央政府的惠农政策将会被转移而来的毒气和污水所吞噬。考虑到这种"转移"主要来自工业和城市,它对于"工业反哺农业""城市支持农村"政策实在是一种莫大的反讽和冲击。在面对"新农村"建设这一系统工程时,防止污染转移和加强环境治理,的确更应该成为高度关注的紧迫问题。

再者,农民环境权的严重侵害和现实的生存危机意味着,不只是农村,中国社会整体也迎来了未曾遇到的长期挑战:由于空气和水的污染而导致数量可观的"环境难民",那些无法制止污染同时又没有能力迁居的社会底层,将被迫成为严重影响社会安定的"不安定分子"。同时,中国政府也面临着当今世界上任何一个大国所尚未面临的现实的"生态环境危机",它在越来越多的地区已经演变为当地的政治和社会危机——以一种极端的形式控诉当地政府的不负责任,撕裂着社会的稳定。当政治和社会稳定的环境基础逐渐失去,不能不令人担忧中国社会整体的易爆性。

## 第二节　摆脱高碳困境的探索

达尔文的进化论已经向世人说明,人类来源于自然进化,大自然是人类的"根源"。然而从现代工业文明诞生的那一刻起,现代工业文明树立了机械自然观,将精神与物质对立起来;树立了人类中心主义,将主体与客体对立起来。面对大自然的无情报复,人类所面临的人与自然不和谐问题比历史上任何时期都要复杂和严峻,但是人类绝不可能退回到被动适应自然的道路上去,只有依靠发展,才能实现新困境下的人与自然的和谐,实现资源的合理可持续利用和生态环境的有效保护。

**一、发展观的重新定位**

目前,在全球经济一体化背景下,出现和使用频率最多的概念是"发展"。究竟什么是发展? 如何理解发展呢? 众所周知,人从自然界获取一定的生活资料,汲取养分,通过一代又一代的繁衍生息,维持生命形式的存在。人类的生存发展是紧紧和自然联系在一起的,没有大自然就没有人类。是大自然哺育了人类,养育了人类,人类依靠大自然来完成生命的延续。社会的发展是通过人的发展来实现的,人类一点点的进步推动社会的逐级进展。特别是随着人类的认知能力不断提高,人类需求的不断增多,人类掌握的科学技术手段愈来愈高级,推动着社会发展由低级阶段迈向高级阶段。

(一)高碳时代的发展观目标

第二次世界大战以后,西方主要资本主义国家开始寻求现代化的发展道路,此时作为现代化建设理论依据的发展观,是以经济增长为核心,以国民生产总值为目标,把增长与发展之间画上等号,认为 GNP 的增长能自动改善生活质量,在这种背景下形成的发展战略被称为"传统发展战略"。这一时期的发展观日益演变成了"惟经济增长观"。受这种普遍盛行的发展观的影响,人们片面地认为,国民生产总值的增长是社会发展和进步的唯一目标,联合国甚至在当时两个"发展的十年"的决议中也把国民生产总值的生产率作为衡量发展的标尺。认为只要保持国民生产总值的增长,就会自然而然地促进社会进步,就会使广大人民群众普遍受益。对发展观的这种片面理解成为一段时间以来发展研究的主导思潮,影响着大多数国家和地区的社会发展进程。然而,发展的实践证明,在追求和实现经济高速增长的过程中,国民生产总值的增长并没有自动提高和改善生活质量。相反,人类为经济增长付出了沉重的社会代价,这使人们开始对这种"有增长无发展"的发展观及其发展理论提出质疑,进而寻求经济与社会的协调发展。

人们开始认识到,增长通常是指经济数量的增加、经济规模的扩大,它是增长过程中单方面的突进。而发展较之于增长有更广泛的意义,不仅包括经济的量的增长,还包括质的提高以及结构的调整和整体的优化。有增长不一定会有发展,而发展必须是建立在增长的基础上。但发展并不单指经济的发展,还包括社会各方面发展,由此社会发展日益受到重视并被摆上重要的议事日程。

然而,随着社会的不断发展与进步,这种发展观也日益暴露出它的弊端,即由于在追求经济、社会快速发展的过程中,未能对自然生态系统实施有效的保护,加之无限度的损耗人类赖以生存的自然环境,使得生态环境问题日渐突出,从堆积如山的垃圾、不断降落的酸雨、迅速扩展的沙漠,到全球变暖、臭氧层穿洞,引发了一场全球性的生态危机,人类又一次面临着生存与发展的选择。20世纪80年代初,随着现代化进程的不断加快,物质财富的积累与创造超过了以往任何发展时期。但在这令人头晕目眩的物质文明的发展背后,隐藏着深深的忧虑与不安:人口急剧膨胀、自然资源枯竭、气候异常、生态环境恶化等,这些问题严重制约着许多国家,特别是发展中国家的发展,迫使人们不得不重新审视现代化的目标选择和道路取向,是继续采取以牺牲自然资源和生态环境为代价来谋求一时经济繁荣假象的传统发展模式,还是选择经济、社会、人口、资源与环境的协调发展?审视、研究和争论的结果是可持续发展理念的诞生。

(二)低碳时代发展观的取向

低碳时代的新发展观吸收了工业文明时代发展观的合理内核,并在原有的基础上进行了创新。新发展观认为发展是一张五彩缤纷的图画,而不再是单一色调的经济增长。某一领域的突飞猛进并不能代表社会的全面进步,它代表的只能是一种畸形、不健全甚至是不健康的发展。经济增长的繁荣景象并不能掩盖社会发展领域的诸多矛盾和问题,以往的发展模式已经走到了它的历史发展尽头,取而代之的将是社会各领域的整体发展和全面推进。尽管这种发展从某一方面来讲可能不是最好的,但从整体角度来衡量是最优的。

强调发展的综合性是新发展观的另一显著特征。综合性不单指人自身的发展,还包括人与人之间关系的调整及人与自然的相互作用。在以经济增长为中心的发展模式逐渐向以人与自然协调发展的模式转变以来,人自身的发展和完善受到了关注,但仅此还远远不能说明发展具备了综合性的特点,因为人与人之间的关系还未在新的视野中被考虑。随着市场经济的观念和意识不断向人们的生活渗透,物质财富的积累往往被看作是成就和成功的顶峰。由此,人与人之间的关系被浓重的物质利益包围着。而新的文明观则强调合作的价值高于竞争,人与人之间的关系将不再是追逐金钱的残酷竞争,而是把合作、对共同目标的追求作为高于一切的价值认同。

新发展观还强调发展的效率。过去我们只习惯于数量增长,喜欢某些代表增长的发展指标的"节节上升",而全然不顾这些增长背后所付出的社会成本。经济增长的成果也许是令人兴奋的,然而效率的低下更是令人吃惊的。没有高效率就没有高质量,而没有高质量就不会有令人满意的结果。以缺乏效率和巨大的社会成本堆积起来的发展,将是脆弱的、短命的,只有追求效率的发展才是稳固的和永恒的。

发展要建立在公平合理的基础上,实现全球范围的公正与平等,这是新发展观的又一主要内涵。人类需求和欲望的满足要具有合理性,不能因为国家、地区不同而区别对待,应该努力追求实现充分的代内平等。由于世界上各个国家和地区自然环境、经济基础及社会制度不同,因而社会发展水平各异,富国或强国往往以牺牲穷国的利益来谋求自己的发展。特别是在当前环境问题已演化成为全球性问题的今天,发达国家不应该把污染严重的产业转移到不发达国家,不应该把那些在自己国家内难以兴建、立足和维持生产的项目投向那些急需摆脱贫困的地区,不能以霸权主义、沙文主义,以无法满足的占有欲来对地球上的资源进行新一轮的瓜分,更不能以贸易中过早、过严的环境标准作为发达国家对发展中国家大搞环境殖民主义的冠冕堂皇的武器。世界各国都应从全人类的立场出发,以全球的眼光看待发展问题,否则,社会的不公平分配最终会导致贫富之间的尖锐冲突和对立,从而破坏生产力,断送社会可持续发展进程。发展还要建立在不对后代人的生存产生威胁的基础上,实现充分的代际平等。地球只有一个,人类生存的空间以及可以开发利用的再生和不可再生资源都是有限的,当代人不能以贪婪的欲望把地球上的资源耗尽,要有对人类负责的历史使命感和责任感,为后代人的发展创造良好的基础,为我们的后人奉献一个完整的地球,而不是一个破败的地球。"人类的一切重要决策都要对未来、对子孙后代负责,未来世界的面貌是由现代人决定的,当代人错误决策的严重后果,将是后人被迫承受的痛苦现实,任何重大决策或发展宏图,都应当是当代人的需要和未来人的幸福在科学基础上的统一。"①唯有如此,才能真正实现既满足当代人的发展,又不损害后代人满足其需求能力的可持续发展。

在资源问题上,新发展观要求人们更节俭地使用地球上的资源,特别是那些不可再生的资源和能源。地球上的资源是有限的,新发展观意义上的发展却应是永远的。要保证发展的成效和提高发展质量,就得比以往更注意资源的节约与综合利用,以有限的资源尽可能更多地造福人类。工业文明时代盛行的炫耀财富、过奢侈生活的流行价值观念和行为也将被新发展观取代。人类的幸福不能取决于是否拥有最新、最时髦的产品以及过一种浪费资源的奢华生活。

新发展观把人的主体地位提到了一个合适的位置,要求进一步确立人在发展中的地位和作用。工业文明时代,由于奉行了"以经济增长为中心"的战略方针,大力宣传工具理性,使得发展成了追逐经济增长的竞赛,经济增长成了发展的代名词。在这种发展观的指导下,经济发展也确曾出现了辉煌的景象,国民生产总值大幅度增加,物质财富积累的速度超过以往各个发展时期。然而,表面上的繁荣并不能掩盖发展中积累下来的深层次矛盾,单一的经济增长战略代替不了发展的全部意义,尤其是缺乏对发展的主体——人的关注,最终使发展走上了异化的道路。带着对这种发展的深刻反思,以及对未来人类生死存亡的忧患意识,人们开始重新把发展的目光投向人类自身,关注人自身的发展,改善人的生存环境,提高人的生活维度,使人得到更加全面自由的发展,建设一种更符合人的本性需求的社会。

人与自然之间虽有主客体之分,但并不是主次之别,它们是一个事物的两个方面,互为依托、共存共生。人类有义务也有能力使自然得到全面的保护,这是新发展观赋予发展新的历史重担。长久以来,人类利用自然、依靠自然使自身不断得到进化和发展,是自然的乳汁哺育了人类。然而,人类却像一个被娇宠坏了的孩子,不爱惜自然并随意地破坏它,使之千疮百孔、负荷沉重。面对大自然发出的阵阵痛苦的呻吟,面对人类生存危机中频频敲响的警钟,人类再也不能对此充耳不闻、熟视无睹了,而要以人类特有的智慧,宽广的胸怀去拥抱大自然,保护大

---

①　陈敏豪. 生态文化与文明前景[M]. 武汉:湖北出版社,1995:336.

自然。

## 二、价值观的现代重估

### (一)传统价值观的指向

传统的价值观把人当作与众不同的物种,把人的地位凌驾于自然之上,不断加强对自然界的统治,进入了人与自然对立的误区。在疯狂追逐物质财富的过程中,不惜以破坏自然、牺牲环境的沉重代价来满足人类日益膨胀的需求,自然成了人类随心所欲的征服对象。然而人类在对战胜自然时的沾沾自喜中,也遭到了自然无情的报复,把人类推向了生存受到严重威胁的困境。生存危机使人类对生命和自然有了更深刻的体悟,并引发了人类对家园毁损的忧患意识,也进一步动摇了传统价值观的基础。代表工业文明的价值观认为,地球上有几乎取之不尽的资源,只要借助科学技术去发掘并将它们投放到市场,就能使人类过上幸福生活。经济利益的驱使、对经济增长的狂热追求不断引发资源大战,对资源的瓜分和占有成了人们不可遏制的需求,导致地球上的资源总量在直线下降,有些资源甚至已到了枯竭的境地。

传统价值观只关注当代人的幸福与利益,至于后代人怎么样谋其幸福似乎与我们当代人无关,这正如美国系统哲学家 E·拉兹洛对社会主流价值观念和信念的质疑中尖锐指出的那样:"我们的责任最终是确保我们自己的幸福,这也恰好确保了我们国家的幸福,而我们应该让下一代人自己谋生。"①这种短视的目光把人类自身推向了生存的两难境地。社会永续发展是人类本源的,也是最强烈的愿望,不能因为我们当代的物质享受,便给后人留下一大堆难以纠正的错误。否则,我们既对不起祖先,也将有愧于后人,肩负不起历史赋予我们当代人的重任。为了人类社会持续的生存与发展,我们需要打破旧的价值观念的框框,建立新的道德观和价值标准及行为方式,引导社会向促进持续进步和有益于人类永续生存的文明时代转变。

### (二)新价值观的定位

传统经济学中认为环境和自然资源没有价值,这是物质生产活动中迄今为止

---

① E·拉兹洛. 决定命运的选择[M]. 北京:新知三联出版社,1997:38.

造成环境污染和资源浪费最主要的原因。按照传统经济学的概念理解,只有劳动参与和能够进行交易的商品才具有价值,价值范畴通常是出现在商品领域里。这种传统的价值观长久以来一直在支配着我们的思想,指导我们的行动,由此引发了"产品高价、原料低价、资源无价"这种非常荒谬现象的产生。

在物质生产过程中,由于其目标追求是以最少的投入获得最大的产出,因而在对待资源上往往实行最大限度的开发而缺乏基本的环境污染的治理防御措施;在产品交换上,只关注商品的最终价值,而对商品形成过程中消耗的自然资源和环境成本忽略不见,就连现行的反映经济增长的国民生产总值指标也同样不计资源消耗和环境的成本,自然资源对于人类的价值得不到体现。目前的法制法规和现行的经济政策,对资源再生能力的建设和环境污染防治缺乏硬性规定,没有把自然资源的消耗、环境成本代价纳入价格体系之中,价格的制定更没有考虑对资源和环境的影响。以致自然资源是取之不尽、用之不竭的观点根深蒂固地存在于人们的头脑之中,人们对浪费资源的行为早就习以为常,对环境的破坏也不感到痛心。在西部大开发浪潮中,人们津津乐道中国西部水资源的能源价值,在单一经济价值取向的思维方式的指挥下,人们往往盯着水力资源开发带来的局部经济利益,往往却忽视中国西部水资源的生态价值和综合环境价值,以至于现在中国只剩下两条尚无人类工程干预的自然生态河流:雅鲁藏布江和怒江。现在怒江上修筑众多大坝的计划正等待批准。这引发了另一种浪潮:质疑辽阔的中国大陆为什么不能容纳这条生态河流;呼吁认识怒江是我国重要的水源涵养地和生态功能区,是地质环境和生态环境极为脆弱,一旦受损就难以恢复的生态敏感区;呼吁算算不适当开发带来的环境效益损失和长期的社会、经济效益损失。

新价值观以节约使用自然资源和保护生态环境为己任,重新界定自然资源具有价值和使用价值。马克思在《资本论》第一卷论述商品价值时,认为价值是凝结在商品中的一般无差别的人类劳动,而商品的价值量是由生产商品所消耗的人类劳动量来决定,他指出:"使用价值或财物具有价值,只是因为有抽象人类劳动体现或物化在里面。那么,它的价值量是怎样计算的呢?是用它所包含的'形成价值的实体'即劳动的量来计算。劳动本身的量是用劳动的持续时间来计量时间来决定。"①也就是生产商品所耗费的社会必要劳动时间来决定。这就是说,作为一种商品之所以具有价值,是因为商品在物质生产过程中凝结了人类活劳动和物化劳动。就自然资源而言,它也是自然界自身长期不断的自然生产过程的结果。尤其是在社会化大生产条件下,自然界中没有打上人类活动烙印的角落已经寥寥无几了。人类利用自然资源生产出具有更高价值的产品,但如果当初它不具有价值,人类不会采掘它、利用它,人类在开采利用自然资源之时,潜意识中已意识到它对人类有益、有用,只是这种有益、有用的想法还没有上升到价值概念,因为它没有参与物质生产和商品交换。人们只关注产品的最终实物形式和以这种实物形式表现的产品的价值,而对尚没有进入到商品生产领域和流通领域的自然资源的价值视而不见,这显然是一种片面的认识。

新价值观不仅承认自然界对于人类发展的资源价值,而且强调综合的生态共生价值,强调人类作为生态系统中的一个成员对于生命共同体的依赖性,也强调人类在维护自然的生态价值中的重要作用,把人与自然当作一个相互依存的有机整体来看待。承认自然的价值,倡导人与自然和谐相处,并不是要压抑人的个性发展,限制人的合理需求,而是为了人类更长远的利益。毕竟人是社会发展的最终推动力量,是生产力三要素中最活跃的因素,人的积极性和创造性,会形成一种巨大的力量,推动社会的不断进步。身处社会走向生态文明的变革转折年代,发挥人的主观能动性要增添一个新的历史责任,那就是要维护作为整体而存在的地球的完整与健全。在开发利用自然,推进经济增长和文明发展的进程中要经常不断告诫自己,控制人类自身的行动,使人为了欲望的满足所实施的行动不超过自然界的合理限度,与自然和谐相处,这才是我们所追求的符合科学精神的人的主观能动性和创造性。

### 三、权利观的当代意蕴

#### (一)权利的传统内涵

资产阶级普遍认为权利是一种自然权利,源于天赋,是每个人与生俱来就享有的,因而每个人都普遍、平等地享有,不受任何外来因素的影响,人的权利是永

---

① 马克思. 资本论[M]. 北京:人民出版社,1991:52.

恒的和固定不变的,与社会的发展变化和文明进步没有任何内在的逻辑关系。马克思主义则认为人的权利既非来源于天赋,也不是上帝赐予的,而是人类社会发展到一定阶段,通过斗争取得的。人的权利实质上体现了人类对自身的生存环境及某种可达到的条件和要求的认识和期待,反映了人类对人与人、人与社会之间相互关系的理解,因此,要受社会、经济、自然发展水平的制约。以上我们从政治和历史的角度阐述了资产阶级和马克思主义对人的权利的不同观点,若从人类文明发展的轨迹来考察,可以引出更多的思考。

在农业文明时代,由于生产力水平极其低下,人类连最基本的温饱问题都尚未解决好,无暇过多思考权利问题。人类盲目地认为追求生存的权利受制于自然,人的命运掌握在自然手中,因而人的权利受到来自自然方面的制约。工业文明时代,依靠不断的工业技术革命和技术革新,人类对自然改造和征服的力量日渐增强,人类极度膨胀的权利占有欲愈发不可收拾。权利无限扩张的结果最终导致了人与自然的尖锐对抗。生态文明则坚持理性和适度的原则,既扩展了人的权利,又在一定程度上收缩了人的权利;不但要承认人类自身的权利,还要承认自然界、动物的生存发展权;人类要慎用权利,要理智、理性地对待权利。

在人与自然的关系中,虽然人和自然都是权利拥有者,但人是具有语言、思维能力的高级生命形式,人有义务发挥人类的智慧引导自然界的进化,管理好自然界,使自然界朝着有序稳定的方向发展。人对自然的义务是由人与自然的价值而来。同时,这种义务关系还受人类的道德修养水平的制约。在人类的道德修养处于很低水平时,人意识不到也不愿对自然尽义务,只是一味地向自然索取;而当人类的道德觉悟较高时,由于认识到了人与自然患难与共的命运,因而愿意维护自然界良好的生存状态,愿意为自然界付出更多,体现了人类对地球上一切生命形式的关注与对自身生存与发展命运关注的一致性。

(二)权利的当代归属

以往,权利概念的主体范围只适用于人,现在新权利观已把它的主体范围扩展到地球上的一切生物。认为在大自然中,一切大小生物,均应有其平等而独立的生命价值,因而均应加以尊重。权利范围的扩展实际上反映了人类认识的一种深化,把追求人与自然的和谐发展,作为一种理想的境界,不仅关注人自身的发展,还要以宽广博大的胸怀,以仁爱之心去关怀、爱护自然界中的万物,促进自然生命之"善"的发展。它尊重自然生命的内在价值，反对将万物视为工具的态度，动物、植物既然与人平等，自然也应考虑进去，而在宇宙化育中能够参与并进。唯有如此，才算真正落实对万物的尊重，体现了人对万物的民主态度，而非强制、专制或高压。地球上的所有生命形式都具有参与并推动自然进化过程实现的权利，这是人不能予以剥夺的。虽然人是社会发展和进步的最终推动力量，但自然的演化进程并非靠人类的推动就能完成，它有赖于地球上所有物种的共同参与推动才能实现。实际上在人类没有产生之前，自然就按照自然规律不断演化、发展直至今日。人类的出现只不过是加速了自然的变化，但人类不能由此否定动物、植物对地球生态系统进化的贡献，剥夺它们的生存权。我们应该记住：权利应赋予一切生物，而不仅仅是人。

传统的权利观由于把自然视为征服的对象，认为自然是自然，人类是人类，二者水火不相容，所以造成了人与自然的隔阂，人与自然呈敌对状态。现代权利观不仅承认人类自身的发展权利，还承认自然界的权利，这比传统的权利观前进了一大步，但要付诸实践还有一段很长的路要走。因为人与自然长期的紧张关系换来了让现代人感到触目惊心的惩罚，要使人与自然的关系得到合理的解决，必须承认、尊重自然的生产发展权。

保护自然生命，这是人类分内的事，不要高傲地认为是施恩于自然、施德于自然。人类要以一颗谦逊、虔诚之心，面对一切自然物，并从内心深处予以尊重与关爱，重新走进大自然，亲近大自然，真正促进人与自然和谐共存。

人类对自然界是否能够尊重，是衡量人类道德进步与否的标志，也是衡量未来人类文明程度的标准。和过去相比，人和人之间的文明程度提高了，人类相互之间能够以文明的语言、文明的方式交往和相处，但人对自然界的态度、对自然界的所作所为还很野蛮粗俗，距离文明程度还很遥远。我们可以想象：一个不尊重自然的国度，一个不保护自然的民族，谈何文明？文明的进步是以道德的进步为标志。为把尊重自然的理念推广到全球，需要扩大道德圈，以涵盖非人类的所有生物。世界万物均有平等的生命价值，也有同等的内在尊严，是神圣不可侵犯的，承认自然界的生存发展权，就要打破以人类自我为中心的旧的思维定势，树立以自然为主旨的道德意识。因为在这个地球村中，除了人类文明需要发展外，也应尊重自然万物的权益与生存空间。人类千万不能自以为是，不能将自己的生存建筑在自然万物的牺牲之上。要抛弃与自然对抗的念头,使人及所有生物都生活在一个融洽的世界,而不是敌对的世界上。

## 第三节　低碳经济推动低碳社会创建

低碳社会是指应对全球气候变化、能够有效降低碳排放的一种新的社会整体形态,它在全面反思传统工业社会之技术模式、组织制度、社会结构与文化价值的基础上,通过创建低碳生活,发展低碳经济,培养可持续发展、绿色环保、文明的低碳文化理念,形成具有低碳消费意识的"橄榄形"公平社会。而低碳经济作为一种高能效、低资源消耗和低温室气体排放的经济模式,不仅利于改善环境气候,而且为构建低碳社会经济发展方式、能源消费方式、人类生活方式提供了坚实的基础。

### 一、低碳经济有利于缓解气候变暖趋势

尽管造成气候变化的因素是多样的,但数据表明,当前由近几百年变化数据支撑的气候变暖趋势,与发轫于 18 世纪中叶的工业革命的"足迹"同步,气候变暖作为环境问题率先在发达国家发展的黄金时代爆发,并伴随工业化在全球的拓展而日趋严重。有资料表明,自工业革命以来,大气中的二氧化碳量增加了 25%,远远超过科学家可能勘测出来的过去万年的全部历史记录。又如,按照美国橡树岭实验室研究报告给出的证据:自 1750 年以来,由于人类活动,全球累计排放了 1万多亿吨二氧化碳,(其中发达国家排放约占 80%),目前大气中二氧化碳浓度,已从工业革命前的 280ppm(百万分之一单位)上升到 2005 年的 379ppm,已远远超出了根据冰芯记录测定的工业化前几千年中的浓度值,甚至超过了近 65 万年以来的自然变化范围,更为严重的是,在 1970 年至 2004 年间——即在发达国家工业化进程进入高级阶段,发展中国家进入工业化初始阶段的这段时间里,全球 $CO_2$ 的排放增加了 80%。气候变化造成的经济、生态以及灾难的损失每年可达到全球GDP 的 5%—20% 或是更多。毫无疑义,气候变暖已成为当今最大的环境问题或生态问题,气温持续上升,极端气候事件如干旱、洪水和风暴等灾害发生的频率和强度不断加剧,人类将面临更为严重的气候变化风险。

低碳经济发展的理念和战略转型,标志着人类对过度损害资源与环境为代价的高碳排放、高耗能和高污染的"高碳经济"发展模式的否定,开始寻找新的发展模式,以摆脱气候变化带来的灾难性后果,况且低碳经济模式下的低碳化的能源体系不仅可以显著削减碳排放,还具有增强能源安全、改善环境问题的多重效益。

在当前国际社会控制温室气体排放的呼声日益高涨,世界能源安全形势日趋复杂,环境问题日益显现的形势下,各国学者都在密切关注和探求未来世界能源的低碳化趋势。他们积极倡导不管是已经完成工业化的发达国家,还是正在工业化进程中的发展中国家,都应该遵循"共同但有区别的责任"原则,积极向低碳经济转型,承担减缓全球气候变化的责任,履行保护人类共同的生存环境的义务。目前一些主要国家已经把能源低碳化作为新一轮能源战略调整的重要内容,而新的形势和要求也将促使包括中国在内的许多发展中国家从积极应对气候变化的角度审视和调整本国的能源发展战略,有效控制温室气体排放将成为能源战略的重要目标之一。为促进能源的低碳化发展,各国需要坚持实施"节能优先"的能源战略,加快国民经济产业结构的战略性调整,转变经济增长方式,发展节能经济;需要以自主创新与引进、吸收、消化和再创新相结合,积极发展可再生能源技术和先进核学技术,优化能源结构,发展低碳和无碳能源,发展和储备固碳技术;改变过度依赖化石燃料的消费观念和生活方式,为未来承担碳减排义务打下良好基础。

**二、低碳经济有利于改变经济发展模式**

从广义上,低碳经济不单纯是高碳能源转向低碳能源,而且要转变工业革命以来形成的发展观念和发展模式,建设一个新的经济、技术和社会体系。

首先,低碳经济模式有利于人们发展经济的观念变革。从我国的现实情况来看,过去 GDP 增长一直是我国发展经济的主要目标,投资被当作拉动 GDP 增长的最主要手段。为了拉动 GDP 增长,各地争相上马投资项目,造成大量项目重复投资,城市发展追求大拆大建、许多建筑物和基础设施未到使用年限就被拆除重建,从而导致我国钢铁、水泥等高耗能产品消费高速增长。这样的经济发展模式,不仅造成了巨大的资源、能源浪费和生态环境的严重恶化,也造成人的工作压力和生活压力不断增加。发展低碳经济必须首先摒弃目前这种经济发展方式,回归到经济发展的根本———提高国民福利水平。只有把改善民生,即提高全国人民的物质生活和精神生活质量作为追求的目标,才能够为我国经济结构和产业结构向低碳发展提供有效的驱动力。

其次,低碳经济发展模式将给我国的长远发展带来一次难得的机会。由于我国"富煤、少气、缺油"的现实资源条件,决定了我国能源结构在很长一段时期内还将以煤为主,对低碳能源资源的选择有限。放眼未来10年—20年,既是全球控制温室气体排放的关键时期,也是我国经济发展的关键时期。发达国家已进入后工业化时代,其经济和制造业发展对"碳"的依赖本身呈下降趋势,它们主要是"消费型"的温室气体排放。而中国仍然处在工业化、城市化高速发展过程之中,工业化的任务还远远没有完成,我国排放的主要是"生产型"温室气体。因此,我国应妥善应对气候变化,积极探索工业化、城市化和低碳化并行发展的可持续发展模式。一是要转变经济发展方式,提高能源利用效率。需求结构由主要依靠投资和出口拉动增长,向消费和投资、内需和外需共同拉动增长转变;产业结构实现由主要依靠工业带动增长,向工业、服务业和农业共同带动增长转变;资源利用方式实现由"资源—产品—废弃物"的单向式直线过程,向"资源—产品—废弃物—再生资源"的反馈式循环过程转变,使经济发展建立在经济结构优化、科技含量增加、质量效益提高的基础上,逐步形成"低投入、低消耗、低排放、高效率"的经济发展方式。二是要在转变经济发展方式的前提下,着力构建节约型的产业结构。在巩固农业、壮大工业的同时,把发展服务业放到更加突出的位置,提高第三产业在国民经济中的比重。大力发展高技术产业,特别是要加快发展并做大做强信息产业,加速信息化进程。淘汰落后工艺、技术和设备,用高新技术和先进适用技术改造传统产业,促进传统产业升级。要调整能源消费结构,提高优质能源比重。结合扩大内需为主、消费与投资拉动相结合的一揽子计划,培育以低碳排放为特征的经济增长点,加快建设以低碳排放为特征的工业、建筑、交通体系,推动形成资源节约、环境友好的生产方式。

第三,发展低碳经济不仅不会减缓工业化进程,而且有利于更好地推进工业化。工业化是我国未来几十年经济发展的主线,也是经济发展的主要任务。发展低碳经济是一个系统工程,不仅只是发展新能源技术实现碳减排本身,而是经济发展方式由高碳向低碳的转型。在能源危机、气候危机的大背景下,我国的工业化必须走出一条低能源消耗、低温室气体排放的新型工业化道路。这个新型工业化的核心就是低碳化，即"低碳工业化"。发展低碳经济，必须大力发展低碳技术、低碳产业、调整能源结构和经济结构，发展替代能源，改变生产方式和生活方式，这些都是工业化的题中之义或者与工业化密切相关。因此，把低碳经济作为新的经济增长点，走低碳化工业化道路是我国发展低碳经济的核心。作为一个新的经济增长点，低碳经济也会带来许多新的经济增长引擎和投资机会。尤其是高能效的工业、交通、电力、建筑和绿色基础设施建设这五个方面将会衍生许多的投资机会。所以要大力开发新能源和新材料、节能环保、生物制药、信息网络和高端制造产业。积极推进新能源汽车、"三网"融合的进程，加快物联网的应用研发，以政策作为保障加大战略性新兴产业投资。

当然，由于全球范围内，各国的社会、经济发展背景差异巨大。因此，向低碳方向转型的起点和条件不同，追求的目标也有所差异。在全球气候变暖的背景下，我国探索低碳经济发展之路不仅符合世界能源"低碳化"的发展趋势，而且也必须与我国转变经济发展方式、调整产业结构、落实节能减排目标和实现可持续发展的目标具有内在的一致性。

### 三、低碳经济有助于消费观念的变革

在西方消费主义的影响下，在时尚、品位、浪漫、富贵等一系列攻势的诱惑下，人们的物质欲望快速增长，高消费、"用明天的钱圆今天的梦"的超前消费、一次性的便捷消费等为人们所追捧，消费的目的不是满足实际的需要，而是追求被制造出来和被刺激起来的欲望。如一次性餐具、浴具，随处可见的长流水、长明灯，无节制地使用塑料袋，是多年来人们盛行便利消费最典型的嗜好之一。再如，由于人们将"现代化生活方式"片面理解为"更多地享受电气化、自动化提供的便利"，导致了日常生活越来越依赖于高能耗的动力技术系统，往往几百米的短程或几层楼的阶梯，都要靠机动车和电梯代步，过分地追求高档次、大排量豪华车辆等。但是，高消费刺激高需求，高需求刺激高生产，高生产导致向大自然的高索取，高索取最终导致资源的高消耗、环境的高污染和生态系统的高破坏。

面对高碳消费引起的全球气候变暖，气候变化已经不再只是政府官员、专家学者和环保者关心的问题，而是与我们每个人息息相关。由低碳经济倡导的低碳

的消费模式,是一种可持续的消费模式。因为在减少碳排放量方面,低碳经济不仅意味着制造业要加快淘汰高能耗、高污染的落后生产能力,推进节能减排的科技创新,而且意味着引导公众改变习以为常的消费模式和生活方式,改变浪费习惯、增派污染的不良嗜好。首先,要戒除以高耗能源为代价的"便利消费"嗜好。"便利消费"与低碳消费模式是矛盾的。不可否认,现代工业的发展使人们享受到科技带来的无限便捷,但在追求这些便捷的同时,也带来了大量温室气体的排放。其次,要戒除以大量消耗能源、大量排放温室气体为代价的"面子消费""享乐消费""过度消费""奢侈消费"等高消费的嗜好。中国古代哲学家老子曾经指出:"五色令人目盲;五音令人耳聋;五味令人口爽;驰骋畋猎,令人心发狂;难得之货,令人行妨。"可以说,老子把超出人的生存需求以外的活动和追求都看作是不必要的违背人类天性的,有百害而无一利。这个观点虽然有些极端,但今天看来符合我们提倡低碳消费模式,促进可持续发展的时代潮流。第三,要全面加强以低碳饮食为主导的科学膳食平衡。目前我国国民的日常饮食是"南米北面"的饮食结构,而米面都属于高碳水化合物的食物。由于目前国民的认识能力和接受程度有限,还不能立即转向低碳饮食。因此,低碳饮食将会是一个长期的、艰巨的工作。不过相信随着人民大众认识水平的提高,低碳饮食将会改变中国人的饮食习惯和生活方式。

低碳消费模式不仅仅要靠普通民众的自觉行动,也需要政府营造一个助推的制度环境。近年来,从中央到地方,政府通过减免税费、提供财政补贴等措施引导消费者节能减排,实现低碳消费模式,已经有了许多成功的范例。不过,营造低碳消费模式制度体系,政府还有许多可以作为的空间。可以通过税收等手段,抑制消费主体的高碳消费方式。相关部门可以提供一些实现低碳消费模式的信息服务,出台一些政策对民众的生活行为进行引导。制订实施涉及各个行业的绿色标准、印发低碳消费模式手册等方式,逐步引导市民的生活方式和消费习惯。与此同时,政府也是低碳消费模式的身体力行者。政府及其相关部门应起到引领作用,加大低碳消费模式的宣传力度,倡导低碳消费,同时可以在吃、穿、用、住、行等各个消费领域,综合利用税收、价格、经济补偿等政策工具,引导和推广"低碳"消费方式,抑制"高碳"消费,使全社会形成良好的生活方式。此外,还需要建立刚性制度来约束人们节约能源,推进节能措施在政府、企业、社会层面的有效落实,毕竟节能降耗不能仅仅依靠个人道德和认识来实现。

珍惜地球资源,转变发展方式,倡导低碳消费模式,政府部门义不容辞,同时需要全社会的积极参与。从身边小事做起,珍惜每一寸土地,珍惜每一份资源,少开一天车,少用一度电,节约一滴水,让降低污染的低碳消费模式成为未来中国的社会风尚。

低碳社会与现行的社会发展模式不同,它以人与自然的和谐为出发点,以经济社会的可持续发展为指导思想,以人的全面发展为目标,在实现经济增长方式和发展方式变革的基础上,实现社会的系统变革,从根本上缓解当前人类面临的困境,为人类的发展创造更好的外部条件。因此,人类社会可持续的发展历程,必然是从以高能耗粗放经济发展为主的高碳社会迈向以低碳经济为基石的低碳社会。

# 第四章

# 低碳交通——低碳社会的重要基石

进入 21 世纪以来,我国政府对低碳的关注程度日益加强。2009 年 12 月中国在哥本哈根世界气候变化大会上承诺,到 2020 年单位国内生产总值的二氧化碳排放量将比 2005 年下降 40%—45%,低碳已作为约束性指标纳入了我国国民经济和社会发展的中长期规划。党的十八大将生态文明建设纳入"五位一体"建设总布局,并将其写入党章,明确了生态文明建设的战略地位。交通业是我国能源消耗的主要部门,城市交通是我国碳排放的主要途径,发展低碳交通是减缓温室气体排放的重要途径,也是未来交通业发展的必然趋势。

2010 年 9 月,时任国务院总理温家宝出席世界经济论坛 2010 年新领军者年会(第四届夏季达沃斯论坛)时表示:我国将低碳作为国民经济和社会发展中长期规划的约束性指标,并承诺逐渐减少碳排放。同年,国务院把交通运输行业确定为节能减排的重点行业之一,并明确要求加快建设以低碳排放为特征的交通运输体系。低碳经济和生态经济,已经成为我国的重要国策和发展的战略重点。

## 第一节  低碳交通的概念与特征

**一、低碳城市:人类的共同追求**

城市发展至今,人们从来就没有放弃对美好生活环境的追求,进入 21 世纪,城市交通环境建设逐渐摆脱为解决城市交通运输功能的低水平状态,而进入为创造城市高品质的生活环境高度。近年来,我国城市交通事业迅猛发展,人们的出行条件已经得到极大改善。然而,现在人们越来越关心的是整个交通空间环境的质量,注重每天的健康出行,而不仅仅是出行速度。一个舒适、愉悦和安全的交通出行环境,应该让人不受限于交通困扰,自由自在往来,应该让多种方式相融互补,不论何时人们都能方便到达城市各处。

城市交通是城市生态环境的重要组成部分,它承担着环境物质、能量、信息的转运传输功能,维系着城市生产与消费的平稳运行。然而,城市交通的发展在促进并改善城市社会环境与经济环境的同时,也给城市生态环境和社会环境带来了不利影响。城市机动车和交通量的迅猛增加占用并消耗了大量的自然资源,同时,也对城市区域的大气环境、声环境、城市气候及温室气体产生明显的影响。城市交通系统是城市生态环境的重要组成部分,良好的城市交通系统改善并提高了城市社会生态环境的质量,同时增强了该环境的稳定性和抗风险能力,改善城市社会生态环境质量。

从英国在《我们能源的未来:创造低碳经济》中首次提出"低碳经济"的概念,到"低碳能源""低碳社会""低碳城市""低碳交通"等发展理念的逐一出现,无不体现着决策者对气候变化问题认识的深化,同时表明了"低碳时代"的到来。"低碳化"发展无疑已成为世界各国政府寻求新的经济增长点,进行产业结构升级的一种战略选择,是全人类的共同追求。

## 二、低碳交通的概念界定

### (一)低碳交通

交通运输部门作为城市能源消耗和碳排放的主要部门,是低碳城市建设的关键所在,伴随着城镇化进程加速,城市规模的不断扩大,能耗和碳排放压力将会继续增加,对于城市低碳交通的探索,成为应对气候变化的重点内容。积极应对全球气候变化已经成为国际社会普遍关注的问题,对低碳经济和低碳城市发展的探索也成为学术界和政策制定者的聚焦点。

对于低碳交通(Low Carbon Transport,LCT)的内涵范畴,国内外已经有了较多研究,尽管在理论层面有不同的概念范围和内涵解释,且伴随着科技水平的进步、社会经济发展水平的提高,低碳交通的内涵也将相应的发生变化,但是目前已经在很多方面取得了共识,即低碳交通的建设发展是一项系统工程,涉及城市交通运输部门的方方面面,其核心在于交通运输部门的能源利用效率的提高、交通运输结构的优化、现代交通运输组织和管理体系构建以及出行方式的低碳转变,应该具备分工合理、运输高效的综合运输结构,城乡公交出行分担率较高,新能源车辆比例较高,信息化技术应用程度较高,在运输结构、能源消费、环境影响以及运输效率等方面实现交通运输部门的排放减少。①

低碳交通是由英国、德国等发达国家基于应对气候变化、保障能源安全、增强国家竞争力等顶层目标追求,倡导并引领经济社会低碳发展背景下,对交通运输提出的新要求、新命题。低碳交通与低碳经济、低碳发展一脉相承,是低碳经济体系中的重要组成部分,是指在交通运输规划、运行、生产建设和管理的各个环节全面关注碳排放问题,通过合理引导运输需求,优化运输装备、运输结构和用能结构,提高营运与能源效率,并从政策导向、技术创新、社会伦理、文化培育等方面,共同并最大限度地减少碳排放总量,最终实现交通运输全周期、全产业链低碳发展的理念、方式、体系与实践。②

低碳交通运输是既能满足经济社会发展正常需要,又能降低单位运输量碳强度的新型产业形态,是全球共同的愿景与永恒的追求。

(二)与其他概念的区别

1. 绿色交通

绿色交通不是一种新的交通方式,而是一种新的理念。它是以建设方便、安全、高效率、低公害、景观优美、有利于生态和环境保护、以公共交通为主导的多元化城市交通系统为目标,以推动城市交通与城市建设协调发展、提高交通效率、保护城市历史文化及传统风貌、净化城市环境为目的,运用科学的方法、技术、措施,营造与城市社会经济发展相适应的城市交通环境。其核心是交通的通达、有序,参与交通个体的安全和舒适,尽可能少的土地和能源占用,与生活环境和生态环境的协调统一及交通系统的可扩展性。③

---

① 朱婧,刘学敏,初钊鹏. 城市低碳交通的发展途径分析[J]. 生态经济,2016(1).
② 郭杰,伊文婧. 中国低碳交通发展的几点思考[J]. 中国能源,2013(10).
③ 何玉宏. 城市绿色交通论[M]. 南京:南京林业大学,2009:9.

## 2. 生态交通

生态交通的概念是基于可持续发展理念的确立而建立起来的,其强调的是"Ecology—生态学""Sustainable—可持续性"。生态交通的研究重点在于处理现存生物体与其生存环境之间的关系,其主要手段是减少那些有污染和排放对人体有害气体的个人交通工具的使用,增加道路和城市公共绿地面积,保护新开道路的生态平衡,并大力开发协和式交通运输体系。世界银行的专家研究认为,可持续交通涉及经济与财政、环境与生态和社会可持续三个方面的内容:(1)经济与财政上的可持续要求资源的有效利用、资产的妥善维护;(2)环境与生态的可持续性要求全面考虑交通发展所产生的负面影响,最大可能改善普遍的生活质量;(3)社会可持续性要使所有社会团体均能公平分享交通运输所产生的效益。①

## 3. 零碳交通

零碳交通是在运输生产过程中基本不产生碳排放的运输方式,主要包括自行车和步行。零碳交通具有灵活性和可达性强、短距离出行效率高、费用低、基本不产生碳排放等优点。虽然在速度、舒适性等方面比机动交通差,但零碳交通是城市低碳交通运输体系越来越成为不可或缺的一部分。零碳交通是城市公共交通衔接和短距离出行的重要交通运输方式。② 零碳交通建设快,短期内交通减排成效显著。例如,丹麦首都哥本哈根选择自行车交通和步行方式出行的比例高达40%,据计算该市每年的自行车里程能减少 10 万吨以上的 $CO_2$ 排放。因此,发展零碳交通是建设城市低碳交通运输体系的重要途径之一。

以上这些概念在内涵上彼此间存在相似之处但又各有侧重,既有严格意义上的区别,又相互联系、互通有无、互为补充。

### (三)低碳交通的主要特征

低碳交通是基于可持续发展理念,以低能耗、低排放、低污染为特征,高效率、高科技含量、环保为诉求的绿色城市交通模式;城市低碳交通是减少对化石能源的依赖,大力运用太阳能、氢气、燃料电池等新型能源。由于世界上各个国家所处的发展阶段不同,各个国家的利益不同,因此对低碳交通的界定并没有统一的标

---

① 奥尔多·利奥波德.沙乡年鉴[M].侯文蕙,译.长春:吉林人民出版社,1997.
② 赵宗健.城市低碳交通运输体系建设研究[M].西安:长安大学,2013:8.

准。我国对低碳交通的理解主要从高能效、低能耗、低污染、低排放这四个角度展开,实现以上述目标为特征的交通运输发展方式即为低碳交通。低能耗、低污染、低排放是低碳交通的基本目标,即降低车辆行驶对石油类能源的消耗、对环境的污染以及对有害气体排放,鼓励出行者以公交、地铁、轻轨、自行车、步行等出行方式为主,因此低能耗、低污染、低排放这三个目标彼此联系,只要其中一个目标实现,另两个目标自然能够实现。基于以上低碳目标,可把低碳交通的主要特征归纳为如下八个方面:

(1)低碳性。低碳交通是力求不断"减碳"的过程,"节能"和"减排"是交通低碳化的两个重要途径。"节能"是指降低能源的消耗,以清洁能源,如太阳能等,降低对传统化石能源的消耗。"减排"是指在交通工具不可能完全实现不耗能不排放的情况下必须重视减少有害气体的排放。在低碳化的过程中,既要重视"节能",同时更要把"减排"上升到应有的高度。只有在节能的基础上通过技术、政策、制度等措施合理减碳,才是行之有效之法。

(2)安全性。安全是人类从事交通活动的最重要条件之一,一个好的健康的交通环境首先应该保证是安全的。然而,路面交通的安全性在各种交通方式中比较起来,是最不安全的。因为除了汽车行驶之外,非机动车、行人均可自由使用道路,很容易造成交通秩序的混乱。由于司机的综合修养,加之各种车辆的技术、速度、道路标准不同等,很易造成交通事故。低碳交通要求在提高交通效率的同时,必须提升交通的安全性。

(3)舒适性。交通环境应当是适宜人们活动的。人们在交通活动中产生的舒适性主要包括:①通过视觉产生的舒适;②通过运动产生的舒适;③通过时间变化产生的舒适。

(4)可达性。第二次世界大战以后,西方发达国家城市交通的发展历程,实则就是一部小汽车不断满足人们对机动化需求的历史;而在发展中国家,近年来小型汽车也成为市民追求的目标。然而,城市的存在并非是为了汽车与交通而存在的,机动性、人和物的移动本身并不是目的,而只是实现人在城市生活的手段。一般来说,可达性是指交通参与者能容易到达他要去的地方,也即指他能以很短的时间,花很少的钱,舒适地、安全地到达他想要参加活动的地方。它强调以城市的社会发展和城市的人及其活动场所作为中心,把城市交通仅仅作为城市的辅助物;要求通过提高交通系统的总体效率,实现城市与交通的均衡发展。

(5)可持续性或公益性。即对环境的污染降到最低,对自然资源的利用达到最大化。当前学界普遍认为,以公交为主导、鼓励步行与骑自行车、减少对小汽车的依赖是可持续的城市交通发展策略。我们不希望将来的道路交通环境被小汽车主宰,见物(车)不见人的环境使人的自由发展受到限制,尤其对于非驾车的弱势群体有失社会公允,因而我们应寻求支持一个社会可持续发展的城市交通环境。①

(6)系统性。低碳交通首先是一个整体系统,是一个体系化的概念。任何一种交通方式都代替不了其他交通方式,需要发挥各种交通方式各自的优势以及交通运营过程中相互之间的动态协调。在这个整体系统下,内部包括不同的系统,如运载工具系统、交通能源系统等。在交通运载工具系统中,既需要研发新型的低碳交通工具,又要不断提升传统交通工具的科技含量;在交通能源系统中,既要发展新的低碳能源,创新能源技术水平,又要提高传统能源的利用效率,两者之间相辅相成,缺一不可。城市低碳交通体系包括从初期的体系规划、建设、维护、运营、到交通工具的生产、使用、维护,以及政策交通制度和技术保障措施,甚至延伸到人们的出行方式和消费观念等。总体来说,城市低碳交通体系主要包括合理的城市空间布局、以公共交通为主的交通工具、有意识低碳出行的交通主体及交通观念、发达的低碳技术和完善的交通管理等组成部分。这个体系的完整度决定着低碳化的目标,即减少交通拥堵、降低机动交通工具使用、从而降低碳排放、缓解交通低效现状等。

(7)相对性。如果仅考虑交通运营方式,许多交通方式都可以实现从"高碳"到"低碳"甚至"零碳"的巨大减碳目标。所以,就交通方式碳排的相对性而言,不一定完全意味着私家车就是高碳排放,电动车就是低碳排放。目前,以化石资源为燃料的公交车辆同样也有巨大的减碳潜力,也可以逐步实现低碳公交系统的目的。

(8)双向性。低碳交通包括"供""需"两个方面。在供给方面,需要提供一个低碳的交通运输服务系统,这是基础;在需求方面,需要更新公众传统的交通理

---

① 何玉宏. 城市绿色交通论[M]. 南京:南京林业大学,2009:52—53.

念,选择合理的交通出行工具,这是重要补充。因此,只有实现交通系统内的"供需平衡",才能真正使城市交通向低碳交通方向迈进。①

## 第二节 低碳交通的意义及实施路径

### 一、低碳交通的构成

从交通方式来看,低碳交通体系包括公共交通、慢行交通、清洁能源交通等;由于低碳交通具有可计量性的特征,碳审计须贯通到公共交通、慢行交通、清洁能源交通等规划、设计、实施的整个过程中,为监督审核"碳足迹"提供充分的数据资料,故碳审计也应列入低碳交通体系当中。

(一)公共交通

城市公共交通以适应性的交通方式引导城市的发展,向人性化、集约化、可持续的方向发展,从而实现资源节约型、环境友好型的城市功能导向,同时成为推动社会和谐,促进城市或区域可持续发展重要动力。目前,国内各大城市在国际化、现代化的发展过程中,建立以轨道交通、公共电汽车为主体、大容量快速公交(BRT)为特色的主干道、次干道相互衔接的公共交通网络,探索与其城市发展相适应的公共交通发展模式。公共交通可以降低私人小汽车出行比例,既可缓解交通压力,又在缓解交通压力的同时降低对环境的污染。保证公共交通出行的准时性、舒适性、经济性是提高公交出行比例的前提条件,需在道路使用权、财务税收等交通政策方面为公共交通提供便利条件。

(二)慢行交通

慢行交通作为典型的城市低碳交通方式,对改善城市交通环境、缓解交通拥挤,方便出行具有重要意义,是体现城市人文关怀以及环境品质的重要内容。从国内外城市交通发展经验来看,慢行交通是居民在社区、商业服务业聚集区、历史

---

① 汤慧. 低碳交通引导下的县城道路交通规划框架体系研究[M]. 长沙:湖南大学,2013:14.

文化区、风景旅游区、高新产业园区与院校等区域内部出行中的主导出行方式。城市慢行交通主要包括步行及公共自行车交通,承担中短距离出行和公交接驳,并兼具休闲、健身功能。城市道路中机动车道旁的非机动车道、人行道、行车专用道、步行街,以及道路交叉口、路段上的人行过街通道等均为慢行交通的载体。明晰的慢行交通发展定位和发展策略、合理的规划布局以及以人为本的细部设计指引是系统构建慢行环境的有力保障。

(三)清洁能源交通

新的经济形势和世界形势提供了多元化竞争的机会,新能源汽车、混合动力汽车从诞生就在价格、服务、可靠性和安全性等方面,面临着来自行业内外的诸多竞争和挑战。由于新能源车辆能源利用形式的特点,导致它与石基汽车在交通规划上最大的区别,莫过于静态交通(停车场、充电站选址)的规划。让电动汽车被市场接受,不仅要让消费者购买时感到实惠,还要在使用时感到充电跟加油一样便利。目前充电技术越来越成熟,充电网络的建设技术方面已经不成问题,只要国家给政策,构建电动汽车充电服务领域建设与运营的商业化平台,就会吸引大量社会资本投向电动汽车配套充电服务这个新兴产业领域。

(四)碳审计

要规划一个节能、低排放、低碳的交通系统,首先要了解影响交通能源和资源使用效率的决定因素,城市功能布局的划分、市民的价值观念、生活方式、消费习惯等和能源的运用和分配息息相关,直接影响交通领域的碳排放量;对交通领域出行方式的碳足迹跟踪、审计,确定低碳交通体系的评价体系、评价因素及评价阈值。

## 二、低碳交通的现实意义

交通运输业是仅次于制造业的第二大油品消费行业,是中国低碳节能的重点行业。我国在 2009 年就已经成为世界第一大汽车制造国,汽车的购买和消费数量也已经位居全球第一。快速增长的汽车制造和消费,刺激和拉动了巨大的国内市场需求潜力,加大了化石资源的消耗和利用。因此,构建和发展低碳交通运输体系,可以使交通运输行业最大限度地降低能源消耗、节能减排、实现科学发展,也是促进交通运输行业持续发展的客观需要和必然选择。

（一）发展低碳交通是节约能源、降低能耗的有效手段

交通运输行业综合能耗居高不下，其在全国能源消耗中占有很高的比重，随着经济发展，交通运输行业的能耗比例呈稳中有升的趋势。十一五期间，除 2006 年、2007 年交通运输业能耗增长率稍低于全社会能耗增长率外，其他年份都要高于全社会的能耗增长率，自 2010 年开始出现了进一步拉大的趋势。随着交通运输行业的发展及经济发展对交通依赖程度的增加，交通运输行业的用能总量及在全社会总能耗中的比重还会上升。在这种背景下，发展和构建低碳交通运输体系，无论对交通运输行业还是对宏观经济的大局都具有积极而现实的意义。

（二）发展低碳交通是应对全球气候变化的迫切需要

交通工具排放的尾气是导致空气污染乃至气候变暖的重要因素。目前在清洁能源尚没有大规模推广的情况下，汽柴油仍然是交通工具的主要燃料。比如，汽车排放的尾气中就含有较多的有害物质，其成分也非常复杂，约有 100 种以上，主要包括：一氧化碳、碳氢化合物、氮氧化合物、固体悬浮颗粒等。据统计，一辆轿车一年排放的有害废气比自身重量大 3 倍。汽车尾气排放已成为我国各大中城市污染的主要来源之一，交通工具排放的尾气所造成的污染越来越影响到人们的生活质量。

从世界范围看，交通运输也是温室气体排放的主要领域之一。根据 2007 年欧洲运输部长会议《减少运输二氧化碳排放报告》，2003 年，经济合作组织（OECD）国家来自燃油消费排放的二氧化碳中，交通运输（包括营业性运输及私人运输）占到 34%，其中公路为 23%、水路为 2%、航空为 6%、其他为 3%；在全世界范围，则交通运输占 28%，其中公路为 18%、水路为 2%、航空为 5%、其他为 3%。

目前，我国各类汽车平均每百公里油耗比发达国家高 20% 以上。另一方面，中国人均能源资源占有量很低，而交通运输行业的发展需要能源的支撑，有效节约和合理利用能源，既关系交通运输行业的可持续发展，又关系到我国的能源安全。因此，降低交通运输能源消耗、减少环境污染，构建和发展低碳交通运输体系，已成为中国交通运输业发展过程中面临的首要任务。

（三）发展低碳交通是实现可持续发展的必然选择

进入 2000 年以来,中国交通运输业得到了迅速发展。电气化铁路长度由 2000 年的 1.49 万公里增长到 2017 年的 8.7 万公里,其中高铁 2.5 万公里,占世界高铁总量的 66.3%。高速公路从 1.63 万公里发展到 2015 年的 12.35 万公里,水运、航空及管道运输也得到了迅速发展,但总体来看交通运输业的可持续发展能力面临着严峻的挑战。据统计,中国公路、水路运输能耗占全国石油消耗总量的比重超过了 1/3,已经成为温室气体和大气污染排放的重要来源。交通运输业的能源利用率与世界发达国家相比明显偏低,随着国家对交通运输业投资的加大及各种运输方式自身的发展,对能源的消耗也必然逐步增加,迫切要求加快低碳交通运输体系建设。

### 三、低碳交通的实施路径

（一）推行交通低碳化发展理念

低碳交通作为一种新的可持续发展的交通理念,其践行与发展离不开公众的理解和支持,因此将低碳交通的理念内化为公众的生活理念和日常行为,是低碳交通能够广泛普及的重要影响因素。目前,居民对低碳交通这一名词并不陌生,但对如何实行却很模糊,通过积极推行居民低碳交通发展理念来降低城市交通的碳排放量至关重要。通过广泛宣传的方式,发挥媒体（如电视、网络、广播、杂志、报纸等）的作用,对公民进行低碳交通的教育;开展"公共交通日""自行车日"等活动,使公民认识到低碳交通的重要性,让公民树立绿色能源、绿色消费、绿色交通的新意识、新理念;倡导居民养成低碳出行的良好习惯,强化引导居民低碳出行,选择低能耗、低排放的生活方式,如多步行、多骑电动车或自行车,多使用低碳绿色交通工具;充分调动居民的低碳节能减排环保的积极性,依靠政府、社会、企业和个人的共同努力,将交通低碳化发展的新理念渗透到交通业的各个层面。

根据相关心理学的研究显示,人的行为具有惯性和存在某种程度上的惰性,要影响和改变人的生活行为,必须要有反复并且强烈的外界刺激。若要引起人们对低碳交通的注意和重视,必须进行全面的推广。人们充分利用各种社会传播媒介和渠道,让低碳交通信息的传播深入到人们生活的方方面面,激起人们的注意力和兴趣,以致内化成为日常行为生活的一部分。

（二）提高交通节能减排的技术水平

要依靠技术进步减少交通的碳排放。随着技术的进步，我国已将一部分高科技运用到交通中，起到了部分节能减排的作用，同时重视引进高端人才和先进技术，通过大力引进和推广先进的科学技术，加快交通技术创新，制定完善低碳交通碳排放的相关技术标准，坚持实施技术创新发展、高碳向低碳交通的转型发展和可持续发展的原则，加大低碳交通、绿色交通、生态交通专项资金投入力度，实现能源使用低碳化（如清洁能源、绿色能源的使用）、交通管理低碳化（如信息化管理，提升交通管理技术）、交通工具节能化（如电动汽车、混合动力车的推广使用），从而减少交通碳排放量。

（三）加大低碳政策的实施力度

低碳交通具有较强的公共性，政府应主导和推动低碳交通的发展。通过政策手段控制市域交通的出行量（如提供适当的车位、增加停车费用、实行汽车的限号出行、错峰上下班等），降低私家车的出行比例，减少交通拥堵，从而减少汽车尾气的排放量；坚持公共交通优先原则，建设公共交通专用道路，实行高污染黄标车（排放标准达不到国家标准的车辆）和无标车（未进行环保年检或环保年检不合格的车辆）限行，零排放车自由通行的政策，鼓励淘汰高污染黄标车；对车辆适时适当征收排污费，强化监督力度、以点带面、奖节罚超；引入购车税、燃料税和车辆牌照控制制度；支持基于碳税的补贴等制度的实施，确保符合节能环保的要求。

（四）完善公共交通系统

根据城市发展速度、发展规模、人口数量，通过科学规划和建设，构建公交线网密度大、站点覆盖率高的高效快捷的公交体系，提高公交出行的分担率，建设以轨道交通为骨架，常规公交为网络，出租车为补充，慢行交通为延伸的一体化公共交通体系，实施多种交通方式有机组合与互补，提高主管部门的管理水平，实现交通信息化管理，从而提高城市交通的用能效率；根据自身的经济发展水平、气候条件、地形特征等实际情况，对交通规划制度进行优化改革，进一步加强对公共交通规划制度的管理，完善现有的公共交通制度，最终实现安全、低碳、绿色、以人为本的交通环境。城市交通低碳发展对建设生态型和宜居型城市具有至关重要的现实意义。① 例如轨道交通便是城市公共交通不可分割的一部分,它以运量大、速度快、人均碳排放量最小的特点独占鳌头,深化发展轨道交通已成为国内外城市低碳交通建设的必然选择。

（五）将自行车纳入城市公交体系

自行车作为人类的交通工具与城市交通方式之一,首先在西欧、北美的一些国家和城市得到应用和发展。我国的自行车交通起步较慢,但后来居上,以至于最终成为一个名副其实的"自行车王国"。然而,令人痛心的是,目前多个城市在交通建设上出现了将非机动车道缩减或改建为机动车道的现象。这种将现有的自行车道让位于机动车道的趋势,与国外兴起发展人行道、自行车道为主的绿色交通模式背道而驰。因此,城市复兴自行车,除了能解决短距离交通接驳问题之外,还是一种生活质量的回归、交通本质的回归。重要的,我们不仅要明确自行车交通在城市交通中的不可替代性,更应该明确自行车在今天城市公共交通体系中的定位——在成熟的机动化公共交通体系下,给自行车形成一个公共交通网络,这才是切合实际的,才是低碳交通的真正要义。

自行车由于其经济实用、方便省时、没有污染、节约能源又可运动健身等优势,是适合我国国情的一种理想的交通工具,它应当在我国的城市客运交通中占有一席之地。一是要重新提倡自行车,并树立崇尚骑车的新风尚,在全社会形成一种欢迎自行车、尊重自行车的自行车文化;二是像汽车有专行道一样,自行车也理当有属于自己的专行道;三是倡导"自行车 + 公共交通"出行模式;四是必须努力改进自行车的性能。如生产出一种轻便又能折叠的自行车,自行车就能与公共交通或地铁结合起来,从而成为都市中最迅捷和廉价的交通方式,并解决市内远距离的交通。

一个城市的公共交通无论有多发达,也无法解决城市居民出行的"最后一公里"的问题,解决这个问题最好的办法就是慢行交通。慢行交通是城市交通中不可或缺的补充,他所表现出来的低成本、节能环保等优点都充分显示了慢行交通在城市交通体系中的作用,特别是对于发展城市低碳交通建设与可持续发展,慢行交通起到了无法替代的重要作用。

---

① 王佳,丁淑莉. 基于碳排放的河北省城市低碳交通发展研究[J]. 企业经济,2013(12).

（六）步行方式的系统规划

现如今城市的道路越来越宽，但是在很多时候步行道和自行车道被机动车占据了，有的在修建的时候连人行道都没有规划，这就影响居民出行交通方式的选择。居民在离开主干道之后需要经过支路的二、三级公路才能到达目的地，因此还要合理引导城市居民使用步行的出行方式。居民出行选择步行会受人行道路质量的影响，高品质的人行道应该连续无障碍，没有车辆停放；具有足够的宽度、良好的照明系统和安全的环境。同时，交叉口行人过街的距离和时间要短，以减少行人过街的危险。因此城市需要提高人行道的质量，这样更多的人就会选择步行出行的方式，便能够形成一个良性循环，使得城市向低碳交通迈进一步。

## 第三节　低碳交通的支撑与保障

### 一、低碳交通的技术支撑

先进技术的应用对减少城市交通的碳排放的作用最直接，在低碳交通发展模式中起到明显的效果。多方面多举措减少对化石油能源的依赖，大力运用太阳能、氢气、燃料电池等新型能源，为城市居民提供舒适便捷的出行环境，提高出行效率是实现低碳交通的重要举措。

低碳交通的技术研发主要从两方面进行，一是从高能效角度，二是从低能耗、低污染、低排放角度进行。高能效要充分提高能源的使用效率，尽量减少交通拥堵，保持路面畅通；低能耗、低污染、低排放要求研发出可替代石油的清洁型新能源。低碳交通的发展与城市规划相关。低碳交通作为低碳经济的一部分，与城市的低碳发展规划密切相关。因此，单独依靠交通运输部门一己之力发展低碳交通，比较困难，它需要与整个城市、地区甚至国家的发展规划紧密相连。

（1）推广节能环保车型，更新淘汰老旧车辆。杭州、台州、重庆、邯郸等城市积极鼓励新能源汽车的使用，积极淘汰低能高耗的老旧车辆，包括公交车辆和长途客运车辆，对这些车辆在更新时使用电能、天然气等清洁能源，同时对现有车辆尤其是出租车实行"油改气"。"双燃料"车型的使用，既节省了成本又降低了碳排放,这种措施目前在国内各个城市的车辆尤其是出租车中应用较广。

（2）积极进行产学研合作,促进低碳交通技术研发。2013年11月5日由清华大学、剑桥大学、麻省理工学院在北京组建了低碳能源大学联盟未来交通研究中心,该中心旨在通过国内外一流大学交叉学科之间的合作解决目前国际交通领域的主要问题:交通拥堵问题、交通环境污染问题和低碳交通问题。除此之外,各地也积极开展产学研合作,加强交通领域低碳技术的发展。例如,厦门市交通运输局将推进"隧道 LED 灯改造""清洁能源公交车推广应用""远海全自动化码头"等低碳交通项目;台州市路桥区也积极与浙江大学、台州学院等高校开展校地合作,引进先进的节能修路技术,通过沥青路面就地冷再生施工设备,将破损的旧路面沥青 100% 就地再生循环利用。

（3）加快建立低碳交通技术体系建设。一是加强同联合国环境规划署、世界自然基金组织、气象组织等有关国际组织的合作;二是加强同国内外先进地区的合作;三是加强不同政府部门之间的合作;四是加强国内外民间组织参与低碳技术研究与开发的积极性,大城市低碳交通发展与对策研究创新合作模式,吸引、培育和留住低碳技术人才。除了加强上述各类形式的合作方式外,还要积极引进和培育各类技术人才,吸收各类资金,特别是对民间社会资金的吸取,加大先进低碳技术的研发力度,创新低碳技术的研发模式。此外更重要的是以制度为调节手段,通过制定低碳产业的各项标准和规范,推动重点行业、重点领域的低碳技术的跨越式发展,增强国际竞争能力,赶超国际先进水平。促进高校、科研机构与企业的合作,打造产学研无缝连接,加快低碳技术的市场化进程。①

### 二、低碳交通的政策与法规保障

完善的制度环境和政策引导是发展城市低碳交通发展不可或缺的必要条件。制定完善的车辆管理制度,可强化对车辆的管理,有效减少高耗能车辆的碳排放。我国低碳交通目前发展仍处于法律法规不完善、执法过程不严格、监管不到位的阶段,还没有形成与低碳交通配套的相关法律法规,有关低碳交通发展的道路选择、制度建设和行为调整,没有先例可循。因此,我国发展低碳交通的目标还主要

---

① 崔冬初,于悦. 低碳交通的国际经验及对我国的启示[J]. 生态经济,2014(9).

体现在一些规划设计的规范性文件中,实现真正意义上的低碳交通还需要很长时间。

目前国内外学者十分重视对低碳交通政策法规的研究,研究内容主要集中在对于低碳交通运输的战略规划、政策制度设计与系统管理实践的研究,这方面的研究总体上还处在初步探索阶段。我国政府高度重视交通运输行业节能减排与低碳发展,做出了一系列战略部署,并组织开展低碳交通运输相关研究,切实加强统筹低碳交通运输规划指导。

一是制定低碳交通运输的发展思路和发展目标。2007 年至今,国家先后制定发布了《节能中长期规划》《国家国民经济和社会发展第十二个五年规划纲要》,国务院《节能减排“十二五”规划》《“十二五”节能减排综合性工作方案》《“十二五”控制温室气体排放工作方案》等政策文件,将交通运输节能减排作为重点领域进行统筹部署。2008 年交通运输部编制印发了我国交通运输行业第一个节能中长期专项规划——《公路水路交通运输节能中长期规划纲要》,2011 年发布了《公路水路交通运输“十二五”节能减非规划》,这两个规划在总体上提出到 2015 年、2020 年我国公路水路交通运输节能减排与低碳交通中长期发展思路、目标、主要任务、重点工程与保障措施。原铁道部分别于 2007 年和 2012 年 4 月制定发布了《铁路“十一五”节能和资源综合利用规划》《铁路“十二五”节能规划》,明确提出铁路节能工作的指导思想、原则和目标、重点任务以及相关政策措施等。2008 年中国民用航空局会同国家发展改革委制定发布了《民航行业节能减排规划》,2011 年中国民航局又出台《关于加快推进节能减排工作的指导意见》,提出了民航业节能减排目标,要求到 2020 年燃油效率年均改善保持在 1.5% 并力争实现航空排放零增长,2050 年二氧化碳净排放量比 2005 年要减少 50%。目前,交通运输节能减排核心指标、重点任务与工程等已纳入到国家《节能减排“十二五”规划》《“十二五”综合运输体系发展规划》《交通运输“十二五”发展规划》《民航“十二五”发展规划》《国家铁路“十二五”发展规划》等综合性交通规划之中。其中,《交通运输“十二五”发展规划》确定了绿色交通建设目标,力争行业总悬浮颗粒物和化学需氧量等主要污染物排放强度比“十一五”末降低 20%。

二是出台了低碳交通运输实施方案等配套政策,推行低碳交通城市试点。交通运输部发布的《加快推进绿色循环低碳交通运输发展指导意见》《资源节约型环境友好型公路水路交通发展政策》《建设低碳交通运输体系指导意见》《建设低碳交通运输体系试点实施方案》《交通运输行业"十二五"控制温室气体排放工作方案》等文件分别提出了2015年、2020年交通运输节能减排与绿色低碳发展的指标和任务。为加快推进低碳交通运输体系建设,交通运输部在全国范围内组织开展了两批共26个城市低碳交通运输体系建设试点工作,印发了《建设低碳交通运输体系城市试点实施方案编写内容参考提纲》,组织开展了低碳交通运输体系建设实施方案编制研究工作,重点围绕碳排放管理体系、基础设施、运输装备、运输组织、智能交通和公众信息服务等6个方面科学规划。目前,26个城市试点实施方案已通过交通运输部组织的审查批复,进入组织实施阶段。试点工作还要求试点城市组织建设低碳交通运输体系或低碳交通运输发展专项规划的编制研究,目前广州、烟台、淮安、无锡、蚌埠等城市已经组织开展相关研究编制工作。

此外,许多省市交通运输主管部门和一些大型交通运输企业都纷纷编制了节能(减排)与低碳发展规划。据不完全统计,全国已有安徽、江西、河南、贵州、海南、重庆、福建、广东、上海、江苏等多个省(区市)交通运输厅,广州、深圳、烟台、乌鲁木齐等城市正式编制发布了交通运输节能减排"十二五"或中长期专项规划,如上海市交通运输与港口管理局制定印发了《上海市交通运输节能减排"十二五"规划》,湖北省交通运输厅制定的《湖北省低碳交通发展规划(2011—2015)》已经通过专家评审,无锡、淮安等市也开展了低碳交通运输体系建设战略规划研究;中远集团、中海集团、中国交通建设集团、上海港、天津港等企业也研究制定相关战略规划。三是组织了低碳交通运输发展宏观战略研究。近年来,国家发改委、交通运输部等部门组织相关研究机构进行了初步研究探索,并形成了相关战略规划与政策指导文件。交通运输部组织开展了《新时期加快推进绿色低碳交通运输发展战略研究》《低碳交通运输体系建设研究》《交通运输碳排放统计监测与低碳政策研究》等重大战略与政策课题;国家发改委当前组织开展的中国低碳发展宏观战略研究课题,其中《中国交通低碳发展战略研究》作为其中重点之一,拟研究提出中国交通运输发展战略目标、战略重点、实现途径与战略措施;中国工程院咨询研究项目和美国能源基金会资助项目《中国交通运输中长期节能问题研究》,重点从综合交通运输体系资源优化配置的视角对中国交通运输中长期节能的目标、方向与政策等问题系统深入研究。此外,相关省市也正在组织开展相关战略性研究,如广东、河南省交通运输厅科技计划项目《广东省低碳交通运输发展战略与政策研究》《河南省绿色低碳交通运输发展战略研究》。①

发展低碳交通离不开制度创新的支持。我们不仅要对已有的法律、法规、政策等进行梳理，还要从低碳交通发展的角度去审视和实现创新。对于立法的审核通过，还需要后期的贯彻执行，保障方案实施的准确性，这样有效的结合对公交先行、城市交通低碳化形成了有力保障。

### 三、低碳交通的财政和税收支持

低碳交通的发展不仅仅是在技术上、规模上对国外的先进经验进行复制，还要将体制、制度、文化、财政等因素也要考虑进来，而财政支持制度是相对比较直接和有效的手法。只有考虑到这些，我们才能在借鉴的基础上，因地制宜，实事求是地制定符合我国国情的城市低碳交通政策。

我国坚持以政府投入为主，将公共交通基础设施建设、政策性亏损补贴和承担的社会福利纳入公共财政预算体系。通过市财政资金安排、市财政配套资金鼓励公交场站综合开发、成立投融资公司、利用国际金融组织贷款等进行多渠道、多方式筹措资金，对公交枢纽、场站等基础设施建设、公交信息化平台、公交车辆结构调整、公共自行车交通系统等项目提供财政支持。建立公交企业运营成本监审制度和社会公益性支出评估、补偿制度，测算、审核和评价公交企业经营状况，并由市财政部门定期给予财政补贴补偿。

一是经过财政扶持推动产业提升，进一步建立和完善科技政策，为产业创新提供良好的环境机制，重点培育新一代战略性新兴产业，提高对减碳技术开发的财政支持，加大对新能源汽车产业的补贴和扶持，从而引导企业重视自主知识产权的开发和保护，不断提高自身的创新发展能力，为低碳交通的发展提供产业基础。

二是充分运用科技加快经济发展方式，调整产业结构，推进高新技术产业发展，投资建设一批低碳产业园，形成低碳产业集群，大力推动新能源客车、碳捕捉

---

① 欧阳斌,李忠奎,凤振华. 低碳交通运输规划研究现状、问题及展望[J]. 中国流通经济,
　　2014(9).

技术、生态新能源等产业的发展。

三是实现产业链发展，构建低碳化产业体系，建立绿色工程产业链和物流绿色供应链，从而推动资源利用的减量化、再利用和资源化，从而推动低碳产业的不断进步与创新发展。

四是加大对绿色物流产业的扶持。绿色物流是在传统物流发展的基础上，将自身发展对环境造成的影响进行考虑，并努力在物流过程中将对环境的危害降低到最低程度，不仅力求做到对物流资源的充分利用，而且要实现对物流环境的全面净化，以资源利用最大化和保护环境两者为目标，逐步推进物流体系的绿色化发展，大力发展绿色包装、绿色运输等，谋求产业自身与环境的可持续协调发展，最终实现社会效益、经济效益、环境效益三者的共赢。政府可以制定相关优惠政策扶持绿色物流产业的发展，如给予财政支持、科研经费投入、进出口减退税等政策。将物流与绿色低碳两者牢牢地结合起来，推进物流产业的绿色化发展。我国目前还没有出台一套专门促进绿色物流产业发展的政策，物流基础设施的建设也相对滞后，相应配套设施也亟待完善，特别是作为现代物流业主力的港口，还需要国家相关政策的倾斜和扶持。

五是建立有效的低碳交通激励机制。低碳交通的践行与国家政策激励、企业积极参与、公众全力配合等多方面因素息息相关。目前我国交通运输体系的节能减排工作的开展还存在着诸多不利因素，形势十分严峻，建立一套低碳交通的激励机制势在必行。首先，要发展低碳交通必须技术先行，低碳技术的进步是推进低碳交通发展的基础。低碳技术的研发障碍主要有：资金投入要求高，产业化发展相对较难，面临的风险比较大。这就迫切需要建立相关激励机制，为低碳技术的发展提供有利条件和市场需求，用需求来带动供给。其次，企业的参与能有效推动低碳交通的发展，成为助推低碳交通的原动力。通过加大财政补贴和投入的各种优惠政策，拓宽企业的融资渠道，鼓励企业积极从事低碳产业和低碳技术的研发工作，不断生产出适应市场需求，具备高性价比、高技术含量、低碳节能的产品。在满足自身经济利益的同时，为市场提供优质的碳产品。最后，公众处于推动低碳交通发展的实践环节，他们的日常生活习惯和消费行为都会对城市低碳交通的发展产生重要的影响作用。政府可以制定一系列激励措施来引导公众的日常生活和消费行为。

六是完善限制性税收政策。实行资源税制度改革,加大了对节能减排的支持力度。一方面,具体可以从以下两点着手:一是扩大资源税的征收范围。将淡水、土地、森林等自然资源等纳入征收范围,并可考虑将环境税费并入资源税,迫使企业提高环境成本意识,从而加大税收制度对环境污染的约束作用。二是调整资源税的具体计税方法,提高单位税额,加大资源税的调节力度。根据各种能源不同的属性,可以分别采取从量征税或是从价征税,或者将两者征税方式相结合,通过提高资源的价格以及资源的使用成本,来提高企业的环境成本意识和资源使用效率。另一方面,进一步扩大消费税征税范围,强化其节能环保方面的调节作用。对生产有害环境产品的企业或是高碳产业征收高额的税收,通过提高这些企业或产业的日常生产成本来达到限制破坏生态环境的生产行为,从而达成保护环境、遏制污染的作用。此外,在消费领域通过调整消费税的税目和税率,以价格为杠杆,来调节消费者的消费行为。例如可以对新型能源汽车等排放量低、对环境友好的车型制定相关的优惠政策,加大限制性低碳税收政策的效度。

绿色税收作为税收政策的有机组成部分,起源于 20 世纪 90 年代。绿色税收是一种将环境保护与国家税收政策紧密联系在一起的新型税收,兼具着保护环境和调节经济活动的双重功能。绿色税收种类丰富,就我国目前绿色税收的征收情况来看,绿色税收在我国的征收以能源税为主体,并呈现多样化的发展趋势。通过绿色税收的调节作用,将环境成本纳入企业的生产成本之中,加之企业趋利避害的营利性质,就能够有效的调节包括企业在内的市场主体的行为,促进自然资源的合理配置和使用效率,遏制破坏自然、污染环境的短视行为,促进经济社会的绿色可持续发展。美国、加拿大等发达国家的能源服务公司在其政府的绿色税收制度的引导下,均采取了一种名为合同能源管理的运作模式。合同能源管理能在政府绿色税收的支持下形成绿色节能良性循环发展,是在政府政策引导下,发挥市场主体地位基础上,以激发企业自主创新能动性的全新节能投资发展机制。与传统的节能投资相比,合同能源管理模式能让企业转移部分经营风险,大量减少相关的资金投入,由享受政府绿色税收支持的节能公司以与企业签订合同的方式,为企业提供资金、技术、材料甚至参与施工等一系列服务,帮助企业节能项目的研发以及加快项目的市场化进程,而在合同结束之后,企业能享有全部的节能效益和设备的所有权。

七是创新金融政策解决融资难题,具体做法如下:

(1)大力发展低碳汽车信贷融资业务。新的历史环境下,汽车行业已经出现了新的发展模式,整个汽车产业未来发展的关键将在新能源技术、能源替代技术两个方面展开,节能、环保成为汽车行业未来发展的方向,在国家政策的引导扶持下,低碳环保汽车的金融服务应从消费和技术研发两个环节予以加强。建议有关部门制定针对购买新能源小汽车、小排量汽车提供一次性支付全款的贷款政策,提高这些消费群体的购买意愿和消费能力,提高低碳汽车生产企业的市场占有份额。其次,在技术研发上,小排量汽车和节能环保汽车的核心零部件,发动机等领域,我国与国外还存在一定的差距,研发能力也普遍较弱,这也是我国发展低碳汽车在技术层面上需要重点突破的方向,因此加强对低碳环保汽车技术研发的金融融资服务就显得尤为重要。政府和有关部门应利用自身的权威效应积极参与和推广新型节能汽车,如在进行政府采购的过程中,要优先考虑低碳环保的小排量汽车,为小排量汽车创造市场需求。(2)改善低碳交通领域的金融服务。当前,我国正处于经济发展方式的转型期,实体经济的持续健康发展离不开金融支持。积极改善低碳交通领域的金融服务将为低碳交通的发展提供强大的金融支持。首先应提高金融机构自身的风险控制和金融监管水平,明确意识到金融服务改善对于低碳交通领域发展的重要性。提高对新型低碳产业的金融扶持力度。同时,金融机构应调整现行的信贷管理和贷款评审制度,使其能更融洽的服务于低碳交通产业,促使低碳交通产业快速聚集壮大,形成规模产业。其次,以国家法律法规和政策为依托,通过精简审批流程、增大土地优惠、增强政府财政补贴和奖励等一系列的国家扶持政策,对战略性低碳交通产业提供强有力的支持和引导,加速低碳产业优质企业的改制上市,让其获得更广阔的融资空间,带动整个产业的快速稳定发展。(3)制定政策引导银行发放绿色信贷。为推进"绿色信贷"工程的快速发展,作为发展中国家应将实施绿色金融上升为国家战略和政策,通过制定针对性的信贷政策,对不同的企业类型、项目工程的类别进行给予差异化的信贷标准,给"三低"产业和绿色低碳新型项目提供优先或是低利率的贷款。严格控制和减少对"三高"和产能过剩行业的贷款,引导金融机构向符合转型升级方向的项目、企业和产业进行投资。国家政府和金融监管部门可以采用以下几项措施:一是制定绿色信贷发展政策,建立绿色信贷体系;二是金融机构要制定严格的金融监管制度,对金融业务的全程进行严格的监督,保障绿色信贷业务和相关政策的落实,确保金融服务质量,并保障金融安全;三是为了充分调动金融机构的积极性,从而有效引导金融资源配置,政府可考虑针对绿色金融业务制定合适的鼓励和扶持政策;四是建立和完善绿色金融监管指标体系,使绿色金融监管工作的开展有据可依,不仅能对金融政策实施的效果进行科学客观地评估,有利于发现绿色金融业务存在的问题和缺陷,而且还能为完善绿色金融的发展提供事实依据。通过以上几项措施,发展中国家从战略高度出发,有效引导金融机构向绿色金融、信贷资源向绿色信贷业务转变,促进低碳经济的转型发展。[①]

## 第四节　中国低碳交通现状及分析

在中国城市高速发展的背景下,城市交通建设水平不断提高,建设体量不断增大,城镇居民汽车拥有量持续攀升,交通占能源消耗比重越来越大,所排放的二氧化碳给环境造成巨大压力,极大地制约着我国经济社会的可持续发展。

### 一、中国城市低碳交通面临的困境

目前,中国城市交通方式主要有:步行、自行车、摩托车、私家车、公共汽车、有轨交通和飞机等。影响出行者选择不同交通方式的因素主要有:交通特性、出行者属性、地区特性和出行时间特性。伴随经济发展和人类生态环保意识的加强,当前国内许多大城市的交通体系存在诸多亟待解决的问题,主要表现为[②]:(1)城市空间结构的非低碳化——城市用地发展未实现规划目标,与交通协调不够,成为打造低碳交通的最大障碍;(2)城市交通结构的非低碳化——城市道路交通网络尚不完善,城市快速路未形成网络,系统功能相对较差,通行能力低;(3)出行方式的非低碳化——城市公交网络整体服务水平不高,竞争力严重不足,公交出行

---

① 张超群. 大城市低碳交通发展与对策研究[M]. 长沙:湖南大学,2012:30—36.
② 龚勤,沈悦林,陈洁行,卢亚萍. 低碳交通的发展现状与对策建议——以杭州市为例[J]. 城市发展研究,2013(2).

比例停滞不前;(4)出行效率的非低碳化——智能交通等科技手段应用有待进一步提高。此外,还存在交通工具非低碳化、周边环境与发展趋势给低碳交通带来挑战等问题。

从世界各国来看,城市低碳交通的发展是一个复杂的过程,不但涉及公共交通的发展、绿色交通工具的代替、政策法律的鼓励,还包括土地规划及利用方式等方面。发达国家从政策、法律、技术、意识等方面对低碳交通的发展提供了很大的支持,低碳交通的发展取得了很大的成就,积累了多方面的经验。我国城市化进程、城市的发展速度与城市交通状况之间存在着严重的不相适应、不协调问题,城市交通的现状依然问题多多。首先,城市规划与交通规划不一致、不协调。对一个城市而言,城市规划非常重要,是一个城市性质的定位。在我国很多的城市建设中,城市规划往往在前,交通规划在后,两者不能同步,难以协调,导致了很多城市局部交通负荷过重。其次,交通供需矛盾突出。近几年来,随着我国城市经济的高速发展与机动车价格的下降,居民机动车的拥有量迅猛增加,致使交通供需矛盾日益加剧。再次,我国公共交通发展明显滞后。最后,居民交通出行方式不尽合理。

就如何解决我国城市交通拥堵的问题,发达国家给我们提供了良好的借鉴范本,那就是发展低碳交通,这是缓解我国城市交通拥堵的根本之策。近年来,低碳交通在我国取得了一定的进展,如不少城市加快轨道交通、地铁等低能耗公交设施建设,也有很多城市制定了低碳交通发展规划,但总体而言我国城市低碳交通的发展还有一些问题,亟须借鉴发达国家城市低碳交通的发展经验。

我国城市较多,且经济发展不平衡。交通拥堵、交通污染和交通能源消耗虽然是我国交通运输业在发展中存在的主要问题,但不同城市地区的发展情况有所不同。除此之外,我国低碳交通发展尚处于探索阶段,如果等待国家通过总结试点城市的经验,进而再试点、再论证、再颁布低碳交通发展战略规划,届时我国的交通问题将会又发生新的变化。

国外发达国家低碳交通的发展经验表明,低碳交通发展规划与城市发展规划、低碳经济发展规划密切相关。我国不能单独发展低碳交通而忽略了低碳交通与城市发展、低碳经济发展的关系。因此,我国政府部门应该从国家层面颁布相关的协同发展规划或指导思想,以便各级部门在制定低碳交通发展规划时能够全面长远考虑,避免重复建设、无效建设以及建设浪费等现象的发生。

在分析发达国家低碳交通经验时,需要从综合的角度进行考察。首先,在土地规划上采用友好型土地利用模式。在土地规划的过程中,尽量采用多中心的空间结构,建设紧凑密集型城市,综合利用土地,按照交通导向来规划土地。其次,优先发展公共交通是解决城市拥堵的重要策略。再次,大力发展慢速交通系统。发达国家积极发展自行车、步行网络,自行车或步行是碳零排放,完全符合低碳交通的理念。第三,实施积极的低碳财税政策及法律。城市低碳交通是一个综合性的系统工程,需要政策、法律、技术及民众思维、素质等多方面的支持,发达国家在城市低碳交通发展的过程中积累了丰富的经验。毫无疑问,低碳时代已经来临,针对我国城市交通不容乐观的现状,借鉴发达国家城市低碳交通之发展经验及做法,是改善我国城市交通的必由之路。[①]

## 二、中国城市交通发展模式的弊端

在我国现阶段对于相当部分公众而言,低碳交通还仅仅是一个新鲜的学术概念,对低碳交通的认知还停留在初步阶段,远远没有达到内化为自身行为的程度,更不用说去亲身践行这一理念。公众对低碳交通的认知主要存在以下几个问题:一是对低碳交通概念的准确认知度较低,缺乏对低碳交通的深刻认识,对参与低碳交通的具体方式没有概念,缺乏了解低碳交通信息的渠道。二是认知和实践不一致,公众对低碳交通认知水平相对于低碳的其他方面明显要高,平均认知度达到了百分之八十以上,但是,虽然一些低碳交通生活方式认知度较高,明知是低碳交通的一部分,但由于已成为生活习惯具有了行为上的惯性,短时间内难以改变,认知率与实践率之间仍存在较大差异;三是实践主体年龄差异大,中青年群体参与程度不高,而老年群体的参与性普遍高于中青年群体。此外,从性别的角度来说,男性的实践率高于女性,从职业角度来说,白领人士、自由职业者的实践率高于其他职业从事者。[②]

---

① 全丽.发达国家城市低碳交通的经验与借鉴[J].生态经济,2014(4).
② 张超群.大城市低碳交通发展与对策研究[M].长沙:湖南大学,2012:15.

（一）以政绩工程为导向

我国以往的交通发展规划是国家计划在城市建设层面上的延续，是将国民经济计划的有关项目进一步深化和具体化。它的主要环节是"设计——实践"，属于工程行政管理而不是社会公共管理。因此传统道路交通发展模式和政策设计的目标是为城市发展描绘一个宏伟的前景，而这种蓝图在一切以经济为导向的时期常常被当作体现政绩的一种"产品"或"陈列物"，其管理工具的职能被过多的行政干预和长官意志所抵消。地方决策者更重视近期政绩最大化，而忽略了道路交通规划长期的经济性，是一个连续、滚动、综合、全面多方协调的过程。

（二）普遍存在"车本位"现象

我国的道路交通规划将规划的对象等同于机动车交通，而不是人与货物的交通；把步行和自行车交通方式视为道路交通不相关的问题，导致一些地段交通事故频发。自由行走本是人类身心健康的基本要求，但是城市机动化的日益增长使人们步行变得既困难又危险。在以车为主的城市交通规划中，每一个为机动车交通改善道路而设计的方案都使步行者的境况更坏。

（三）以交通便捷需求为单一目标

传统的道路交通规划主要以满足单一的交通便捷需求为目标，没有考虑交通发展对资源、能源和环境影响。此外，现有交通规划的评价仅限于对路网密度、道路面积率等这些网络几何指标的评价，缺乏对交通健康的评价，如对人的舒适度、安全度、环境噪声、震动、大气污染等指标的评价。

（四）城市道路交通发展规划以单一部门为执行主体

我国城市道路交通发展过程中通常以交通部门为单一主体，没有建立由城市规划、建设、交通管理、公用事业、环境保护等多部门组成的协调机构。因此在执行过程中，城市交通部门及相关部门往往各自为政，很难发挥协调效应。同时政府在实施过程中也没有充分考虑和尊重群众的意见，未对交通规划进行严格的论证和分析，以兼顾步行者、私家车拥有者等不同群体的利益。①

---

① 何玉宏．城市绿色交通论［M］．南京：南京林业大学，2009：131—132．

### 三、中国城市低碳交通的可实现策略

**（一）选取典型城市，分批实现交通发展低碳化**

我国城市较多，且经济发展不平衡。交通拥堵、交通污染和交通能源消耗虽然是我国交通运输业在发展中存在的共性问题，但不同城市地区的发展情况有所不同。除此之外，我国低碳交通发展尚处于探索阶段，如果等待国家通过总结试点城市的经验，进而再试点、再论证、再颁布低碳交通发展战略规划，届时我国的交通问题将会又发生新的变化。本着早发现问题、早治理问题、早降减碳排放的原则，我国在低碳交通发展过程中，可以对不同城市进行分批处理。例如，根据交通问题严重程度，可将城市分为一级、二级、三级：一级城市交通问题严重，需要国家主导，大力治理；二级城市交通问题不如一级严重，可以由省市主导治理；三级城市交通问题不严重，需要当地主管部门制定相关规则，对未来可能发生的交通拥堵等情况采取有效的预防措施。通过不同级别的政府机关同步治理交通问题，可以有效实现低碳交通的发展。

**（二）从国家层面引导低碳交通与低碳城市的协同发展**

国外发达国家低碳交通的发展经验表明，低碳交通发展规划与城市发展规划、低碳经济发展规划密切相关。我国不能单独发展低碳交通而忽略了低碳交通与城市发展、低碳经济发展的关系。因此，我国政府部门应该从国家层面颁布相关的协同发展规划或指导思想，以便各级部门在对各自地区进行低碳交通发展规划时能够全面长远考虑，避免重复建设、无效建设以及建设浪费等现象的发生。例如，目前在我国拟建立京津冀大都市圈的背景下，可以加强京津冀各地之间综合交通系统建设，待京津冀协同发展整体思路明确后，各省各城市可根据规划设计具体的城市发展和低碳交通发展方案。

**（三）利用高科技手段，实现交通智能化管理**

我国与低碳交通相关的技术领域，新能源的研发应用并不占有优势，在如何降低不合格气体排放方面，亦缺少创新。就目前情况看，除了继续保持对上述问题的研发外，我国应重视智能交通的发展。通过引进先进的智能交通设备，实时掌握路面交通状况，更好地对交通拥堵情况进行疏散。从发达国家的先进经验看，智能交通系统是解决交通拥堵的主要技术手段。例如，建设交通诱导系统，动

态为驾驶员提供避开交通拥挤、交通事故的最优行驶路线;改善交通控制系统,将现有的固定配时方式改进为全感应式,进一步规范交叉口运行秩序等。

(四)改善出行环境,加强低碳出行宣传

倡导出行者低碳出行,要从两方面进行:一方面改善出行环境,另一方面要加大低碳出行的宣传力度。国外倡导公交出行、轨道交通出行时,都配有完善的乘车、换车环境。例如,在我国城市下雨天乘公交车会有诸多不便,但国外基本都有直通公交站点的避雨路线,例如,新加坡、日本的房屋前都有雨搭,行人甚至可以不用带雨伞,直接到达公交站点而不被雨淋;香港的出行者可通过在综合交通枢纽处的地下通道实现公交车的换乘。在低碳宣传方面,要大力宣传,培养居民从自我做起的责任感和使命感,通过公益广告、宣传片、宣传语、公益活动等方式改变居民现有的出行方式,真正让广大民众做到身体力行,低碳出行。

(五)坚持公交优先,打造低碳交通体系

鼓励低碳出行,优先发展慢行、公交、轨道等低碳交通基础设施布局。城市交通结构低碳化的目标:一低两高,即低碳化出行和高通行容量、高品质服务。根据城市空间结构发展特点,合理发展各类城市交通方式。坚持公交优先,加大法规政策保障;倡导慢行生活方式,完善慢行设施;大力实施交通基础设施建设,以求环境、社会和经济三者效益最大化。

(六)坚持智能信息化,提高低碳的出行效率

建立智能交通信息平台,技术上解决好系统整合、信息交换、深加工和共享的问题,建立智能交通信息平台;完善全球智能出行规划系统,该系统的目标是建立创新的可移动式服务平台,通过对欧洲各国乃至全球已有的出行信息平台的信息交换,提供出行者跨国、跨地区的多种交通方式的动态出行信息,以使出行者在不同时间和地点通过移动或固定终端/设备,在出行前和出行途中获取个人所需的出行信息;建设智能化公交网络,积极按照打造"低碳交通"的要求,充分利用先进的信息技术和互联网技术,研发建立实时公共交通信息服务系统,建设和完善智能化公交网络。

(七)大力推广新能源汽车,开辟新的发展途径

积极发展新能源汽车是交通低碳化的重要途径。在现有基础上,政府应再一步加大新能源汽车的推广力度。同时可以考虑除地铁外的其他以轨道为走行线

路的客运交通工具,比如轻轨、有轨电车等多种形式。城市地下空间开发,提高城市集约化程度,以及城市空间利用的效率。建立低碳城市地下空间规划,加强碳排放与城市形态、土地利用、产业发展、能源利用、交通模式、城市建筑等多方面的相关理论研究和实践探索,构建低碳城市地下空间规划的相关理论基础,并进行实证分析,为选择最适宜的未来城市发展道路提供思路,塑造一种理想的可持续的低碳城市模式。①

（八）实施差异化的低碳区域交通模式

我国的交通发展存在着明显的区域阶段性特征,"血液""器官"等健康度存在着差异。从东部的长三角、珠三角到中西部,呈现出阶梯状特征。交通的低碳化技术无法适用于基础条件较差的区域,必须构建差异化的低碳区域交通发展模式。根据"宜水则水、宜陆则陆"的原则,考虑经济发展阶段,以水路、公路、铁路、航空等交通方式为基础,相应地调整交通结构,促进交通低碳化调整。同时,还必须注意区域协调发展的问题,即除了"养生之外,兼顾事业"。中西部区域的首要目标是经济发展,交通发展必须为经济发展服务。为此,在现有条件下,利用"适度超前"的交通发展规划,植入低碳化的软硬件设施,提早为交通需求增长做好前期准备。②

低碳交通的深刻意义在于在交通需求不断得到满足的前提下减少碳排放,保障硬性交通出行,建立以公共交通为主体,零排放、低排放为两翼的复合多元交通出行体系,满足多层次出行需求。力行低碳交通,不仅能够推动社会可持续发展,增加城市发展动力,也能够从根本上改善市民生活环境,提高城市的整体舒适度,推动宜居城市建设。因此,各城市必须转变城市交通的发展方式,从城市的具体实情出发,结合城市发展特点和趋势规划,充分认识、客观分析、科学宣传、正确引导,站在全局的战略高度,发动全灵共同参与、和衷共济、积极应对,运用经济、行政及技术等手段,制定探索城市交通发展科学合理的节能减排新路径,坚持"标本兼治",使城市道路交通建设和管理更加科学、合理。

---

① 龚勤,沈悦林,陈洁行,卢亚萍. 低碳交通的发展现状与对策建议——以杭州市为例[J].城市发展研究,2013(2).
② 池熊伟. 低碳交通的经济学分析[M]. 杭州:浙江理工大学,2012:79—80.

# 第五章

# 中外低碳交通的实践路径

## 第一节　发达国家低碳交通引领

### 一、英国：气候法案督促低碳

英国是世界上最早关注低碳交通发展的国家，也是低碳经济发展比较完善的国家之一。1952 年 12 月 4 日，英国伦敦持续 5 天大雾，导致 4700 多人因呼吸道疾病死亡，在大雾之后的几个月又有 8000 多人死于非命。因此，英国政府非常重视低碳经济的发展。

（一）注重立法，促进低碳社会转型

鉴于对汽车尾气实质性危害的认识，英国政府早在 20 世纪五六十年代就颁布了《清洁空气法案》和《污染控制法案》。1981 年英国政府出台了《机动车燃料管理办法》，对汽油中的含铅量进行了严格的规定。2003 年 2 月，英国伦敦对市中心约 20 公里范围内的地区加收"交通拥堵费"，对拥堵严重的地区实行车辆限行政策。为了满足中心城市的交通需求，英国政府在伦敦建成了世界上最庞大的地铁系统。

英国于 2003 年在白皮书《我们能源的未来：创建低碳经济》中首次提出低碳概念，2006 年 10 月英国政府又发布了《气候变化的经济学：斯特恩报告》，呼吁全球向低碳经济转型，其中包括对交通运输结构的改变。2009 年 7 月，英国政府从国家层面制定了《英国低碳转型计划》，并出台了配套的《英国可再生能源战略》

《英国低碳工业战略》和《低碳交通战略》等文件,对发展适合英国情况的低碳交通提出了以下措施:首先是明确"碳预算"量,方案的目标是在 2018 到 2022 四年期间内将交通部门的碳排量总计减少 8.5 亿吨;其次是在居民出行方式和物流系统的货运方式上,为企业和个人提供多样性低碳出行选择;再次是搭建城市交通的智能交通系统,将多种城市交通进行"无缝连接",推动一体化进程,为公众和企业在"低碳交通"的交通方式上提供更多便利的选择;第四是政府积极倡导居民采取步行、自行车等低碳化的公共交通出行方式,增强公民的低碳意识,尽可能减少小汽车的使用;最后是政府利用市场机制刺激低碳交通的车型的研发和销售,消费者若使用混合动力车,购车者可得到政府 2000—5000 英镑的补贴。①

从全球的角度审视,英国一直都是控制温室气体排放的积极倡导者和践行者,不仅是世界上第一个最早提出"低碳经济"理念的国家,也是世界上第一个将气候变化进行立法的国家。

(二)发展新技术和新型能源

根据《低碳交通,更加绿色的未来——交通运输碳减排战略》的规划,英国政府明确了公共交通系统、大型货车、私家车、铁路运输系统、民用航空以及海上运输等多种运输方式的低碳化发展方向。例如针对私人小汽车,英国政府要求到 2011 年中央政府公车碳排放减少到每公里 130 克,并说明将随着低碳化进程的深入而提出更严格的标准。同时大力扶持低碳排放的新技术车辆产业,政府拨出专项资金用作推广新技术车辆;其次是制定最低低碳标准,促进生化能源的可持续利用。如《可再生交通能源义务》法案和欧盟制定的《可再生能源标准和燃油质量指令》等相关规章来执行英国的最低低碳标准的应用。通过此举在确保能源供应的同时减少对化石能源的过度消耗。英国政府还成立了低排放汽车办公室(Office for Low Emission Vehicles),该办公室积极加强低碳交通领域的技术研发,成员主要来自交通部、业务创新和技能部、能源与气候变化部,办公室的工作重点是在超低排放车辆领域,支持新兴技术的识别。

---

① 汪峰,周俊,蒋乐. 国家"两型"社会建设综合配套改革试验区——武汉市慢行交通系统发展思路[J]. 建设科技,2010:17.

（三）倡导合理出行方式

在注重技术手段发展低碳交通的同时，英国政府也十分注重从不同社会主体行为的细微角度来促进低碳交通的发展。首先，随着政府的积极努力和民众低碳、健康意识的增强，居民越来越喜欢积极、低碳的出行方式。在很多短途旅行及出勤中，自行车出行成为居民青睐的选择，不仅能够降低碳排放量、减少道路拥堵，还能增强个人体质，增加户外活动的时间。政府也积极配合这种出行倾向，在全国范围内出资建设 18 个自行车示范点。此外，由于英国很多居民居住在火车站附近，英国政府抓住了这个特点，提供了一个高达 500 万英镑的计划改善全国 10 个自行车存储点的硬件条件，交通运输部门还进一步出资 300 万英镑加强自行车和铁路间一体化进程。其次，倡导公共交通出行。2000 年到 2010 年十年内，英国的公共交通使用率增长了 17%，政府对公共交通系统的投资也增长了近一倍，大约每年 25 亿英镑（包括根据《全英范围内的强制公交优惠》规定，在非交通高峰期免费为老年人和残障人士提供服务）。铁路的低碳潜能也逐渐被人们所认识，英国的铁路运载量在十年中增长了 50%。据估算，未来 30 年英国铁路旅客运量将增长两倍。为了提高铁路运能并鼓励公民选择铁路出行，英国政府将 2009 至 2014 年五年内的铁路投资提高到 150 亿英镑。

（四）强化市场机制和经济杠杆的作用

在低碳交通转型的进程中，利用市场的灵活性和创造性能有效补充法律、政策等刚性工具的不足，英国构建低碳交通的实践中提出了很多值得借鉴的新概念。首先是"碳预算"。通过建立"碳预算"系统，制定一项五年期排放限制系统，为英国找到了一条通往 2050 年的低碳发展道路。为确保目标实现，政府还特别设立了一个独立专家团队——气候变化委员会，为政府碳预算相关工作提出建议并监督工作。英国政府在 2009 年的碳预算报告中公布了三个阶段碳排放目标，分别是 2008 年—2012 年，2013 年—2017 年和 2018 年—2022 年，三个阶段的碳预算同比 1990 年的碳排水平分别降低了 22%、28% 及 34%。其次是税收。英国政府通过将碳排放量同燃油税、企业汽车税、汽车消费税、航空税等税收项目相关联，综合运用了各种税收手段提高碳排成本。这种把碳排放量和交通成本计算相关联的方式，不仅促使英国民众提高能源使用效率，还使其选择低碳的交通运输方式，催生了低碳交通的相关产业，达到了双重的效果。再次是交易权制度。交易权制度早在《京都议定书》中就已经被广泛使用,而英国在构建低碳交通体系的战略中强化了交易权制度在国际航运的重要性,将航空和国际航运纳入国际碳排放交易机制中,强调了在全球视角下完成减碳任务。

（五）寻求广泛的国内和国际合作

首先,由于英国中央政府认识到地方政府是提供交通设施及服务的直接负责人,并对国家战略任务的执行、企业家的活动、家庭的决策都有着直接的影响。因此,在英国低碳交通实践中很重视地方的作用,积极支持地方的工作,如提供宏观和微观的指导等。在强调低碳化交通目标的同时也推进其他交通目标的实现。例如,中央政府为地方政府在城市交通土地开发和利用方面提供政策指导和委派专家协助等。其次,英国积极与外界达成共识。气候问题绝非一国之力所能及,对此英国政府有着清醒的认识。英国的低碳交通战略强调同威尔士、苏格兰、北爱尔兰等地方政府达成区域共识,并在整体的战略实践中与欧盟的战略保持一致。同时严格履行欧盟《可再生能源和燃油质量指令》法案等,此外,英国还积极同联合国、国际海事组织等相关机构推动国际交通减排活动。①

**二、美国:重视长期发展战略规划**

美国低碳交通的发展背景与英国类似,美国的洛杉矶在 1955 年 9 月也发生了由汽车尾气造成的化学烟雾事件。之后,美国政府也采取了各种措施积极治理。因此,美国不但是最早实施排放标准的国家,其排放控制指标种类也最多、排放法规也最严格。特别是美国十分重视交通长期发展战略规划的制定,为低碳交通发展路径指明方向。

（一）交通运输长期发展战略及规划

美国属于市场经济发达国家,经济发展规划比较少见,但运输发展规划却很完善。如美国 1962 年通过的联邦公路资助法中就明确规定,人口超过 5 万人的城市或地区,若其道路项目要得到联邦公路基金的资助,必须先有综合、滚动、协调的区域性交通规划的支持,而 1978 年的联邦公路资助法进一步强调对综合交通规划的重视。在美国,法律也要求联邦运输部、各州运输部及地方运输部门制

---

① 宿凤鸣. 我国城市发展体系分析及交通模式选择[J]. 综合运输,2010:12.

定运输战略规划。

美国政府的低碳交通发展战略目标及拟实施的政策举措是以制定详细的战略规划的形式来明确。始终以"环保"为思想核心的战略规划,以5年为一阶段,周期性确定加之以不定期滚动修订。如1990年《多模式地面运输效率法案》的提出,标志着美国交通运输进入了可持续发展的综合运输阶段。《2003—2008年交通战略计划》提出要实现安全性、机动性、全球连通、环境保护、国家安全、组织优化等六大战略目标。《DOT Strategic Plan 2006—2011》提出不但要减少负面影响,如交通运输基础设施对环境的污染,还要简化交通基础设施的项目评价,从而实现交通设施工程按时交付和环境保护改善的双赢目标,而且提出把空运、海运、公路、公交和铁路这些相对独立的运输方式交织成一个安全、高效、公平、节约和环保的综合运输系统。①

为了促进物流业的发展,提高运输效率,减少能耗,美国政府高度重视交通设备的标准化和各种交通方式的联合运作。1996年《美国运输部1997—2002财政年度战略规划》提出,美国需建立一个以国际为范围、以多种运输方式联合运输为形式、以智能化为特征,并将自然环境包含在内的运输系统。2002年《美国国内产业自律型的能源消耗说明书》中明确国家整体能耗战略与交通运输业密切相关,需要投入充足的资源来改进设备,降低发动机排放物,减少交通运输业的能源消耗。

为了促进交通技术革新,2010年美国提交报告《技术与变革:美国能源的未来》,美国政府承诺投入160亿美金推动交通运输业的变革,包括全电动汽车、插电式混合动力车以及为新能源汽车提供电力的硬件设施和新型高效燃料。在交通管理新技术方面,美国采用了OPAC等智能交通信号控制系统,该系统能对城市路口车流量进行实时监控和优化配时,提高道路运行效率,减少拥堵时间。如在拥堵路段上设置优先车道(HOV车道)。在拥挤主干道上,HOV车道平均每英里节省0.5分钟,在高速公路上,HOV平均每英里节省1.6分钟。②

在铁路节能方面,美国能源立法支持铁路工业研发清洁能源的机车车辆,减

---

① 吴洪洋.美国交通运输战略与节能环保[J].世界环境,2008(5).
② 华兆增.美国的城市公共交通[J].交通与运输,2007(1).

少空转。布什总统签署的《2005年能源政策法》包括改进燃油效率和减少机车排放物两个独立的部分,这使公众对铁路运营产生的大气排放物日益关注。联邦研究计划最大的受益项目是混合燃料技术。新的机车研究项目分为三个阶段,拨款分别为:2006年为1500万美元,2007年为2000万美元,2008年为3000万美元。同时第756号法案授权国会拨款4500万美元用于减少机车空转,同样分3次拨款:2006年为1000万美元,2007年为1500万美元,2008年为2000万美元。①

自奥巴马上任美国总统后,美国政府全力打造出了以发展新能源为战略中心,以节能减排和提高能源利用率为主要支撑,以优化交通结构及实施财政政策为主要战略举措的国家能源战略框架。计划在未来18年内将汽车燃料利用率提高至少1倍,且投资40亿美元致力于开发生产节能且高效环保的汽车。

(二)低碳交通的政策法律保障

早在1969年,美国为保护环境制定了一些法律法规,如《国家环境政策法》《能源政策和节约法》和《能源法案》等。1975年美国国会通过了《能源政策与节约法》,制定了机动车燃油公告及燃油节约法规"燃油经济性"标准(以下简称CAFE),规定了汽车厂家每年所出售的汽车的平均燃油经济性应达到的国家标准。1982年制定了针对机动车辆能效问题的《机动车辆信息与成本节约法》。1998年公布了要求提高能源系统效率,更有效地利用能源资源的《国家能源综合战略》。

美国联邦政府颁布了《清洁空气修正法案》《能源政策法》《美国天然气汽车工业战略计划》《乙醇发展计划》《新一代汽车伙伴关系计划(简称PNGV)》以及《自由车(Freedom Car)计划》,明确要求大力发展天然气汽车等替代燃料汽车、电动汽车和燃料电池汽车等各种清洁能源汽车。② 2003年美国出台的《能源部能源战略计划》则是把"提高能源利用率"上升到"能源安全战略"的高度,其中计划在2005—2010年间,提供200亿美元发展能源技术。

美国政府于1975年制定的强制性汽车燃油效率政策,带来了显著的节能效果。如美国政府实行了一系列的措施来支持CAFE标准的实施:如果汽车没有达

---

① 铁信数据中心.美国能源立法促进节能机车研究[J].中国铁路,2006(2).
② 傅志寰,胡思继,姜秀山.中国交通运输中长期节能问题研究[M].北京:人民交通出版社,2011.

到 CAFE 标准,汽车生产商将必须交纳罚金;对于燃油经济性水平低于22.5 英里/加仑(9.5 公里/升)的汽车,政府将对其生产厂家处以 10000 美元/英里的罚金;政府向消费者提供各种关于机动车燃料效率的信息;美国环保署每年出版《里程油耗手册》;能源部公布每种车型的城区/高速公路测试结果;新车的标签上还要标出该车行驶 15000 英里时的耗油成本(由美国环保署估算),还要有其他品牌同型汽车的燃油信息。

2007 年美国政府还颁布了《低碳经济法案》和《美国能源独立与安全法》,其中《美国能源独立与安全法》涵盖了提高车辆燃料经济性,增加生物燃料产量和有关能源运输和基础设施等方面的法规,并通过法案规定投资 200 亿美金用于推动电动汽车和其他新型高效能机动车的研发。

(三)出台相关财税激励政策

美国明确提出发展清洁运输,积极寻找新能源、可再生能源和替代能源,并采取了现金补贴、税收减免和低息贷款等激励政策。2003 年 7 月 31 日美国决定在今后十年对能源效率、替代燃料和可再生燃料等领域实施能源税减免政策。

美国关于机动车燃油经济性的财政政策起源于 1978 年的《能源税法案》。该法案实施了汽车耗油超标税,该税收是对未达到最低燃油经济性要求的新车生产商征收的一种消费税,起征点从 1980 年的 15mpg 上升到 1990 年的 22.5mpg,其目的是为了减少美国消费者对高耗油机动车的购买。但是,汽车耗油超标税的不足之处在于它并不适用于小型面包车、越野车(SUV)和轻型货车。

近年来,为应对国家能源安全问题,美国又出台了新的财政政策来推动电动汽车和利用可替代燃料,如乙醇的机动车的研发和生产。为了推广新能源汽车,美国国会参议院于 2009 年批准旧车换现金(Cash for Clunker)法案。按照这项总投资额 10 亿美元的计划,如果驾车者以每加仑里程 18 英里或以下的旧车换取每加仑里程至少 22 英里以上的新车,可获得 3500 美元的补贴;如果新车的每加仑里程较旧车高出 10 英里,则驾车者可获得 4500 美元的补贴。美国政府在 2005 年颁布的《能源政策法案》中为新型混合动力轻型车提供了高达 3400 美元的税收抵免。除了对混合动力车实施税收刺激外,美国还为购买可替代燃料机动车提供了一系列的联邦税收抵免。在"乙醇发展计划"中规定:对使用 10% 乙醇——汽油调和物可减免联邦消费税,联邦政府给予电动汽车买主以售价 10% 的补助,但最高限额为 4000 美元,洛杉矶地区还给予 5000 美元的补助。①

另外,美国政府通过税收优惠的方式鼓励广大出行者骑自行车出行,并积极推出了"安全绿箱"计划,有效地促进自行车的安全行驶。

### 三、日本:多措并举,政策保障

20 世纪发生的全球八大环境公害事件,有 4 次发生在日本,这促使日本痛定思痛,立足本国实际,不断完善资源环境政策体系,注重经济效率和多目标协同,在解决环境问题、推动低碳交通方面取得了较显著成效。

#### (一)多措并举发展低碳交通

日本发展低碳交通,是从建设综合运输体系、发展绿色物流和智能交通、创新替代能源技术、推行自愿性碳排放交易等方面加以统筹考虑,并取得了良好的效果。一是技术减碳。日本出台了节能减排技术创新政策,主要涉及插电式混合动力汽车(PHEV)和纯电动汽车(BEV)、燃料电池汽车、生物质能源、智能交通系统(ITS)等方面的技术创新。日本通过对汽车运输企业开展生态驾驶管理系统的普及,活动推动生态驾驶,提高了燃油使用效率约 15%。日本除大力发展下一代汽车外,在铁路领域推进混合动力机车等节能车辆及高效电力设备的技术研发,在船运领域推进超级节能船舶的研发。二是政策减碳。日本于 2008 年 6 月制定了关于低碳社会行动计划,把转变生活方式作为减排的关键途径;制定了全球温暖化对策(减少二氧化碳排放的对策),包括自动车交通对策、构建环境友好型交通体系等。三是战略低碳。日本颁布了"下一代汽车发展战略",提出把日本建成"下一代汽车研发生产基地"的目标。规划了车用电池、生产资源、基础设施、国际标准化等发展目标及行动路线图。日本计划 2010 年实现轨距可变列车的实用化评估,2012 年前确立电池式节能路面电车实用化技术,2012 年确立高效率船舶无空转技术,2016 年前实现超导线性技术实用化。日本将低碳交通革命置于发展经济的重要位置,希望低碳交通革命了成为目前日本经济发展的新增长点,并在未来发展中处于战略制高点。

---

① 陈春梅,姚占辉,纪世才等.美日汽车燃油经济性标准及对我国的启示[J].公路与汽运,2008(5).

（二）颁布节能法律法规

日本近 90% 的资源依赖进口。两次石油危机的爆发，使日本痛下决心，争做世界超级节能大国，并制订了能源长远战略，对外积极寻求稳定的能源供给，对内坚持节能与开发新能源并举。日本 1979 年首次颁布实施了《节约能源法》，此后经过多次修订，最新的节能法是 2003 年 4 月 1 日实施的《修正节能法》，着眼于能源的重复利用和综合利用。1993 年制定了《合理用能及再生资源利用法》，1998年进行了修正，其核心是促使企业、机动车辆、耗能设备，必须遵守更为严格的能效标准。1999 年开始对汽车、商用和家用电器设备等实行强制性能效标识制度。日本主要通过改变需求结构，采取各种节能措施。继 1993 年、1997 年两次修订《关于能源利用合理化的法律》后，1998 年 6 月进行了第三次修订，并于 1999 年 4月起实施。新的《节能法》摒弃了以往"舰队齐头并进"的做法，而是鼓励"领跑者"（Top Runner），将节能目标值由原来的平均值调整为最高值，对未能达标者采取警告、公布名单、处罚等措施；同时加强政府机构对节能事业的支持力度。1998年 10 月日本政府批准了《关于推进地球温暖化对策的法律》，并于 1999 年 4 月起实施，其中在民生、运输部门采取了改善能源消费设备效率的各种措施。2004 年，日本环境省发起"面向 2050 年的日本低碳社会情境"研究计划。2008 年，日本在《实现低碳社会行动计划》中明确制定了日本向低碳经济社会迈进的目标和具体行动指南。2009 年，日本环境省公布了《绿色经济与社会变革》草案，该方案想通过实施减排措施来强化日本的低碳经济发展战略，而且日本经产省还研究建立了公民个人的"低碳积分制度"，日本民众在购买节能商品或服务的同时获得低碳积分，民众可以用累积的积分换取商品和服务。2011 年，福岛核事故的发生，使日本能源战略和气候政策出现重大转变。日本政府明确提出将减少对核能的依赖，强调由核能、可再生能源和化石燃料组成的能源组合是日本能源需求最可靠和稳定的来源。同时，去核政策实施后，日本加快出台相关替代政策，提升可再生能源发展的战略地位。2012 年正式实施的全球变暖对策税（新碳税）和购电法政策，即是其推动可再生能源发展的重要政策调整。①

---

① 田成川，柴麒敏. 日本建设低碳社会的经验及借鉴［J］. 宏观经济管理，2016（1）.

（三）领跑燃料经济性标准

一是实行汽车制造商"领跑者制度"。日本政府对汽、柴油轻型客货车制定了一套燃油经济性标准，这套标准是按照汽车重量进行分类的，即"分重量级燃油经济性标准"，每种重量汽车都要满足其对应的标准。日本采用"领跑者"的方法确定标准，即在每个重量级中确定具有"最优"燃油经济性的汽车，并以其燃油经济性水平作为本重量级汽车的燃油经济性标准，同级新车均要求达到该标准。这种方法使得少量具备先进技术的汽车带动大量技术相对落后汽车不断提高燃料经济性。根据这套标准，到 2005 年，柴油客车的燃油经济性将达到 11.6 公里/升，比 1995 年提高 16%；到 2010 年，汽油客车的燃油经济性将达到 15.1 公里/升，比 1995 年提高 22.8%。政府制定了相应法规来处罚未达标的机动车。二是推广 VICS、ETS 等智能交通技术，以提高车辆运行流畅度，进而提高了燃油效能。据行业数据显示，时速 20 千米的汽车二氧化碳排放量比时速 40 千米的汽车高 30%，比时速 60 千米的汽车高 60% 以上。

（四）制定绿色税收计划

2001 年日本政府制定并实施了"汽车税收体系绿化计划"，通过对新能源、环保车辆实行税收减免政策促进高能耗、低排放汽车的生产和销售，免除了新能源汽车（包括电动车、混合动力汽车、天然气汽车、燃料电池车等）的重量税和购置税，使用税也只征收 50%。在该绿色税收计划中，星级标签用来表示机动车污染物排放等级，四星级代表该机动车无二氧化碳尾气排放，这也就意味着至少比 2005 年日本排放标准低 75%。达到 2010 年国家燃油经济性指标的 15% 以上的机动车有资格获得燃油经济性标签，同时获得四星标签和燃油经济性标签的机动车才可享受税收减免待遇。除利用税收政策推广新能源汽车以外，2010 年日本经济产业省还推出"低碳型创造就业产业补助金"制度，对电动车用锂离子电池、LED 芯片、太阳能电池制造等日本具有明显市场优势的战略性新兴产业进行补助，2010 年 5 月又提高了该补助的总金额。

**四、丹麦：倡导低碳生活，践行绿色出行**

用全球的气候领跑者或者绿色能源的领先者来形容丹麦，一点都不为过。2010 年 12 月，《联合国气候变化框架公约》缔约方峰会在丹麦首都哥本哈根举行。

确实选对了地方,因为丹麦一直被认为是全球低碳经济的领先者,堪称低碳交通的典范。近30年来,丹麦经济增长了45%,二氧化碳排放量却减少了13%,能源消耗只增长了7%,创造了减排和经济繁荣并不矛盾的"丹麦模式"。

(一)引领欧盟国家层面减排

丹麦政府高度重视低碳经济的推行,将低碳经济提升到国家战略层面,明确战略目标,并成立专门机构负责。1973年能源危机后,丹麦政府将能源安全置于国家经济发展的特殊地位,并采取一系列措施解决能源安全和供给效率问题。丹麦政府认识到需要有一个专门的政府机构主管这项工作,统筹制定国家能源发展战略并组织监督实施,于是,1976年丹麦能源署正式设立。能源署的设立最初是为了解决能源安全问题,其后,管理职能逐渐涵盖国内能源生产、供应、分销和节能,近年来更是在绿色能源和二氧化碳减排方面发挥越来越大的作用。这意味着能源署承担了能源生产和供应政策制定、能源安全、成本效率和国际义务等多重职能,能源署已经成为丹麦政府推进低碳经济强有力的组织机构和深具凝聚力的领导内核。

2007年丹麦推出国家能源战略时曾表示,丹麦减排的长期目标是到2075年以前摆脱对化石燃料的依赖,100%使用可再生能源,实现绿色交通。现在丹麦人将年限提前到了2050年,并抓紧拟定具体的行动方案。

丹麦的务实作风得到了欧盟的共鸣。2010年中期,欧盟要求各成员国提交其各自的新能源行动计划,以达到欧盟2020年全部能源消耗中20%来自可再生能源的目标,而此时丹麦已将本国的指标设定到30%。与此同时,欧洲气候基金会(ECF)也制定了其2050年路线图。丹麦气候与能源部长Lykke Friis曾表示:ECF的2050年路线图表明,丹麦不是独自在行动,北欧引领风能发展,南欧引领太阳能发展,将是欧洲应对气候问题和能源安全问题的最佳方案。

(二)提倡绿色低碳出行

丹麦政府从消费者和企业入手,以节能的方式来减少能源的消费量。能源与环保一体共生,是丹麦人的生活方式。在丹麦,对各种交通工具的重视程度为:自行车居首、公共交通第二、私人轿车最末。丹麦和荷兰被认定为欧洲领先的自行车王国,哥本哈根被国际自行车联盟任命为2008年—2011年世界首个"自行车之城"。

哥本哈根市政府一直倡导"绿色交通""绿色建市",早在 20 世纪 60 年代和 70 年代就已经形成局部自行车道路网,哥本哈根现有大量"公共自行车"设施,称为"CityBike"。全市 125 个地点置有 1300 辆的脚踏车供市民免费使用。只要在 CityBike 的停车格投入 20 丹麦克朗的保证金就可以使用脚踏车。如果不想骑了,停放回任何一个 CityBike 的停车格,为脚踏车上锁后就可以取回保证金。CityBike 是一项非常成功的政策,据一项以 12 小时为区间的调查,一台公共脚踏车平均闲置的时间只有 8 分钟,可见其受欢迎之程度。据悉,CityBike 全部由私人商家捐赠,商家也得以在脚踏车架上替自己打广告。因此,CityBike 几乎是不需要花纳税人钱的双赢措施。与此同时,哥本哈根有高达 40% 的人骑脚踏车上班,人口约 50 万的哥本哈根直辖市(市区)拥有将近 300 公里的自行车专用道,而且这个数字还在不断增加。为了进一步倡导绿色低碳出行,限制小汽车的使用。目前,准备在市内停放汽车平均每小时 20 克朗的基础上,继续提高停车费,使开私家车的成本更加昂贵。同时,市政府正考虑效仿伦敦的做法,对进入市中心的车辆征收拥堵费。

(三)加强低碳教育,培养低碳意识

低碳社会意味着从生产方式到生活方式的全面变革,传统的生产和生活观念将面对巨大的冲击与挑战。政府长期担负起提升市民文明素质的重要职责,从而把人的素质教育摆在很高的位置,并且已经形成了一种民族意识。为提高人们的低碳意识,丹麦还开展很多公益性质的活动。如 2009 年 8 月 8 日丹麦丹佛斯(danfoss)公司为 14—18 岁的年轻人举办气候和创新夏令营,目的是让这些年轻人为气候变化贡献智慧。此前,丹麦教育部要求在 2008—2009 年间所有教学大纲都要增加与气候相关的内容。而在丹麦能源局播放的一个电视片中,反复讲述着丹麦的气候行动,其中最引人注目的是丹麦确定的 6 个生态城市。电视片宣称,若以 200 万的丹麦家庭参加的节电行动为例,其能源消耗可以降低 73% 。在这个行动中,节能灯、节能建筑、风笔等都将被应用于实际生活之中。

(四)利用财税金融政策,引导低碳发展

丹麦政府经济激励政策在推动低碳经济发展中扮演着重要的角色。强有力的经济措施使得低碳经济在较短的时间内,得到迅速发展并取得了明显的社会经济成效。其一,财政补贴。丹麦在能源领域采取了一系列措施推动可再生能源进入市场,包括对"绿色"用电和近海风电的定价优惠,对生物质能发电采取财政补贴激励。从 20 世纪 90 年代起,各种各样的优惠政策为个人和企业投资风电提供了机遇,尽管在过去的 20 多年中,国际油价时常处于低谷,使得风力发电一度处于竞争劣势,但丹麦始终坚持风电发展,几乎未受到油价波动的影响。其二,价格调节,绿色推进。通过价格调节机制,积极支持绿色能源的生产、发展和市场推广。如采用固定的风电电价,以保证风能投资者的利益。其三,税收改革,赏罚分明。从 20 世纪 80 年代初期到 90 年代中期,丹麦风机发电所得的收入都不征税,对可再生能源不但不征税,还有补贴。相反,丹麦国家对化石能源的税收非常高,丹麦是最早开征碳税的国家之一。在丹麦,为每度电支付的电费中所包含的税额高达 57%,如果不采取节能方式,用户会付出高昂的代价。政府运用税收价格机制,确保稀缺资源得到合理使用,用绿色能源替代传统的以化石燃料为主体的能源。

### 五、法国:交通出行规划(PDU)

法国的低碳经济建设在欧洲独树一帜。由于交通出行规划和管理是困扰大城市聚集区的主要问题之一,而经济和社会发展推动下的城市机动性需求的增长,往往与人们对城市品质和环境保护方面的要求有矛盾。因此,法国更加关注城市交通对生态环境的影响,提出了交通出行规划(PDU)。

20 世纪 70 年代以来,小汽车交通过度发展对城市生活造成的负面影响逐渐显现出来。法国各地方政府开始系统地编制城市交通规划。早期的城市交通规划主要是为了应对当时城市地区小汽车迅速增长所造成的交通拥堵问题,通过制定新的流线组织、信号控制和道路改扩建工程等,来改善城市中的机动车交通环境。因此,当时的城市交通规划通称为"交通流线组织规划"(Plan de circulations),重点对象是小汽车交通。

从 20 世纪 80 年代中期开始,为适应机动车交通而进行的城市改造破坏了许多城市中心区的传统风貌,噪声和尾气排放造成环境品质恶化,在一定程度上推动了欧洲城市的郊区化和内城空心化。在这一背景下,优先发展公共交通的必要性逐渐成为各地方政府的共识。以建设新型有轨电车、开辟公交专用道为代表的公交现代化成为这一时期城市交通规划的主要政策措施。其中,新型有轨电车的发展尤为突出,它不仅作为一种替代小汽车的快捷舒适的现代化交通工具,而且还具备了推动沿线地段城市更新的作用,并以富有时代感的外观设计为城市中心区带来活力。

到 20 世纪 90 年代,由于城市低碳交通理念深入人心。作为城市交通政策的代表,法国的《城市交通出行规划》(PDU)摒弃了以往城市交通规划偏重技术手段的取向,集中反映了各城市在探索低碳交通策略方面的主要经验。发展起来的第三代城市交通规划——《交通出行规划》则是更加综合的政策工具,其措施对象扩展到慢行交通领域,并将重点放在步行和非机动车交通、小汽车交通、公共交通三者之间的互补整合联系上,从寻求交通系统的技术解决方案过渡到关心城市机动性服务的整体组织和品质。

《交通出行规划》的法文全称是 Plan de déplacements urbains (PDU),其核心概念是"出行"(déplacements)。这一规划编制最早由 1982 年颁布的《(法国)国家内部交通组织方针法》(LOTI)提出,该法案对法国城市交通的主要贡献有两个方面,首先是明确了"人人都有交通的权利",其次是为若干城市共同发展跨行政区划的公交服务提供了法律依据。该法案颁布后,在地方分权改革的推动下,若干城市聚集区的城市结成城镇共同体率先编制了 PDU,但随之而来的执政党左右更替,致使第一代 PDU 的后续实施状况不理想。

1996 年,法国出台了《大气保护与节能法》(LAURE),明确提出城市交通领域可持续发展的政策目标,并规定所有居住人口超过 10 万的城市聚居区(通常有多个市镇组成)都必须编制 PDU,为城市聚集区组织发展各项交通出行服务(包括货运交通和停车)提供协调并统一的政策指导。由于法国大部分城市中交通基础设施建设已经非常完备,远期规划所能增加的基础设施建设量非常有限(通常不到现有的 5%)。因此,《交通出行规划》的编制年限为 5 年,重点是对既有交通基础设施的优化使用和绩效管理。《大气保护与节能法》旨在合理使用能源资源,减少污染气体排放。因此《交通出行规划》也有环境要求,包括降低小汽车交通量;发展公共交通和低污染的节能型交通方式(特别是步行与自行车);合理分配现有的道路空间以满足不同交通方式的需要。

以首都巴黎市为核心的大巴黎地区(Ile－de－France)是欧洲最重要的城市聚集区之一。由于首都地区的特殊性质,1982 年的 LOTI 法将其单独排除在编制

PDU 的范围外,1996 年的 LAURE 才明确将大巴黎地区纳入必须编制 PDU 的对象范围内。第一版的《大巴黎地区交通出行规划》(PDUIF2000—2005)的编制工作于 1998 年 4 月启动,2000 年 12 月由地区议会审议通过正式生效,成为法国城市低碳交通策略最具有代表性的规划文件,对必须实现的若干关键目标都制定了具体详细的量化指标。在后续实施中,巴黎在绿色街区与公交线路等级化两方面取得成功。

1. 绿色街区:"绿色街区"是在 20 世纪 90 年代中期巴黎实施的"安宁化街区"(Quartiers tranquilles)的基础上发展而来的。"绿色街区"(Quartiers verts)作为 PDUIF 调控小汽车交通的一项重要措施(特别是针对城市中心地区),着重从多种交通方式之间的互补和整合来寻求政策空间。法国从 80 年代开始就推出了机动车交通限速的政策,PDUIF 的"绿色街区"则是在已取得经验的基础上进一步提炼和升华,并更加注重通过不同交通方式之间的整合,在限制小汽车交通的同时,保持总体上的机动性服务供给基本不变。"绿色街区"首先是一个机动车交通限速区,区内的行驶速度不得高于 30 公里/小时(个别地段更低)。它的面积一般为 10 公顷左右,主要是城市居住区,其划定注意绕开城市主干道。低速大幅提升了交通安全,可以更好地与步行、自行车系统并存。绿色街区一方面发展慢行交通,一方面增加并优化公共交通服务,在调整交通设施的基础上,增加绿化空间和道路景观,提高整体的空间环境品质。

2. 公交线路等级化:巴黎城市聚集区是全球城市中公共交通最发达的地区,公共交通基础设施已经很难再扩容。在此限制条件下,如何增加公共交通的供给,提高服务质量是一个难题。针对这一困难,PDUIF 推出了 Mobilien 计划,主要有三个方面的措施:(1)在城市聚集区范围内,从现有公交线路中挑选出十多条作为"骨干公交线路"(Axes),与普通线路拉开层次。通过减少停靠站点数量、开辟公交专用道等手段提高骨干公交线路的运营速度,并采用大容量的新型车辆,形成地面公交网络的快速主干网。(2)骨干公交线路的确定不仅要考虑地面公交的走向及其与地铁、城铁的相互关系,特别还要加强城市中心区与郊区,以及城市郊区之间的联系。(3)在骨干线路上,根据站点周边用地情况,与其他公交线的交叉情况等,确定重要的"交通节点"(pôles)。针对各交通节点进行空间规划研究,促进公交服务与用地开发的整合互动,并改善不同公交线路之间的换乘联系。

综观法国的《交通出行规划》,体现了当前法国城市在推行低碳交通过程中的基本思想和策略方法。法国的《交通出行规划》的基本特点有两个方面,一是重视不同交通系统之间的衔接与互补,二是充分考虑交通系统与用地规划之间的整合联系,并将发展慢行交通和公共交通作为低碳城市建设的主要抓手。同时我们也可以看到,法国的《交通出行规划》不仅非常重视吸收利用理论研究和前期实践总结出来的经验,而且在制定政策的同时,也非常关注实施过程的制度创新,是公共治理程序的应用。

### 六、新加坡:调整出行方式达减排目标

新加坡面积仅为 680 多平方公里,人口 400 余万,人口密度很大,全国目前拥有各类机动车 80 多万辆,其中轿车占一半以上。由于国土狭小,土地资源十分有限,放任小汽车的发展显然不符合新加坡的实际,因此新加坡政府长期推行低碳交通发展模式,使新加坡形成了以公共交通为主导的城市综合交通体系,有效地保护了城市环境,同时,大大缓解了交通拥堵,保障了居民出行需求。

新加坡自 20 世纪 70 年代起,在 URA(市区重建局)统一协调下,编制了城市总体规划,确定了城市发展规模、用地规划、功能定位及发展目标。陆路交通局根据城市发展目标、人口增长、劳动力增长、经济发展等对交通的需求,编制了综合交通规划,确定了道路网、铁路网(轨道网)规划及建设长期发展战略,加快交通网络建设,引进先进技术改造交通指挥和通讯系统,努力提高公共交通的运营效率。

1996 年发布的《交通发展白皮书——建设世界一流的陆路交通系统》提出:"必须在小汽车和公共交通的使用上保持一个理想的平衡状态",新加坡制定了严格的交通需求管理措施,包括:通过拥有证制度限制车辆拥有,通过车辆税费控制车辆增长,实行交通拥挤收费,实行区域差别化的停车政策等。一方面限制小汽车的盲目使用,引导合理使用;一方面改善公交服务,增加公共交通使用率。

经过几十年的发展,新加坡已经形成了包括普通道路、城市快速路、公共汽车、地铁、轻轨、出租车在内的公共交通系统,其中地铁系统是新加坡公交系统的主干,基本覆盖全国主要地区,承担了连接主要地区间重要交通干线上的大部分客流,保证了整个交通系统宏观运行的效率和稳定;轻轨系统是地铁系统的补充和拓展,主要用于连接地铁车站与主要居住区、商业区,为地铁网络提供客流补

给;公共汽车系统的主要作用是承担区域内部和相邻区域间的近距离交通,并为地铁和轻轨网络提供客流补给和网络完善服务;出租车系统用于填补公共交通与私人交通间的空白,满足市民特殊的出行需求,是构建完整的公共交通体系不可或缺的部分。

为建设城市低碳交通,新加坡政府除了大力发展公共交通系统外,还严格限制私人购买和使用汽车。新加坡政府采用车辆配额系统(Vehicle Quota System,VQS)和电子道路收费系统(Electronic Road Pricing,ERP)两种主要方式来控制私人车辆拥有和使用。

早在 20 世纪 60 年代末,新加坡就开始通过收税来调控车辆配额。1968 年首次引入的机动车辆税收种类包括进口关税(由海关评估,约为汽车公开市场价的45%)、注册费(Registration Fee,简称 RF,约为 1,000 新元,即相当于 667 美元)和额外注册费(Additional Registration Fee,简称 ARF,由海关评估,为汽车公开市场价的 150%)。这些费用专门针对购车者,以提高购车成本,降低购车率。车主同时还必须根据拥有的机动车辆的发动机大小支付道路使用年费。1975 年引入的优惠额外注册费制度(Preferential ARF,PARF)通过提供额外注册费的折扣鼓励车主更换旧车,以降低道路损耗和空气污染。

新加坡于 1990 年 5 月 1 日开始引入车辆配额系统(VQS)。车辆配额系统将车辆分为五大类型,政府在综合考虑上一年车辆的总数、每年的允许增加额度和报废车辆的数量等多种因素的基础上计算本年度车辆增长率,即车辆配额,同时也会结合实际情况做出进一步的调整。根据车辆配额系统,购买新车必须持有拥车证(CertifiCates of Entitlements,简称 COE,公共交通工具和其他特殊用途的车辆不需要拥车证),而不同类型车辆的拥车证价格是由市场动态决定的。拥车证价格的确定是通过每月进行电子投标来决定的。每个月,交管部门会发出一定比例(平均不超过 3%)的"拥车证"在社会上公示标售。所有中标者中的最低报价(也称配额费)即成为该月的拥车证价格,同时所有中标者均按照该价格支付拥车证,但是企业用车需要支付同类型车的双倍价格。一个拥车证可以在 6 个月之内注册一辆新车,从注册日期开始有效期为 10 年(出租车为 7 年)。当拥车证满 10 年之后,车主如果要继续使用原来的汽车,必须根据最近 3 个月拥车证的平均价格另外购买 5 年或 10 年期限的拥车证。

通过限制车辆配额和增加车辆拥有人的负担,车辆配额系统和拥车证制度显然有效控制了长期范围内车辆数量的增加,并促使民众选择公交系统。1975年,新加坡开始引入地区通行证制度(Area Licensing Scheme,ALS)用于调节道路拥挤状况,这是第一个人工道路收费系统。1996年6月,道路收费制度(Road Pricing Scheme,RPS)在东海岸路实施。根据这两个系统,用户必须按日或按月以购买固本(Coupon)的形式进行注册才可以获得用路权,有专人在限制使用的道路入口进行检查。鉴于ALS和RPS采用人工操作,效率和覆盖面积都受到很大限制,新加坡陆路交通管理局于1998年4月实施了著名的电子道路收费系统(Electronic Road Pricing,ERP)。新加坡是世界上第一个在大范围内通过实施电子收费来降低高峰时段交通拥挤的国家。一旦用户在规定时段进入中心商业区(CBD),ERP收费处会在用户通过时根据车辆种类自动从安装于车辆内的现金卡中扣除应付费用。一般情况下,ERP在中心商业区的一定路段和容易发生阻塞的高速公路上实施,以防止这些地区的道路出现过载现象。实施ERP的前提条件是在车辆上安装ERP计费系统,迄今为止,在大约70多万机动车辆中,约有96%安装了计费系统。ERP系统向用户收取的费用反映了由于车辆使用道路形成的阻塞成本,根据道路的使用状况(拥挤程度和车流速度)而动态变化。通过额外的收费,它使用户在不必要的时候避免进入控制区域以降低交通成本,从而达到减缓阻塞的目的。

如上所述,车辆配额系统可增加用户购车的固定成本,电子道路收费系统则增加使用车辆和道路的动态成本。通过两者的结合,新加坡政府有效地进行了对交通需求长期和短期、静态和动态的调控,有力地保证了以公交系统为导向的交通发展战略的实施。

公共交通作为城市低碳交通建设的核心,只有满足绝大多数人的出行需求,才能使其真正能够替代私家车,因此,新加坡在公共交通的运营中始终坚持了"便捷高效,效益优先,兼顾公平"的原则。在新加坡,乘坐公共交通工具出行既方便又便宜。以地铁为例,地铁每天营运时间从早晨5点半至午夜12点半,最快每3分钟便有一班列车,最慢也不会超过8分钟就有一个班次。地铁票价最低为新币0.9元(1元新币约合5元人民币),最高为新币1.8元,与新加坡人均月收入3000元新币相比,这一价格相当低廉。购买车票可以使用现金,也可以使用易通卡。易通卡可在各地铁站的通联售票处或公共汽车转换站购买。

新加坡基本实现了各种交通工具的"无缝对接"：在人口稠密的商业中心或住宅区多设地铁站，附近则有高架轻轨，公共汽车站位于两者之间，相互之间距离不远，以搭有顶棚的行人天桥或专用道路连接，公众转换乘车站点时，无论从公共汽车到地铁或者从地铁到公共汽车站，都不需要走太长的路，避免了日晒雨淋。另外值得一提的是，新加坡还照顾到年长者和残疾人士的需要，努力打造无障碍的生活环境。例如在所有的地铁站装置电梯，以便老人和残障人士能够乘搭地铁；改造公共汽车和候车站点，方便残障人士坐轮椅上下。

新加坡还是世界上设立公共汽车专用道最早的国家之一，公交车专用道、公交车专用街、公交车专用弯道等的设立，为公交车辆提供了交通优先权，政府还规定公交车是进入交通限制区优先使用的路面交通工具。公交专用线的使用时间是上午 7：30 至 9：30，下午 4：30 至 7 时整，周末公交车行驶时间有所调整。同时，政府对公共汽车的站点设置、安全标准、服务收费等也进行了严格的管制，规定在距离住户门口 400 米内必须设有公交车站。另外，公交车辆普遍安装了全球卫星定位系统，方便调度，以便定点准时。

### 七、韩国：绿色新政确立低碳增长点

2009 年 1 月 6 日，韩国总统李明博主持新年的第一次国务会议，会上通过了政府提出的"绿色工程"计划。该计划将在未来 4 年内投资 50 万亿韩元（约 380 亿美元）开发 36 个生态工程，并因此创造大约 96 万个工作岗位，用以拉动国内经济，并为韩国未来的发展提供新的增长动力，这一庞大计划被称为"绿色新政"。"绿色新政"的主要内容为：基础设施建设、低碳技术开发和创建绿色生活工作环境。

"绿色新政"的政策目标包括三个：第一，使用最少能源，完成低碳能源。2008 年 8 月，韩国政府制订了《国家能源基本规划》，指出新能源和可再生能源的比重将在 2030 年达到 11%，能源技术水平将于 2030 年达到世界最高水平，油气自主开发率将由现在的 4.2% 提升到 2030 年的 40%。第二，将绿色能源产业作为发展动力。2008 年 9 月，韩国政府推出《绿色能源产业发展战略》，确定了绿色经济产业发展战略中优先增长动力对象的 9 大重点领域：光伏、风力、高效照明、电力 IT、氢燃料电池、清洁燃料、高效煤炭 IGCC、CCS 和能源储藏，同时推进阶段性增长动

力的 6 个领域:热泵、小型热电联产、核能、节能型建筑、绿色汽车和超导。第三,创造新增长动力,将减排温室气体的危机转化为创造收益的机会。韩国大力发展国内碳市场,将通过减排项目所取得的排放权供给碳市场,并且提供资金和咨询,发展专门交易企业等。

低碳与绿色发展是韩国 2008 年度国政中重要主题之一。2008 年 8 月,韩国政府制定了科技发展基本计划——"577 战略"。"577 战略"对未来 5 年科技发展的目标和计划作了具体的安排,计划到 2012 年,使研发投入占 GDP 的比重由 2006 年的 3.23% 提高到 5%。政府研发总投入达到 66.5 万亿韩元(约 505 亿美元),比上届政府研发总投入多 26 万亿韩元(约 198 亿美元),基础科学在总投入中的比例从目前的 25% 提高到 50%;确定了 7 大研发领域、7 大科技系统以及 50 个具体技术研发项目;计划到 2012 年实现世界第 7 大科技强国的目标。[①]

2008 年 9 月,韩国政府出台了《低碳绿色增长战略》,为韩国未来经济发展指明了方向。所谓低碳绿色增长,就是"以绿色技术和清洁能源创造新的增长动力和就业机会的国家发展新模式"。韩国政府认为,这一战略将成为支撑、引导未来经济发展的新动力。该战略提出要提高能效和降低能源消耗量,要从能耗大的制造经济向服务经济转变。到 2030 年,韩国经济的能源强度要比目前降低 46%。另外,要增加清洁能源的供应并降低化石燃料的消耗。到 2030 年,化石燃料将从目前占能源消耗总量的 83% 降低到只占 61%,而可再生能源的用量将从 2.4% 增加到 11%,核能的用量将从目前占 14.9% 提高到 27.8%。就可再生能源产业而言,政府希望 2030 年太阳能光伏发电量达到 2007 年水平的 44 倍,风能利用量增长 36 倍,生物燃料增长 18 倍,地热能增长 50 倍。为此,韩国政府和企业将在 2030 年前投入 11.5 万亿韩元(约合 87.4 亿美元)用于绿色技术研发;确保公民能够用得起能源,使低收入家庭的能源开支不超过其总收入的 10%。

韩国的《低碳绿色增长战略》到目前为止已经带来了较为显著的社会效益和经济效益,引起了国际上广泛高度关注。这一战略实施的主要做法有以下几个方面:首先,政府多方推动。作为生态政策在新经济背景下的创新,"绿色新政"及其所含工程项目仍需强调政府在其中的积极作用,但这些"绿色"技术的推广仍不能

---

① 赵刚. 韩国推出"绿色新政"确立低碳增长战略[J]. 科技促进发展,2010(7).

单纯依靠市场行为,而必须在初期依靠政府在法律、政策、资金等多方面的扶持。其次,增加研发投入。2012 年,韩国研发支出占 GDP 的比例要从 2006 年的3.23%增至 5%(政府研发投入占 1.25%,民间研发投入占 3.75%),政府研发支出从 2008 年的 10.8 万亿韩元增至 2012 年的 16.2 万亿韩元。此外,加大对民间研发的资金支持力度,出台研发优惠税制,放宽企业研究相关规定,如将研发设备投资税收抵扣从 7%增至 10%等。第三,重视前沿技术的发展。前沿技术一直是各国争夺的焦点,谁掌握了前沿技术,就意味着谁能掌握未来。近些年来,纳米技术、生物技术等前沿技术及其融合技术作为各国的科技重点,受到了政府的重视和大力支持。韩国国家科学技术委员会通过了《国家融合发展基本计划(2009—2013)》,对融合技术(纳米技术、生物技术、信息技术和认知科学四种科学有机结合的技术)的研发及产业化发展作出系统规划。第四,注重吸引海外高层次人才。人才短缺是知识经济时代的永恒话题,无论是发达国家还是发展中国家,在这样一个时代都必须面对人才短缺的问题。为了应对这场不可避免的残酷竞争,各国都在主动参与国际人才竞争,积极争夺全球最优秀的人才。从 2008 年公布的2009 年政府预算状况来看,2009 年韩国将增加 6.3%的预算,用以建设世界水平研究型大学,支持研究人才交流事业,以吸引海外顶级研究人才到韩国从事研究工作。第五,积极参与国际合作。发展"绿色经济",需要世界各国的共同努力。联合国秘书长潘基文提出了"绿色新政"的概念,目标是推动"绿色经济"的发展,呼吁全球领导人在投资方面转向能够创造更多工作机会的环境项目,以修复支撑全球经济的自然生态系统。

## 第二节　发展中国家低碳交通实践

### 一、巴西:南美洲的低碳先进国家

巴西是世界上最大的热带国家,也是二氧化碳排放量较高的国家之一。巴西早在 1992 年联合国环境发展会议上,就已对采取应对气候变化的行动做出了承诺。目前,巴西仍然坚定地对减少温室气体排放做出承诺,并致力于采取相应举措。巴西在 2008 年启动了应对气候变化的国家计划,并在 2009 年通过一项《国家气候变化法案》,提出温室气体自愿减排目标:到 2020 年,达到 36.1%—38.9% 的二氧化碳减排目标。但是,巴西各州表示,贫民的发展权不能因为减排行动而受影响。①

巴西国内早已形成大规模投资新能源的传统。例如,巴西的水力发电占总装机发电能力的 75%,用蔗糖制乙醇替代汽油作为燃料也占到了 40% 的比例,这些都大大缓解了巴西的能源紧张状况,减少了温室气体的排放。巴西大量的自然资源和广袤的地域促进了低碳和新能源的发展。同时,巴西受气候变化的影响巨大。由于短期内大量砍伐森林造成的"亚马孙衰竭"现象,将会减少巴西中西部和东北部地区的降雨量,导致粮食减产和干旱,并导致水力发电不足,进而影响电力供应。因此,巴西亟待采取相应措施补救,以减少这些灾害的重创,并想办法适应这一变化。

(一)巴西土地利用和森林保护模型

为了模拟未来对土地的需求、土地利用变化和植树造林情况,巴西在土地利用和森林保护方面,建立了两个模型:一个是计量经济学模型,用于估计土地的分配和衡量土地的利用变化;另一个是巴西生态系统立体模型,对未来一段时间内的土地利用情况进行估算,并拟定相关发展方案。

1. 计量经济学模型:是模拟巴西土地利用情况的模型,由国际贸易谈判组织研究设立,同时是一个经济模型,在土地能够提供充足的产品供应和对土地的充分利用前提下,用于估算国家的土地分配情况和测量土地利用变化情况。例如,利用土地种植大豆、谷物、水稻、棉花、甘蔗、牧草和生产性森林。

2. 地理——生态系统立体三维模型:是模拟巴西生态系统的模型,由米纳大学的遥感中心研发,为了适应未来的不同情况,促进未来国家土地的规划利用。这两个模型都是为了满足研究的需要。巴西并未效仿莱昂为土地利用设立的经济模型,却找到了更适合他们自身的方式,把很多规划因素都考虑在内,例如,农业禀赋、交通便利程度、城市区位、交通成本、距中心区域的距离等。巴西以 1 公里为定义范围进行研究,制作极其详尽的地图。具体的方法可以概括如下:第一

---

① 余江涛.南美洲的低碳先行国家——解读巴西的低碳模型[J].低碳世界,2011(3).

步,选择适当范围的区域,并进行标注。第二步,建立一个经济模型,以规范一定范围内的土地利用变化情况,这些土地利用变化通常由一系列的人类活动所引起,比如,森林砍伐、畜牧和农业生产。第三步,设立一个地理模型,对每项人类活动一年所需要的土地数量进行模拟,然后对土地的利用进行规划,以适应土地利用变化的需要。第四步,计算这些土地利用变化带来的碳排放,这些土地利用变化通常包括土地植被变化,以及畜牧、农业生产带来的直接碳排放。这些计算通常需要进行两次,第一次是给相应的经济规划提供数据,第二次是给碳排放规划提供数据。碳排放规划带来的碳减排结果,可以用来和相应的经济规划做对比,看经济发展是否符合低碳经济的要求。

另外,为了减少砍伐森林造成的二氧化碳排放,需要对未来森林的开发、利用进行合理的规划。因此,巴西制定了森林保护政策和规划,以应对边境森林锐减造成的压力,并采取相应的经济措施作为协同措施来维持森林的可持续性。巴西认识到,推进低碳规划和保证农业、畜牧业生产,对经济的发展同等重要。由于农业和畜牧业生产日益扩大,相应的土地需求也在增长,从而导致了大规模的森林砍伐。为此,有必要采取有力措施,以应对这些造成森林砍伐的首要因素。

(二)农业、畜牧业的低碳模型

2008年,亚马孙地区用于种植的肥沃土地增加了7个百分点,从257万公顷增加到276万公顷,增长率达到25%。如果按照2010年的土地利用需求计算,仍需增加17万公顷土地才能满足对土地的需求。到2030年,草场将会覆盖大部分土地,从205万公顷增加到207万公顷。巴西本土的林木用地应该能够得到更为有效的利用,特别是在一些边境地区。

但是,农业和畜牧业的直接碳排放在这个过程中也相应增加,到2030年,将达到每年346万吨。这其中,只有不到1%的碳排放通过碳捕捉抵消。因此,巴西亟待控制农业和畜牧业的碳排放。

目前,研究发现,零碳化种植概念的加速传播,有助于降低土地利用过程和利用化石能源驱动机器造成的碳排放。零碳化种植同时可以帮助控制土壤温度,改善土壤结构,增加土壤的蓄水能力,减少水土流失,增强土壤肥力。在这个农业低碳模型中,如果在2015年达到100%的零碳化种植,以2010年的碳排放水平计算,将能够减排356万吨二氧化碳。

在降低畜牧业的直接碳排放方面,目前,巴西的研究也有最新进展。具体办法是,增加畜牧业的集约生产能力,对牲畜进行基因改良和育种改良,同时进行饲料改良,缩短牲畜饲养、生产周期,这样不仅可以减少碳排放,还可以满足肉类等畜牧产品的供应。通过畜牧业低碳模型中的这些措施,到 2030 年,每年畜牧业的直接碳排放可以降低到 272 万吨—240 万吨。

另外,通过改善畜牧业生产,还可以降低对土地的消耗,提高土地的利用率。在低碳模型中,设计需要 53 万公顷土地,以满足农业生产和畜牧业生产的需求,其中 44 万公顷土地用于森林恢复工程。如果把低碳模型中额外的需求也考虑在内,总共需要 70 万公顷土地,是 2008 年大豆和甘蔗种植面积的 2 倍。

(三)绿色能源模型

在 2010 年,能源生产和消费,包括交通运输,已构成巴西温室气体排放总量的 20%。由于大规模的可再生能源发展,特别是水力发电,在一定程度上降低了这一比重。在绿色能源模型方面,巴西采取的主要措施是,提高乙醇的出口比重,从而为低碳电动车提供持续的能源供应。这项措施不仅有助于巴西保持稳定的经济增长,还给巴西的贸易伙伴带来经济效益,同时,可以减少全球的温室气体排放。把握这些低碳发展的前景和机会,需要通过减少或消除国与国之间的贸易壁垒和贸易保护措施来实现。

巴西绿色能源模型确立的目标是:到 2030 年,乙醇出口达 70 万吨,预计占当年全球燃油消费总量的 2%。如果实施这些措施,将使 2030 年的温室气体年排放量减少 73 万吨。如果从 2010 年开始计算,30 年将累计减少温室气体排放 667 万吨。

但是,到 2030 年,将需要增加 6.4 万公顷土地以供甘蔗种植。如果届时乙醇的生产能力尚不能满足能源供给,那么还需要额外增加土地以扩大甘蔗的种植,这可能反过来导致森林砍伐,对恢复草场和保护森林又将成为一大障碍。

(四)交通低碳模型

巴西的交通部门在低碳方面采取了其他国家尚未采取的强有力的举措,大力推广乙醇作为交通运输的替代能源。试想,如果用化石燃料重新作为交通部门的主要能源供应,替代巴西目前广泛使用的乙醇,到 2030 年,碳排放将增加 50%。由此可见,巴西在交通领域二氧化碳减排方面的成效显著。

由于巴西交通部门现有的碳排放已经较低,因此,若要进一步减少碳排放,发展潜力相对有限。但是,尽管碳排放强度相对较低,交通部门的碳排放量仍然占全国化石能源消耗总量的一半以上。

巴西在交通低碳模型中规划了以下减少碳排放量的措施:(1)城市。通过鼓励乘坐公共交通出行和其他交通管理措施,到 2030 年,二氧化碳减排量将达到 26%。但是,政策协调和财政措施的实施往往具有迟延性。(2)区域。发展轨道交通、增加水路运输,以替代飞机、汽车的使用,如果采取这些措施,到 2030 年,将达到减排二氧化碳 9% 的目标。而不完善的交通设施、低效率的交通运输和管理协调的不到位,给交通部门的二氧化碳减排工作带来了很大障碍。(3)燃料。在交通低碳模型中,到 2030 年,将增加生物燃料的使用,使生物燃料的比例从 60% 上升到 80%,以替代汽油的使用。如果采取这一举措,将减少排放二氧化碳 176 万吨。但是,增加生物燃料面临的最大挑战是,确保市场价格信号能与增加生物燃料使用的目标相一致。而适当的金融机制能够降低市场价格对生物燃料的冲击,确保生物燃料,特别是乙醇,对消费者的吸引力。

## 二、印度:出行模式实现跨越式发展

印度正处于移动出行系统发展的十字路口。2002 年到 2013 年间,印度私家车保有量增加了约 200%,达近 1.6 亿辆。每天,全印度都有超过 5 万辆新车登记上牌。不过,印度有机会改变传统交通出行模式,实现一个共享式、电气化的互联出行系统。落基山研究所首席科学家办公室成员瑞恩·拉梅尔日前发表了题为"印度出行模式的跨越式发展"报告。报告指出,共享式、电气化和互联性这三大特点不仅能够体现出印度向低碳出行系统的转型,而且还将为全世界创造一个新型出行系统模范。

### (一)有愿望有计划

2016 年 3 月,印度宣布,计划到 2030 年实现国家 100% 使用电动汽车。自此,印度公共部门和私营部门都纷纷开展了各种实际行动响应国家号召。印度出租车服务商 Ola 计划在主要城市引入电动出租车;印度中央政府准备将公务用车更换为电动汽车;印度重工业部最近更新了电动汽车补贴方案,旨在更积极地鼓励用户使用电动汽车;多家原始设备制造商(OEMs)也都与本土锂离子电池生产厂家展开广泛合作。

2017 年 5 月,作为印度政府首席智库的改造印度国家研究院(NITIAayog)与落基山研究所共同发布报告《印度大步向前:全国出行领域转型解决方案》,表明印度将引领全球新型客运运输系统的发展,实现到 2030 年节约 8.76 亿吨石油当量,保守估计相当于约 3300 亿美元价值,并实现 10 亿吨二氧化碳减排。

(二)出台 12 项解决方案

为了实现出行改革的大跨越,落基山研究所与改造印度国家研究院提出了 12 项短期可行的出行系统转型解决方案,涉及 6 个有发展潜力的领域,包括出行服务、交通数据互联互通、出行导向型开发、电动车——电网整合、产品生产和电动汽车普及。其中部分解决方案已经在印度得到了关注。其中 feebates 制度,通过利用低能效汽车销售所得资金补贴部分高能效汽车成本,因能够适用于各种汽车能效技术,成为一项颇具吸引力的政策机制。

此外,零排放汽车信用制度作为一种市场化管理工具,已经被广泛应用于全美电动汽车使用率最高的加利福尼亚州。零排放汽车信用制度能够为原始设备制造商生产电动汽车提供额外的财务补贴,因此也得到了印度方面的关注。

在财务补贴基础上,结合诸如允许电动汽车行驶在公交专用车道等非财务激励机制,能够更好地普及电动汽车的使用,这种方法已经在挪威等一些欧洲国家取得成效。除了实现四轮汽车电气化之外,印度也在通过利用智能可更换电池努力推进其他主要车辆(包括两轮和三轮摩托车)的电气化进程,同时通过创新的数据平台整合这些出行模式。

(三)定制双轨改革模型

智库为印度出行系统转型提出了一套双轨改革模型:一是在国家层面部署市场成熟的解决方案;二是在试点区域试验和完善解决方案。

实现印度出行系统转型的关键就在于,利用市场力量大规模推广具备经济可行性的出行模式方案。对此,智库认为,2017 年—2019 年,印度应专注于实施已经具备经济可行性并能够实现快速规模化的方案,同时,报告建议,为了做好准备进行全国化部署,各个方案应先在试点区域完成测试、验证和新出行系统组合等工作。随着越来越多的解决方案在国家市场上展示出其经济优势,在试点区域积累的经验与策略将有助于印度监管部门和政策流程的完善,开发新的解决方案并创造合作和展示平台能够最终帮助印度在国家范围内整合所有解决方案。

最后报告认为，通过在国家学习平台中整合这两种改革模式中的最佳实践和经验教训，印度公共和私营部门的关键决策者将能够从中获取他们所需的资源与信息，从而完善新的政策，开发和规模化部署创新的出行解决方案。印度出行模式将毫无疑问地实现飞速发展。

### 三、阿拉伯联合酋长国：零碳城

阿联酋由 7 个酋长国组成，阿布扎比酋长国是其中面积最大的成员国，同时，由于拥有世界 8％的石油储量，阿布扎比也拥有着惊人的财富。然而阿布扎比人清醒地认识到，像石油这种"过去的能源"总有一天是会枯竭的，未来的 22 世纪将是可再生能源或是"未来能源"的天下。为此，2006 年 4 月，阿拉伯联合酋长国的阿布扎比邦决定通过启动"马斯达尔创始"项目，创建第一个以碳氢化合物生产型为经济发展模式的城市——马斯达尔。马斯达尔建设的目标：一是将阿布达比邦发展成为在新能源技术领域具有世界研究和开发水平的枢纽，能够通过生态城的建设有效提升阿布达比邦在世界能源市场变革中强有力的地位；二是希望促进可持续能源技术、碳管理和水源保护的商业化及其有效的实施。马斯达尔生态城的建设和运作在阿布扎比邦朝着从技术的使用者向技术的创造者转型的过程中发挥至关重要的作用，是实现这个目标的关键。阿布扎比邦通过这个目标的实现，创建全新的经济领域，促进经济的多样化和知识产业的发展。

马斯达尔生态城发展的理念包括创新、科技和可持续发展。这座生态城将完全通过再生能源供电，包括风力、水力、太阳能与氢气发电并行，并计划未来进一步提高太阳能发电的比例（若光能转换电能的效率再提高，80％建筑层顶将改设太阳能板）。整个城市都将采用清洁能源，不仅仅实现碳的零排放和零废弃物；同时还限制零关税、零税收、零资本流动。与其他相似规模的城市进行比较，马斯达尔将减少 75％的石化燃料的消耗量、300％的用水、400％的废弃物。

1. 在规划方面：马斯达尔城的设计理念延续阿拉伯城市城墙的传统，以 12 米高墙护城，只不过城墙体将用光电板覆盖，发电量达 130 兆瓦，北端的墙体更有渗透性，能让微风传入。街道也安装太阳能收集板广吸太阳能，路径都有遮盖物，在极端气候下行走也不会难以忍受。在位于阿布扎比中心以外 20 英里的周边土地上将建造一座风力和光电发电厂以及供研究用的田地,为城市的生物燃料厂供给农作物。这些田地还能够减少废物排放,田地的浇灌则采用水处理厂处理过的水。

2. 在建筑方面:城内限高5层,建筑都采用世界最先进的技术,这些技术将保证建筑所需的人工采光和制冷的耗能达到最低。"世界上最绿色的商业建筑"——由AS GG建筑事务所设计的马斯达尔城总部大楼,他将成为城市的中心,像一个转接口一样将城市的各个部分连接起来。该建筑屋顶被太阳能光伏电板覆盖,并将树立11个锥形风塔以调节室内气温。

3. 在能源方面:马斯达尔城将全副武装地利用太阳能,整座城市都将被光伏电板覆盖,应用了光伏电板、真空集热管、太阳能集热器等多项技术。同时,还利用沙漠的烈日和波斯湾的海风造风力和光电发电厂,大量种植的棕榈树和红树制造生物能源,回收废物转化为能源等。

4. 废物回收利用:在保证城市建造使用全周期产生的废物减少到最低之后,将废物进行分类:可回收、不可回收以及生物垃圾。所有的建造用材都是可回收材料,将被就近回收利用,生物垃圾降解用于种植。那些不能降解又不能回收利用的垃圾将被送往就近的废品产能站,用于发展能源。

5. 在低碳交通方面:马斯达尔城中没有汽车,公共电车取代汽车,到最近的交通网点和便利设施的距离不超过200米,届时会有超过3000辆车每天提供135,000次交通。整个城市通过现有的道路网络和新建高铁设施与周边的社区很好地相连,其中包括阿布扎比市区和国际机场。

马斯达尔生态城建成之后将拥有四万居民,每日的通勤人数将达到五万人次。城市规划和设计主要以步行为主,狭窄的、有树荫的小道将公共广场与住宅、餐馆、戏院和商店全部连接起来。城市内的建筑都采用传统的麦地那式的建筑风格,城市内将设置阿拉伯式的露天市场等,充分体现当地民族的特色和象征。根据总体规划,一个人的步行出行距离在200米以内就能够抵达基本的设施。整个城市将建设一个全自动的、以电力为动力的个人捷运系统,以此系统取代私人小汽车,作为可选择的出行工具。马斯达尔市与周边地区,包括阿布达比市中心和机场的交通将通过轻轨连接,因此马斯达尔生态城将是一个紧凑的、高密度的城市。

马斯达尔市的生态城建设不仅仅是一个理念,具体的开发建设已经开始。马斯达尔市一期工程——与美国麻省理工学院合作成立的,以研究为主的马斯达尔理工学院已经完成,并开始招收硕士生和博士生。

马斯达尔生态城的发展不仅仅是建设一座碳零排放和零废弃物的城市,更重要的是通过投资各种不同的新能源技术、建立研究院和成立碳管理单位,以及其他的创新活动为可持续的新产业发展奠定基础。

## 第三节　国内低碳交通探索

**一、香港:秉承"清新供气约章"的信念**

香港是世界上道路交通最繁忙的地区之一,截至 2017 年底,香港人口有 740.98 万,面积只有 1106.34 平方公里;道路长度 2090 公里,而车辆数约为 65 万辆,车辆密度为每公里道路近 300 辆。香港道路使用率之高,位居世界前列。香港特别行政区政府一直致力推行环境保护工作,秉承"清新空气约章"的信念,采取积极的措施来缓解运输系统所产生的空气污染问题,以改善空气质量,确保香港得以持续发展。

(一)倡导公交出行

香港的公共交通包括铁路、专营巴士、山顶缆车、铁路接驳巴士、居民巴士、渡轮、电车、的士及公共小巴等多种方式。香港居民出行中使用公共交通的比例约为 90%,其中铁路专营巴士占 60% 左右。为了使众多的交通工具能够有序地发挥其公交作用,香港政府主要通过合并、缩短和更改公交线路,调整公交站点以及公交发车班次等,使公交线路及车辆能够及时满足乘客需求,避免资源重复浪费。同时,在火车站及地铁车站附近设置 P + R 停车场,便于市民由小汽车出行转换为大运量的地铁出行,这既可以缩短出行时间,又可以减少车辆的尾气排放。

(二)收紧对车辆废气的管制

解决机动车尾气污染问题是香港政府倡导"清新供气约章"的主要抓手,香港政府对车辆废气的管制主要有以下三项措施:一是所有欧盟前期和欧盟 I 期的巴士车辆已于 2003 年完成加装减少排放废气的装置,以减少车辆尾气排放。二是鼓励专营巴士经营商,在技术可行的情况下进口的专营巴士、3.5 吨以上的中型和重型柴油车辆,必须符合欧盟 IV 期的废气排放标准,才能在香港登记。三是所有私家车、的士、小巴、火车、巴士和特别用途车辆年检时,必须通过烟雾测试或废气排放测试。香港运输署每天也会选取 40 辆柴油车,在九龙湾验车中心接受底盘式功率机烟雾测试。

（三）使用新型燃料车辆取代柴油车辆

为有效改善大气的整体质量,截至 2008 年底,香港出租车中已有超过 99.9%（即 18135 辆）的车辆使用石油气作为燃料,同时在交通便捷的地点设立石油气加气站,截至 2008 年底,全港共有 53 个石油气加气站。另外,香港运输署于 2007 年 4 月 1 日推出"更换欧盟前期及欧盟 I 期柴油商业车辆为新商业车辆资助计划",参加者若将车辆更换为欧 IV 期、石油气或者电动车辆,可分别获得 4 万、6 万及 8 万港币的奖励。香港政府还鼓励使用混合动力、电动车辆或其他性能相近的环保车辆,本地船只使用超低硫差油,并对其采用脱销装置。

（四）改善行人通行环境

自 2000 年最初在铜锣湾、旺角等繁忙地区将人行道拓宽,设置港湾式停车站点以来,以上地区的行人通行空间得到明显改善,空气质量随着行人数量的增多、机动车辆的减少而好转。值得一提的是香港的慢行交通,在中心商务、办公区域,多数建筑到地铁步行距离不超过 200 米的范围。① 且建筑间多是城市开放的休闲空间,建筑大部分可以用步行相连接,而且建筑本身往往就是步行交通的组成部分。建筑的通道层和临近的楼层一般都被开辟为商业和娱乐用地,为市民步行提供了极大的方便。

（五）利用现代通讯技术优化出行路径

香港目前主要推广智能运输系统,提供互联网公共服务、开展实时交通咨询,以及使用区域交通控制系统,使得广大出行者能从多方面及时了解交通状况,寻找最优出行路径,提高运输网络的效率,缩短驾驶人员的出行时间,从而减少汽车

---

① 张良,郑大勇. 借鉴国际低碳交通经验良性发展我国低碳交通[J]. 汽车工业研究,2011（7）.

的耗油量和空气污染物排放量。

（六）节省公共服务的交通设施耗电量

在这方面主要采取的措施有：一是自动扶手电梯在非服务时间停止运作；二是公交枢纽及场站的通风设备和部分照明设备每晚于公共交通服务停止运行后关闭；三是使用低耗电量的照明设备；四是适当保养维修通风设备，以减少耗电量并维持有效运作。

**二、北京：公共优先，打造低碳交通体系**

随着北京市城市扩张速度不断加快，城市人口与出行需求急剧增加，原有的交通设施水平难以维系，问题日趋严重。《北京市"十三五"时期重大基础设施发展规划》中明确提出，到 2020 年，轨道交通运营里程将提高到 900 公里，大力发展公共交通，牢固树立"公交优先"理念，高标准建设公交都市，加快构建以轨道交通为骨干、地上地下相协调的立体化公交体系，提高接驳换乘效率，大力发展慢行交通，形成绿色交通网络，中心城全日绿色出行比例提升至 75%。

北京的机动车保有量从 300 万辆到 400 万辆花了两年零七个月，面对机动车数量的迅猛增长和日益恶化的空气质量，北京市从低碳角度重新审视交通发展问题，先后颁布了《北京交通发展纲要》《关于优先发展公共交通的意见》《北京市建设人文交通科技交通绿色交通行动计划（2009 年—2015 年）》。《纲要》中明确提出"两个坚定不移"，即坚定不移加快城市空间结构和功能布局调整，控制市区建成区的土地开发强度与建设规模，以及坚定不移地加快城市交通结构优化调整，尽早确立公共客运在城市日常通勤出行中的主导地位。《关于优先发展公共交通的意见》中提出"两定四优先"，"两定"即确定了公共交通在城市可持续发展中的重要地位以及公共交通的公益性定位，"四优先"即设施用地优先、投资安排优先、路权分配优先、财税扶持优先。奥运后颁布的《北京市建设人文交通科技交通绿色交通行动计划（2009 年—2015 年）》中，更是将优先发展公共交通提升到着力建设"公交城市"的高度上，并从交通结构、出行效率、公交基础设施建设、节能减排等多个方面明确了"公交城市"的建设目标，①提出了到 2015 年公交出行比例要

---

① 刘小明. 北京市低碳交通体系发展战略[J]. 建设科技,2010(17).

达到45%。该政策取得了明显的效果,北京公共交通设施承载力和服务水平得到了显著提升,公共交通一体化格局基本形成,居民出行结构得到了显著优化。另外,根据《北京城市总体规划(2004—2020年)》,到2020年,北京将初步建成综合客运交通体系,该体系是以公共交通为主体、轨道交通为骨干、多种运输方式相协调的综合系统。

据了解,北京轨道交通正在启动修编新一轮建设规划,运营总里程将提高到900公里以上,分担公共交通出行量的比例将超过55%,中心城轨道交通站点750米半径覆盖率要达到90%,并打造一批节能低碳轨道交通示范线,如"十三五"期间将建设12号线、17号线、19号线等轨道交通快线和骨干线网。到2020年,北京中心区域地铁密度将接近或达到巴黎、纽约、东京等城市水平。此外,北京市将优化公交系统,到2020年,全市公交专用道里程将达到1000公里。

为了提高中心城全日绿色出行比例,引导自行车回归城市,北京市将全面建成城六区微循环道路,改善步行和自行车交通条件。针对目前步行、自行车出行环境日益恶化的趋势,特别是很多自行车道被汽车占道的情况,将采取措施减少占道停车;在有条件的路段增加物理隔离,保证骑车人安全;增加自行车标志和标识。据悉,2020年北京自行车租赁点将达到4000个左右,形成10万辆以上租赁规模,使中心城绿色出行比例达到75%以上。此外,还将改进公共交通运营组织和服务方式,完善轨道交通与公交系统的无缝衔接体系。

为引导发展绿色交通,推广清洁低碳的交通设备设施,北京市将积极完善机动车总量调控和交通管理政策,从源头控制机动车能耗增长,降低机动车使用强度,推广新能源和清洁能源汽车,完善充电设施。到2020年,电动汽车推广应用规模将达到40万辆左右,其中电动公交车力争达到1万辆以上,公交领域清洁能源车辆比例力争达到70%。淘汰国Ⅱ及以下标准老旧机动车,在环卫、出租、郊区客运、邮政、物流配送等行业,加快更新使用新能源车和符合国家新排放标准的车辆,实施公交、地铁场站综合节能改造工程。

"十三五"时期,中国新能源汽车产业化发展和推广应用将进入加速发展阶段。根据国务院办公厅《关于加快新能源汽车推广应用的指导意见》《关于加快电动汽车充电基础设施建设的指导意见》等文件精神,2016年—2020年,中央财政将继续安排资金对新能源汽车推广和充电基础设施建设给予支持。为此,"十三五"时期,北京将在地面公交、郊区客运、出租行业、省际客运、旅游客运、货运行业等领域,分步骤推广应用新能源和清洁能源车,加快充电设施建设,并继续提高新能源小客车指标在年度指标总量中的比例。

### 三、上海:以世博会为契机,发展低碳交通

上海作为国际性经济中心和大都市,交通领域的减排任务相当艰巨,因此低碳交通成为上海这个大都市城市交通发展的必然趋势。历时 184 天的 2010 年中国上海世博会为上海低碳交通的发展提供了绝佳的实践舞台,这也为上海低碳交通的快速发展奠定了坚实基础。

(一)集约化出行网络,变革碳排放结构

上海世博会形成以"地面公交为基础,轨道交通为主体,世博专线为骨干,限制小汽车直达"的集约化抵达交通方式结构,轨道交通承担 50% 左右的抵达客流,地面公共交通(专线巴士、旅游巴士、常规公交)承担 40% 左右的抵达客流,水上巴士承担 5% 左右的抵达客流,其它交通方式(贵宾、出租、慢行)5%。具体措施包括:建成 11 条线、420 公里的轨道交通网络,配车 2500 辆,5 条轨道交通直达线在世博园方向提供 15 万人次/小时的高峰运能;开设 15 条世博直达专线,覆盖本市对外枢纽和城市主要活动场所;选择 20 条常规公交线路开设专线,保障主要客流走廊世博运力;开设 6 条远郊地铁接驳线路,方便远郊游客世博出行;利用江浙地级市的旅游集散中心,省际长客网络,打造长三角世博旅游直达包车网络;在城市外围结合高速公路出入口及中环线设置两层次 P + R 换乘系统,提供 1 万个换乘泊位及轨道、世博专线接驳服务,截流自驾车换乘集约交通抵达园区;设置 194 公里世博通道网络,为世博集约车辆提供专用路权。

(二)智能交通系统,消减无效碳排放

上海世博会交通信息服务系统以交通综合信息平台、世博交通信息服务应用平台、世博园区交通信息子平台为建设重点,为引导世博会游客出行、支撑世博会交通管理提供信息服务及支持。第一,面向世博游客、参展工作人员,以交通服务应用平台为支撑,通过世博交通指南、世博交通网站、交通服务热线、电台电视台、可变信息标志、手机、车载导航终端、触摸屏等方式,为世博游客选择合适的出行方式、路径、出入口和换乘方案提供交通信息服务。第二,面向交通指挥管理者,

以综合信息平台及园区交通信息子平台为支撑,提供日常交通(道路交通、公共交通、对外交通)、园区客流、园区为外世博交通运行状况、世博交通综合管理政策等信息,科学调度组织世博交通运力。

(三)绿色出行,践行低碳世博

2009年5月上海世博局、上海环保局和美国环保协会共同发起"世博绿色出行项目",于2010年3月推出《世博绿色出行指南》,面向公众传播。《世博绿色出行指南》内容涉及世博会期间上海市民和外来参观者如何高效选择绿色出行方式、合理规划参观出行线路的基本信息,以及如何计算出行碳排放量,如何购买碳信用额度抵消自己的碳排放等信息。《世博绿色出行指南》以印刷版、网络版和手机版三种形式出现,通过多种渠道覆盖不同的受众群体。《世博绿色出行指南》指出,乘坐不同的交通工具,其能源消耗和温室气体排放、污染排放是不同的,与交通工具的车型、车速、燃料、路况、驾驶熟练程度等诸多因素有关。在公众倡导活动中,每人每公里的平均碳排放以其方便计量的特点,可以作为主要参考指标来反映出行方式对于环境的影响,其他排放因子可以作为辅助参考指标。上海世博局、上海市环保局、美国环保协会、上海交通台、中国民促会绿色出行基金于2009年10月13日至11月1日,联合苏浙沪及长三角15个城市交通广播,共同推出"穿越长三角——绿色出行看世博联合行动",倡导人们改变日常交通出行方式。对于乘坐飞机前往上海的国内外世博会长途参观者,建议直接或间接购买碳信用额度,抵消因飞行所产生的碳排放,实现绿色出行;而中途参观者,则优先选择火车、轮船和长途客车等公共交通方式。

世博交通非常重视新能源车辆的使用,采用纯电动、混合动力、燃料电池等新技术,降低世博地面交通的尾气排放量,在园内、园外形成低碳交通工具的示范效应。为减少碳排放,上海世博会扩大各类新能源车的运用,约1000辆新能源汽车为世博服务。其中,约500辆车为超级电容车、纯电容车、燃料电池车,它们在园区内服务,实现零碳排放;其余500辆车为包括混合动力车在内的低碳排放车,在园区周边服务。

(四)低碳行走,倡导公交优先

上海是最早确定"公交优先"的城市之一,20世纪80年代就研究发展轨道交通,90年代又进一步将发展大容量快速轨道交通作为"公交优先"战略的骨干。

21世纪以来,政府确保"公交优先"的文件频出,目前上海城市地面公交线路已超过1000条,已建和在建的地铁线路10余条,超过500公里。随着上海大力推进城市公共交通基础设施建设及上海轨道交通网络的成型,到"十二五"末,上海公共交通系统承担交通比重已提高到30%,其中轨道交通出行占公共交通的45%。按照国际经验,公共交通出行比重每上升5%,能耗则下降9%。因此公民每选择一次地面公交出行,将比乘坐私人汽车出行降低碳排放20%。可见,坚持公交优先原则是上海走低碳交通道路的重要保障。2010年世博会期间,上海城市公共交通客运量占总出行比重33%以上,占机动出行比重65%以上;轨道交通占公共交通客运比重达30%以上。实现公共交通站点500米服务半径在中心城和郊区城镇的全覆盖,其中,内环线以内区域实现300米服务半径基本覆盖,从而为市民提供安全、快速、准时、便利、可靠、经济的优质公共交通服务。

### 四、杭州:公共自行车系统

作为浙江省的省会城市,杭州市区面积16596平方公里,到2020年规划人口将达到725万,是长三角第二大城市,我国南翼经济、金融、物流、文化中心。杭州市政府一直致力将杭州打造成为一座品质生活之城。在杭州市新的城市定位中,低碳城市交通首当其冲。相关数据显示,杭州市的人均汽车拥有比例在全国36个大中型城市中排名第一。中石油、中石化在杭州的汽油销售量仅次于北京和上海,排全国第三。

然而,与汽车数量暴增相对应的是道路堵塞、交通不畅、废气污染影响空气质量等城市问题的出现,在现行的经济发展模式与政府管理的前提下,以完整的地铁、公交车、出租车、公共自行车等大众运输系统为主干的"公交优先"体系将成为最佳的选择。

在"公交优先"的大前提下,杭州市高度重视生态城市和低碳交通的建设,积极打造低碳交通体系,确立了"低碳综合交通系统""低碳交通基础设施""低碳交通运输装备""低碳交通物流""低碳信息技术工程"及"低碳交通能力建设"六大重点领域。打造"零换乘"城市,实现地铁、公交车、出租车、水上巴士、免费单车"五位一体"的低碳化城市大公交体系。

在城市交通中积极发展公共交通,确立公共交通的优先地位,对公交网络进行完善,更新原有车辆,发展快速公交、轨道公交,其中杭州地铁1号线已于2012年11月正式运营,是中国目前最长的地铁线路之一,2、4、5、6号线为在建线路;鼓励慢行交通,改善出行环境,杭州对道路两侧的自行车专用道、人行道等进行了改造,同时还建设了一批过街天桥和地下通道,方便行人出行,如中山路慢行交通系统示范区和西山山体游步道,这是已知国内最长的山体游步道。积极推进智能交通建设,扩大新能源、低排放、低消耗的汽车使用范围,在行政、公交、环卫等多个公共领域进行新能源汽车采购。严格执行机动车低排放标准,淘汰高污染机动车辆。

经过几年努力,杭州在公共自行车系统、公共交通系统、慢行环境等方面都领先于全国。其中为解决"最后一公里"的问题,在国内创新性地推出了公共自行车交通系统,可谓是杭州构建低碳交通系统过程中的一大亮点。像杭州这类城市,当人口达到一定规模后,公共汽车站点无法密集安排,否则一趟公交车乘坐下来要数小时。"经过研究后发现,乘客在公交车站下车后,平均要走一公里路才能回到家",王国平学者在解释公共自行车交通的概念时说:"因为这一公里路的不方便,许多市民选择买车,开车上下班,关键就在最后一公里。"于是,2008年5月1日,杭州市政府率先在全国推出"公共自行车交通系统",以解决杭州日益拥挤的交通问题。

公共自行车交通系统具有改变城市发展模式,改变广大市民生活方式,优先发展公共交通,解决公交"最后一公里",破解城市交通"两难"的重要意义,具备有利于环境保护,提升城市美誉度,打造"生态城市"和"生活品质之城"的特点。杭州市公共自行车交通系统将按照"政府引导、公司运作、政策保障、社会参与"的原则构建,用以解决交通拥挤问题。公共自行车交通系统由六大部分组成,分别是租用、查询、管理、结算、网络和监控,共涉及14个子系统和3个附属子系统。B+R(公共交通与自行车换乘)、P+R(公共交通与停车换乘)的组合交通模式,是一种对现行城市公共交通系统服务的深化,进一步满足了城市居民对城市公共交通可达性的要求,也鼓励私家车出行者改变出行方式,减少了环境污染,节约了道路资源。"A地租、B地还"是杭州市为适应本地居民所采用的自行车交通模式,为"行路难、停车难"的城市交通"两难"问题提供了解决方案。2008年起,公交公司根据"一次规划,分步实施"的要求,以公交车站点为中心,在城市的景点附近、城市的西郊、北郊范围内,以旅游区、居民社区、商场、公园等人口出行密集的区域为试点,设置了 60 多个公共自行车租车服务点,提供超过 2000 辆自行车为公众出行服务。这项惠民政策不但使用方便而且价格便宜,公共自行车使用者在租借的 60 分钟内是免费使用的,以后的每一小时加收一元。

**五、天津:低碳交通发展初显成效**

天津市构建低碳交通多管齐下,既着眼于对城市交通工具的节能减排和更新升级,也重视培育未来低碳交通模式,将短期效果和长远规划相结合,低碳交通发展呈现良好的态势。

(一)实施多城市中心发展战略

2008 年,天津市制定了《天津市空间发展战略规划》,将天津市规划为中心城区和滨海新区两大中心,同时又将中心城区规划为一个城市主中心和两个城市副中心。中心城区和滨海新区间主要通过高运能的轨道交通和高速路连接,中心城区内部的主中心和两个副中心之间则主要通过轨道和公共汽车等公共交通系统串列。空间发展规划为天津市低碳交通的空间发展奠定了基础。多城市中心策略对低碳交通发展的作用主要体现在两个方面:一方面,通过合理的交通设计发展多个城市中心和完善各个城市中心的城市功能,可以从源头上最优化交通需求总量,最终减少碳排放量;另一方面,多中心空间下的城市交通拥堵将大幅减少,也降低了碳排放量。随着天津市规划的多中心空间的功能完善和成熟,交通规划对低碳交通建设的积极作用会日益显现出来。

(二)公共交通发展迅速

发展公共交通能有效降低碳排放量。2007 年以来天津市公共交通设施条件不断得到改善,公共交通建设进步明显,全市公共交通新增线路达到了 22 条,全市公交车线路总里程达到了 340 公里,每万人拥有的公交车数量增加了 0.5 辆。通过努力,天津市公共交通分担率提升了 5 个百分点,达到 30% 以上。天津市在 2012 年更换旧公交车 2000 余辆,同时改造和新修了多个公交站点。轨道交通建设在 2012 年有重大进展,天津地铁 9 号线即津滨轻轨沿线、天津地铁 2 号线和 3 号线都在年底通车运营,天津市公共交通系统承担的客流量超过全市交通客流量的 33% 。为了进一步加快低碳公交的发展速度,2013 年天津发布的《美丽天津建设纲要》中提出要鼓励绿色出行,优先发展公共交通,提高公交分担率,建设快速公交系统。到 2016 年,新增公交车 4000 辆,优化公交线路 164 条,实现城乡公交全覆盖;建成地铁 5、6 号线及 1、2、3 号延伸线,到 2016 年,累计通车里程达到 230 公里,基本形成中心城区环放式地铁线网;加快外环线改造等城市快速路工程建设,形成完善的快速路网体系;提升改造一批干线公路,提高道路养管水平;建立城市自行车租赁服务网络系统;加快建设智能交通综合信息集成平台。

(三)强化汽车尾气的治理力度

为了控制汽车排放污染气体,天津市继续加强汽车尾气排放测试管理,并将其作为一项强制性的车辆检验项目,对不合格的车辆扣押车主驾驶执照并限期改造修理,机动车定期检测率稳定在 80% 以上。为机动车环保分类管理,车辆废气排放标准不达标的进行专项整治,根据法律,加强机动车环保检验机构的监督和管理。同时,开展"以旧换新"活动,减少汽车尾气污染。2009 年天津市共计更新换代公交车 1000 余辆、出租汽车 3988 辆,全部符合国 III 排放标准。2010 年,继续更新公交车辆 700 余部,超额完成 41%,70% 的运营车辆达到国 III 环保标准要求,30 余条公交运营线路的运能和服务质量得到大幅提升。2011 年,第一批 313 大容量环保空调巴士抵达天津,并投入到 13 条公交线路运营。其中,34、634、961 路将配备升级至国 IV 标准的环保型汽车,使天津的环保低排放公交线路达到 6 条。2013 年天津市委、市政府在《美丽天津建设纲要》中指出,要努力加大机动车污染防治力度,发展新型清洁能源汽车,2015 年前全面供应国 V 车用汽、柴油,实施国 V 机动车排放标准,推广使用燃料乙醇汽油,全部淘汰"黄标车"。

(四)宣传低碳理念,加大监控力度

天津市交通系统一方面结合"节能宣传周""低碳日"等活动,加大宣传教育与培训力度,力求使绿色循环低碳发展成为全行业和社会公众的自觉行动。并通过组织开展全行业"车、船、路、港"千家企业低碳交通运输专项行动等活动,加大行业企业低碳发展的交流力度,发挥先进节能管理方法和节能技术的示范带动效应。另一方面加大监控力度,坚持抓能源消耗大户、重点户,跟踪监控进度指标完成情况,坚持定期深入重点企业,分析能源消耗情况。对于出现的问题,提出改进建议,同时提供其他企业的相关经验,帮助企业有效控制能源消耗水平。天津市交通运输管理局还出台了《天津市交通运输行业单位生产总值能耗预警调控制度》,将目标监控很好地制度化、体系化,确保完成计划目标。

第六章

# 低碳交通在行动——以江苏省淮安市为例

## 第一节　淮安市人文地理概况

江苏省淮安市,古名:淮阴、楚州、清江浦、清江、清河、古楚,地处江苏北部平原腹地,是苏北重要中心城市,南京都市圈紧密圈层城市;是国家历史文化名城、国家卫生城市、国家园林城市、国家环境保护模范城市、国家低碳试点城市、中国优秀旅游城市。淮安全境属黄淮平原与江淮平原的结合部,京杭大运河、淮河贯穿全境,洪泽湖、白马湖镶嵌其中。淮安市现辖4区3县:清江浦区、淮阴区、淮安区、洪泽区、涟水县、盱眙县、金湖县。此外,国家级淮安经济技术开发区计划单列。截至2016年底,淮安市拥有17个街道办事处,108个乡镇,其中22个乡、86个镇。淮安市户籍总人口为567.55万人,总面积达1.01万平方公里。

淮安是历史文化名城。秦时置县,至今已有2200多年历史,自古就有"襟吴带楚客多游,壮丽东南第一州"的美誉,是1986年国务院公布的"中国历史文化名城"之一。全市共有各级文物保护单位100多处,馆藏文物4万余件,境内有4万年前的"下草湾文化"和6000年前的"青莲岗文化"遗址,明代第一陵——明祖陵、吴承恩故居、古洪泽湖大堤以及具有"东方庞贝"之称的水下泗洲城等历史遗迹。淮安是中国优秀旅游城市,旅游业蓬勃发展,初步形成市区人文景区、洪泽湖风景名胜景区、盱眙山水旅游景区和金湖生态农业观光景区"四大景区"。

淮安自古人才辈出。历史上诞生过大军事家韩信,汉赋大家枚乘、枚皋,《西游记》作者吴承恩,《老残游记》作者刘鹗;还诞生了巾帼英雄梁红玉、民族英雄关天培等杰出人物。近代著名京剧艺术大师"通天教主"王瑶卿、周信芳,著名雕塑家滑田友、著名导演谢铁骊、著名作家陈白尘等众多名人均出生于此。一代伟人新中国开国总理周恩来1898年3月5日诞生于淮安城驸马巷,并在这里度过了童年的12个春秋。

淮安是运河之都。淮安地处中国南北地理分界线秦岭淮河一线的古淮河之滨,素有"居天下之中""扼漕运之冲"美称。清代康乾盛世时,市区人口已超过50万,经济文化十分发达,与扬州、苏州、杭州并称京杭大运河沿线"四大都市"。从隋唐到明清,一直是全国的漕运指挥中心、漕船制造中心、漕粮储备转运中心、河道治理中心、淮北盐集散中心。明清时,河道总督府和漕运总督府均设在淮安。

淮安是美食之乡,是我国四大传统名菜系之一"淮扬菜"的主要发源地,2002年被中国烹饪协会授予"淮扬菜之乡"称号。1949年10月1日,新中国开国大典的开国宴会,经周恩来总理提议选用的就是家乡的淮扬菜。现存淮扬菜名点1300余种,以盱眙十三香龙虾、洪泽活鱼锅贴等一大批创新美食为代表的地方佳肴声名鹊起,享誉大江南北。

## 一、区域的自然地理环境

淮安市位于古淮河南岸,南距江苏省省会南京市188公里,东北距亚欧大陆桥桥头堡连云港市135公里。东靠盐城市,南连扬州市,西南连接安徽省,北邻连云港市、徐州市以及宿迁市。其区域范围为东经118度12分—119度36分,北纬32度43分—34度06分。淮安交通便利,处于104、205国道和宁连一级公路的交汇点上,新长铁路、京沪高速公路等穿境而过。全市境内河川交错,水网密布,内河航运的主干线京杭大运河流经于此,淮沭新河、苏北灌溉总渠、淮河入江水道、淮河干流、废黄河等9条河流在境内纵横交错。全国"五大淡水湖"之一的洪泽湖位于淮安境内,另外与邻市共有的湖泊有白马湖、宝应湖、高邮湖,淮安被誉为"漂浮在水面上的土地"。淮安市区位于市域中心位置,盐河、古黄河、里运河、大运河自西向东流经市区,构成淮安特有的城市格局和自然风貌。

## 二、区域的自然气候环境

淮安市全境属暖温带季风气候,地处北亚热带和暖温带的交界处,四季分明,热量充裕,雨量充沛,日光充足,无霜期长,贮雪期短,年无霜期约240天,可以满足一年两熟制农作物生长的需要。全市濒临黄海,季风气候典型,自然降水丰富,年平均气温14摄氏度,年平均降水量为940毫米,平均日照时数为2130—2430小时,淮安市年平均气温为14.1摄氏度－14.8摄氏度。东南风为主导风向,平均风速一般在2.9—3.6米/秒之间。

### 三、区域的土壤及植物分布情况

淮安市多为黄淮冲积平原,土体结构以均质型和并质型两种为主,市域内除盱眙外土壤酸碱度为中性偏碱,花碱土较多。全市植物分布自北向南由落叶阔叶林逐步向落叶、常绿阔叶混交林过渡,种类也随之增多。由于长期的垦殖,典型的原生自然植被仅存于湖滨海岸,并为次生植被和人工植被所代替。按江苏省植被区划,全市含3个植被区,即淮北平原西伯利亚蓼、海乳草、花碱土植被区;江北丘陵平原含有常绿灌木的落叶栎林、马尾松林区;里下河低地芦苇、眼子菜沼生水生植物群落植被区。

### 四、区域的土地矿产资源

淮安市土地资源类型比较丰富,除了缺少园地中的橡胶园、牧草地中的人工草地、水域中的冰川和永久积雪,其他土地利用类型均有分布。耕地和水域是主要地域,面积较大。全市耕地面积384230公顷,可供开发的黄河故道和滩涂近7万顷。全市耕地分为水田、旱地、望天田、水浇地和菜地等5类,其中水田比重最大,占三分之二。耕地土壤主要为水稻土类、潮土类、砂语黑土类、黄棕壤土类、基性岩土类、石灰岩土类。土壤质量较差,有机质含量低,一般不足0.2%,PH值7—8之间。由于灌溉条件优良,风调雨顺之年,全市大部分耕地仍可高产稳产。淮安非金属矿产资源丰富,目前已发现的有盱眙县凹凸棒土、石灰岩、白云岩,金湖县的石油与天然气,淮安区、洪泽区的岩盐等,这些矿产储量很可观,有较高的开采利用价值。特别是岩盐储量十分丰富,已探明的储量达1300亿吨,居世界首位,年产真空盐50万吨。

### 五、区域的水资源

淮安市市名来自"淮水安澜"一词,寄托了人们希望淮水波澜不惊的意思,境内河湖众多,水网密布。全市多年平均地表径流量为 21.55 亿立方米,全市多年平均降雨量为 966 毫米,降水总量 96.84 亿立方米。降水虽较为丰富,但存在时空分布差异较大和与上游来水同步等特点,加之平原拦蓄条件差,河湖调蓄能力有限,致使大部分地表径流被白白排放掉。全市过境水资源量较多,过境水主要是利用洪泽湖放水和抽引江水。洪泽湖是淮安市的生命之湖,湖泊水量补给丰沛,且又是一个过水型湖泊,多年平均出湖水量达 330 亿立方米。全市每年抽引江水而利用的水资源数量约为 10 亿立方米—20 亿立方米,随着南水北调工程的投入使用,这部分过境水量将大幅增加。淮安市地下水资源储量丰富。全市可供开发利用的含水层广泛分布于第四系松散层。平水年全市降水补给潜水的水量为 15.08 亿立方米,一般干旱年为 12.83 亿立方米,特殊干旱年为 8.16 亿立方米,潜水调节资源量为 8.53 亿立方米,全市深层地下水可采资源量为 5.42 亿立方米。

### 六、区域的森林及生物资源

在森林资源方面,全市有林地面积 9.07 万公顷,农田林网 38 万公顷,林网化率 95.9%,四旁植树 1.1 亿株。淮安市的林业资源以人工林为主,兼有天然林,树种资源比较丰富,有木本植物 79 科、179 属、410 种,其中乔木 328 种,灌木 65 种,藤木 17 种,约有 172 种人工栽培种。淮安市的平原绿化,林业资源总量及产业化水平居全国先进行列,在江苏省排名第三,其中全市森林覆盖率 21.5%,城市绿化覆盖率 39.2%。由于淮安市位于亚热带向暖温带过渡地区,气候温和,有利于野生动物的生存,境内的野生动物种类以鸟类居多。目前,全市野生动物有鸟类 321种,经济鱼类 83 种,爬行动物 48 种,哺乳动物 49 种,其中,国家一级保护动物 9种,二级保护动物 43 种。

## 第二节　淮安市交通运输现状及分析

### 一、淮安市社会经济发展现状

淮安是全国历史文化名城、华夏漕运古都、一代伟人周恩来的故乡,也是快速崛起的工业新城、交通枢纽。作为苏北重要中心城市和绿色生态宜居城市,近几年全市上下紧紧围绕"两大目标",深入实施"六大战略",全力主攻"五大突破",为全面建成小康社会和基本确立苏北重要中心城市地位奠定了坚实基础。

（一）现代产业不断发展壮大

具有淮安特色的现代产业体系初步形成。"4+2"优势特色产业加速集聚发展,实现产值3902亿元,占规模以上工业比重达58%,电子信息产业产值率先突破千亿元,获批国家火炬计划盐化工特色产业基地和盱眙凹土特色产业基地、省新型工业化电子信息产业示范基地和新能源汽车先进制造业基地。"4+3"特色服务业快速发展,物流、电子商务等新兴服务业异军突起,服务业增加值占比年均提高1个百分点,服务业税收占地方税收比重达73.5%,第三产业增加值占GDP比重首次超过第二产业。"4+1"现代农业产业加快培育,新增省级以上龙头企业28家,获批6家国字号农业载体,农产品地理标志证明商标数量全国地级市第一,农业综合机械化和粮食收储现代化水平跃居苏北首位,粮食生产实现十二连增,农业现代化工程发展指数苏北领先。

（二）创新能力显著提升

产学研协同创新步伐加快,建成智慧谷一期工程,落户18家高校院所研发机构,引进国家"千人计划"专家89名,入选省"双创人才"62名,建立校企联盟300家,创成国家级大学科技园区。全社会研发投入占GDP比重达1.7%,国家级高新技术企业增加到246家,是2010年的5.8倍,累计实施3000万元以上工业技改项目500项,高新技术产业产值占比达26%,科技进步贡献率达51%,5年分别提高6.7%和9%,科技创新成为引领产业升级的重要支撑。

（三）城乡统筹发展持续优化提升

国家新型城镇化综合试点全面展开，"一主四副多点网络化"新型城镇化格局初步形成，常住人口城镇化率达到58%。中心城市功能显著增强，"一廊四区多片"重点功能片区建设加快，累计投入3891亿元、实施4150多个城建重点项目，建成区面积达155平方公里、人口增至140万人，苏北重要中心城市框架业已形成。万达广场、体育中心、"四馆"、大剧院等一批重大功能性项目和地标性建筑落成，道路通达、绿色小客厅、老旧小区改造、农贸市场提升等城市环境综合整治项目连续实施，中心城市品位和形象进一步提升。城乡建设步伐加快，四座县城特色不断彰显，10个省级重点中心镇综合功能得到增强，一批特色镇加快培育，村庄布点规划全面开展，在苏北率先以市为单位完成村庄环境整治并通过省级验收，完成新一轮区域供水工程，保障了119万人饮用水安全。

（四）重点领域改革深入推进

以行政审批制度改革为突破口，以土地使用制度改革和金融改革为重点，统筹推进新型城镇化综合配套等各项改革，形成富有淮安特色的改革体系，共有10项改革列入国家试点。简政放权加快推进，在全国率先开展先照后证工商登记制度改革，全面推进行政审批"三集中、三到位"、投资建设项目"四联合"并联审批，在全省首家公布行政权责等5张清单，成为全国行政审批事项最少的地级市之一，盱眙县相对集中行政许可权改革试点成为全国样本。土地使用制度改革成效显现，首批启动实施5个功能片区土地规划，开展土地综合整治等12项配套工程，同步推进农村土地确权登记颁证、土地资源市场化配置等改革，用地保障能力和农地规模经营水平进一步提升。金融改革不断深化，今世缘酒业、井神盐化成功在A股主板上市，累计有32户企业登陆多层次资本市场，新引进股份制银行及城商行多家，农村信用社全部组建为农村商业银行，农村金融综合服务站实现行政村全覆盖，农村承包土地经营权抵押贷款试点稳步推进。新型城镇化综合配套改革扎实推进，"全域规划、多规合一"工作积极开展，共有产权房改革再推货币化补贴新举措，金湖县全域城镇化改革和马坝镇强镇扩权试点取得明显成效。教育、文化、科技等领域改革统筹推进。

（五）开放水平明显提高

台资高地加速崛起，台资项目骤增、交流平台扩展和101%服务升级三大计划稳步实施,获批大陆唯一台资企业产业转移集聚服务示范区,成立全省首家台商学院,设立大陆首个两岸信息家电产业园,连续4年获评台商投资极力推荐城市。新批台资项目428个,台资企业总数近1200家,实际利用台资33.2亿美元。招商引资成效明显,在巩固闽浙、港台传统招商阵地的基础上,着力突破北上广深、环渤海湾和欧美日韩招商,累计引进投资超亿元内资项目1050个、超3000万美元外资项目141个。累计实际利用外资57.5亿美元,总量居苏北第二,创成省级利用外资转型发展示范区。对外贸易年均增长13.6%,高于全省10.5个百分点。新缔结国际友好城和友好交流城市25对,实现对外合作交流遍及五大洲。园区承载力明显提高,淮安经济技术开发区综合实力跃居全省前20强,建成12个省级特色产业园区,规划建设8个台资产业园和7个重点国别园区。

(六)生态文明建设成效显著

在全省率先编制实施主体功能区规划、苏北率先建成省级生态市,获批国家低碳试点城市、新能源示范市、可再生能源建筑应用示范市、生态文明先行示范区和水生态文明试点市。生态保护和环境污染防治持续推进,城市绿化覆盖率达41%。全面实施生态红线保护规划,生态红线区域占国土面积比重达到21.14%。白马湖国家湿地公园获批建设。地表水国控断面优于Ⅲ类水质的比例达80%,PM2.5浓度降幅位居全省前列。单位GDP能耗较2010年下降23%,荣获全国节能先进集体称号。

(七)民生幸福底色更加鲜亮

坚持把新增财力的四分之三以上用于保障和改善民生,每年办好民生十件实事。社会保障水平逐年提高,城乡基本养老保险、医疗保险和失业保险参保覆盖面均达95%以上,城乡低保标准分别从300元、160元提高到490元、370元,城镇居民医保年度最高支付限额调整到25万元。共有产权住房制度列入全国试点,新建保障性住房803万平方米,公租房、廉租房补贴发放实现全覆盖,累计发放住房公积金贷款89.6亿元。在全国首创建设"关爱驿站",城乡社区居家养老服务中心覆盖率分别达到100%和80%。创建"阳光慈善"品牌,建立"一门受理、协同办理"的社会救助工作机制。就业创业实现城乡统筹,新增就业33.9万人,扶持创业7.9万人,成为省级创业型城市。全面完成人均年收入低于4000元人口脱贫任务。2015年,城乡居民人均可支配收入分别达28105元、13128元,是"十一五"

末的 1.6 倍和 1.8 倍。社会事业协调发展,学前三年教育毛入园率提高到 98.8%,农村中小学全部达到省教育现代化装备标准,在苏北率先通过义务教育发展基本均衡国家督导认定,实现区域教育基本现代化。文化建设工程发展指数居全省首位,大运河成功入选《世界文化遗产名录》,周恩来故里旅游景区创成苏北首批国家 5A 级景区,获得全国优秀儿童文学奖、全国戏剧梅花奖等多项大奖,实现乡镇文化站、村居文化室、农家书屋全覆盖。成功承办第十八届省运会,创成江苏省体育强市、省级公共体育服务体系示范区。"三甲"医院达到 5 家,建成国家级"群众满意乡镇卫生院"11 个、示范社区卫生服务中心 3 个,人均期望寿命由 76.75 岁增长到 78.16 岁。全国计划生育优质服务先进县区在苏北率先实现全覆盖。援疆工作走在全疆、全省前列,累计投入 5.6 亿元实施 50 个项目。

### 二、淮安市交通运输发展现状分析

长期以来淮安交通系统不断强化"有为交通、科学交通、精致交通、和谐交通"理念,重点围绕优化调整结构、强化网络衔接和推动运输一体化,积极探索推进综合交通运输体系建设,为支撑和保障淮安经济社会发展起到了重要作用。

（一）基础设施建设稳步推进

综合交通网络布局不断完善。到 2015 年底,全市交通线网总里程达 1.5 万公里（其中公路 13273 公里,内河航道 1483 公里、铁路 100.5 公里,输油管道 145 公里）,较"十一五"末（其中公路 11807 公里,内河航道 1485.7 公里,铁路 81 公里,输油管道 145 公里）增加 10.9%。公路建设率先发展,路网人口密度 26.94 公里/万人,全省第一。率先实现"县县通高速"目标,总里程 403.44 公里,较"十一五"末增加 6.14%。普通国省干线公路建设积极推进,淮金公路、205 国道淮安段、237 省道淮安段等干线公路建成通车,县与县之间通一级公路,县与乡之间二级以上公路全覆盖,与"十一五"末相比,国省干线公路里程增加 10%,等级公路比重由 91.6% 提升至 93.3%,进一步服务淮安城市化进程,直接受惠群众 400 万人。农村公路建设成绩斐然,五年全市新改建农村公路 2706 公里、桥梁 374 座,规划总量实现率分别为 136%、53%。铁路建设取得实质性进展,连淮扬镇、徐宿淮盐两条高铁开工建设,淮安区域铁路枢纽地位基本确立、将成为全国高铁网的重要节点。宿淮铁路建成投运,全市铁路营运里程达到 100.53 公里,编制完成淮安综合客运枢纽规划方案和铁路中长期规划发展研究,推动了沂淮、宁淮等铁路规划进入国家层面研究。港航设施建设扩容升级,全面完成盐河航道整治工程,其中三级以上航道231公里,比"十一五"末增长159%,占比达15.6%。内河港口总吞吐能力达8000万吨,较"十一五"末增加66%。工业园区通用码头、城西作业区、杨庄、朱码二线船闸等一批重点港航项目建成投入使用,高良涧船闸扩容工程提前建成通航,通江达海、海河联运体系进一步完善。航空建设取得突破,2014年8月一类航空口岸获国务院批准,2015年1月通过国家验收正式对外开放,成为继南京、常州、无锡、徐州、盐城之后我省第6个对外开放的航空口岸,先后开通香港、韩国、台北等国家和地区航线,进一步架起了淮安对外交流的空中桥梁,助推了淮安临空经济的发展。

(二)公共客运体系不断完善

1. 城际客运品质化、集约化水平大幅提升。城际客运运力结构由单一型的普通客车向高中普、卧、大中小的多元型转变,县级以上班车和旅游客车的中高级比例达到97%以上,中长距离出行舒适性大幅提升。完成鸿达客运公司、交通旅游客运公司2家客运主体整合,累计整合客运车辆106辆。大力深化全市品牌创建,35辆客车通过"江苏快客"品牌现场评定,新增现场评定品牌线路30条,品牌企业1家。

2. 城市公交优先发展战略加快实施。截止到2015年底,市区现有公交首末站144处、公交线路72条、公交车979辆(1190.7标台),市区万人拥有公交车标台达9.38标台,较"十一五"末的11.34标台不增反降。城市公共交通分担率达19.9%,较"十一五"末增长近一倍。清洁能源及新能源公交车占比达26%。平稳完成市区出租汽车更新扩容,全市出租汽车总量增至2431辆,其中市区1373辆,出租汽车行业服务质量显著提升。苏北首个轨道交通项目现代有轨电车一期工程建成投入运营,项目建设创造了有轨电车行业的"淮安速度"。

3. 城乡客运基本公共服务水平显著提高。"十二五"累计47个乡镇开通镇村公交,镇村公交开通率达40.86%,农村汽车客运站覆盖率超过50%,行政村道路客运班线通达率稳定在100%(岛屿村除外)。汽车客运北站、开发区汽车客运站、洪泽汽车客运站等相继投入运营,实现一级汽车客运站县区全覆盖。客运经营主体整合全面推进,实现县级以上客运班线"一县一公司",市县际客运班车公司化经营率提升至 75%。

（三）货运与物流服务水平不断提高

1. 三级物流基地体系加快方局。全市依托各层级交通枢纽（港口、机场、铁路站、公路货运站场和邮政网点等），充分利用交通区位优势，构建"以物流园区为骨干、物流中心为支撑、农村物流站点为补充"的三级物流体系，取得了一定成绩。依托交通枢纽形成的新港物流园区、金网物流中心等交通物流基地及依托产业形成的空港产业园、盐化工产业园、洪泽湖粮食物流园、淮安综合大市场等物流基地建设项目稳步实施。

2. 空港物流发展取得实质突破。2014 年 8 月一类航空口岸正式开放获国务院批准，有效支撑涟水机场建设成为淮安对外开放的窗口、苏北地区重要的中心机场和苏北航空物流的集散地。港口物流发展稳步推进，港口货物吞吐量突破 8000 万吨，年平均增幅达到 13%；港口集装箱吞吐量达到 13.5 万标箱，年平均增幅达到 30%，临港产业集聚效益明显，"港产联动、港城协调发展"的格局已经形成，成为全省乃至全国内河航运的亮点，为淮安地方经济发展提供了有力支撑。

3. 货运物流企业不断壮大。"十二五"期间，引导发展国家 4A 级物流企业 10 家、3A 级物流企业 6 家，培育省重点物流基地和企业 19 家、省农村交通物流示范点 12 个、省级甩挂运输试点企业 2 家、国家级甩挂运输试点企业 1 家和"江苏快货"品牌企业 2 家，总数均居苏北首位。全市先后有 34 家（次）企业入选全省"50佳"道路货运企业、"20 佳"水路货运企业和"10 佳"道路货运站场。宝洁、海尔、双汇、格力等大型企业均在淮安设立了分公司或仓储中心。

（四）科技和信息技术广泛应用

1. 科技创新成果丰硕。"十二五"期间，淮安通过自主研发、柔性引进等手段，完成科研项目 173 项，推广新技术 35 项，累计投入资金 1.62 亿元。淮安三线船闸荣获"鲁班奖"，宿淮高速公路获得"詹天佑奖"，京杭运河两淮段被评为"全国内河水运建设示范工程"，生态型护岸的应用研究课题获得交通部科技二等奖。科研人员还率先研发全省第一艘拥有自主知识产权的内河标准化集装箱船舶，单船装载能力从 40 标箱提高到 96 标箱，已建造 12 艘投入使用。高良涧船闸扩容工程闸区工作桥建成国内最大的全复合材料轻载工作桥，关键技术通过省交通运输厅科技成果鉴定验收，成果总体达到国际先进水平。

2. 现代信息技术应用水平不断提升。大力实施感知公路、不停车超限检测、不上岸过闸缴费等系统建设,建成全国首个公路云计算数据中心。县级以上客运班车和全市所有危货运输车、市区公交车、出租车均安装了 GPS 系统。物流信息公共服务平台建设稳步推进。深化和拓展水上视频监控、AIS、GPS 等技术的应用,建立海事电子巡航机制,实现对在航船舶的无扰化远程监管,有效降低海巡艇、执法车和营运船舶的油料消耗,促进内河水运节能减排工作。针对淮安五河口水域的复杂性,开展该水域的智能管理系统应用研究,减少人员和海巡艇的投入,促进节能减排。积极开展港口安全监管与应急管理信息化系统试点工作,实现省、市、县、企数据信息共享,有效提升了港口安全日常监管水平和应急管理能力。启动驾培智能化管理与服务系统升级改造,建设驾培机构监控系统,汽车客运南站、总站监控系统接入市级运输管理综合信息服务平台。充分利用市交通运输局网站做好政务公开和行政审批服务工作,市政务中心交通窗口"网上发放客运包车标志牌"项目被审批中心评为创新创优一等奖。汽修行业服务水平取得新提升,"江苏车大夫·淮安汽车百事通门诊"品牌先后推出网上服务平台、实体服务网点、淮海晚报公益平台。

(五)安全绿色交通扎实推进

淮安市作为江苏省政府确定的首批建设低碳经济的试点城市,也是第二批全国低碳试点城市、低碳交通运输体系建设试点城市,在探索城市低碳交通发展之路上肩负着双重的使命与期待。为了更好贯彻落实低碳省份节能减排的总体部署和要求,确保完成行业节能减排目标,加快建设和完善绿色循环低碳交通运输体,淮安市政府编制了《淮安市绿色循环低碳交通运输城市区域性项目建设实施方案(2013—2017)》,积极实施一批节能减排项目,较好地促进了交通运输行业节能减排工作的开展。

1. 绿色循环低碳交通建设亮点突出。首先实施营运车辆燃料消耗量准入制度,淘汰或停用老旧公交车,新购新能源公交车辆,逐步增加新能源客货运车辆。目前,城市公交系统、营运性道路客货运输、旅游客运、城市物流配送等方面天然气车辆,占营业性车辆比例已达 0.5%。市区 98% 以上出租车使用油气双燃;其次,率先制定部级节能减排项目专项资金管理办法,加快低碳交通区域性试点建设,建成港口岸电系统 144 套,新增清洁能源和新能源运输车辆 383 辆、完成内河船型标准化船舶拆解改造 493 艘,安装内河船舶生活污水处理装置 460 套,数量均居全省前列,完成全市 50% 以上港口的岸电增设和 LED 节能光源置换工作,实现所有新建港口的岸电系统和 LED 节能光源全覆盖,装卸设备变频技术的全覆盖;另外,积极推广"绿色维修",加强对废旧物品回收循环利用,完善再生资源回收利用体系,完善企业维修工艺流程,在全省首推"绿色汽修"环保监督专员制度,将"绿色维修"工作纳入企业职工考核机制。深入推进节能减排,淮安市汽车节能驾驶培训示范基地、盱眙县机动车保姆城建成投入使用。

2. 安全和应急保障形势平稳。公路养护应急处置体系基本建成,包含 1 个市级中心和 5 个县区基地的公路养护应急处置体系全面完善。道路交通运输安全管理稳步推进,积极开展长途卧铺客车、旅游客车、城市公交等道路运输专项整治,扎实推进"道路客运安全年""机动车检测行业规范年"等活动,成功组织开展运输行业联合应急演练,加强与气象、公安、城市道路管理部门和邻近市公路部门路网信息交换。保持超限运输治理力度,全市公路平均超限率由"十一五"末的 7.32% 下降至 2.68%。水上安全监管与应急处置能力稳步提升,出台船舶专项整治活动实施方案,新建成的盐河三级航道"三超一无"船舶逐步减少,成效明显。水上搜救成功率保持在 98% 以上,水上交通事故起数、死亡人数较"十一五"分别下降 10% 和 20%。航空安全应急体系建设取得可喜成绩,2011 年底率先完成了空管 SMS 体系建设工作,2012 年以 99.22% 的符合率通过了安全审计,得分在全国已接受审计的 153 个机场中位列第一。

(六)理顺管理体制,依法行政

1. 管理体制进一步理顺。独立设置市港口管理局负责全市港口建设经营市场监管,增设市交通运输局航空处履行航空产业管理职能,市交通质监站实行参公管理并增加人员编制,推动县区一级成立港口管理和质量监督机构,完成乡镇交管所体制改革。

2. 依法行政扎实推进。加强交通运输立法,编制年度立法计划,进一步规范交通运输规范性文件的制定。全面落实依法行政考核制度,强化行政执法监督,严格执法人员文化准入制度,创新执法骨干培训。坚持依法行政,大力推进行政权力网上公开透明运行三级联网,完成与市政府权力库对接。重点加强对乡镇交管所执法和水上运输综合执法的协调、指导力度,全面实施乡镇交通运输管理综合执法,全面实施水上统一上航执法。创新交通行政执法方式,推广使用不停车超限检测系统、视频登记和手机缴费系统、无纸化文书制作等非现场执法方式。

(七)淮安交通建设存在的问题

经过多年的建设与发展,淮安市综合交通运输体系基本建成,已经成为苏北地区重要的交通枢纽、区域经济文化医疗教育中心。但随着城市化和工业化进程不断加快,城市规模不断扩大,机动车交通量迅猛增加,使我市城区交通压力不断加大,交通拥挤、停车难、出行效率低、环境污染等"大城市病"逐步显现。

1. 交通基础设施的结构性供给不足问题日益突出。综合交通网络发展水平与交通运输现代化要求仍有较大差距。铁路发展较为滞后,目前快速铁路的建设尚属空白,干线铁路网密度仅为 1 公里/百平方公里(全省目前现状平均值为 2.4 公里/百平方公里),难以满足与周边区域及城市群的快速交通联系需求。公路结构欠合理,二级及以上公路占公路网比例相对不足,仅为 19%,低于全省平均水平。高等级航道基础设施供给不足,航道规划等级不达标问题依然严峻。碍航桥梁占总计桥梁比重高达 79.6%。现有码头数量众多,但规模较小,港口辐射效能较低,以港区为中心的公铁水集疏运体系尚未形成,重点港口的疏港道路等级偏低,港口总体发展水平不高。机场停机坪较少,国内主要城市通达率低且航线不稳定,货邮量有待提升。

2. 客运服务水平有待进一步提高,城乡客运一体化尚不完善。客运服务方式单一,公路客运仍占绝对主导地位,长距离出行、城际出行基本依靠京沪、宁淮、徐宿淮盐等几条高速公路通道。缺少大型综合客运枢纽场站,各运输方式之间以及城市交通和区域交通之间缺乏紧密的衔接沟通,运输组织协调性较差。城市公交服务质量、农村客运通达质量、镇村公交可持续发展能力都有待进一步提升。建成区公交分担率为 20%,低于全省 23% 的平均水平。镇村公交开通率仅40.86%,低于全省 58% 的平均值,已开通客运班线还存在运营班次少、候车环境差、换乘不方便等问题,镇村公交推进难度大,已成为全面小康建设的明显短板。

3. 货运转型升级速度缓慢,现代物流体系尚未形成。三级物流基地体系尚未形成,现有物流基地空间布局缺乏层次性。物流园区使用率低,导致物流资源整合困难,人流、货流、车流、信息流等不集中。物流企业服务水平不高,普遍存在规模小、经营分散、抗风险能力弱等情况,龙头企业较少,示范带动效应不明显。运输工具超期服役现象严重,货运车辆大型化、厢式化、专用化等各项指标明显落后于苏南城市。物流效率较低,社会物流总费用与 GDP 的比率为 15.7%,较全省15% 的平均水平略高。农村物流发展水平低,围绕生鲜蔬果、肉食及水产品等的冷链物流发展滞后,影响了城乡一体化进程。

4. 科技创新能力有待提升,信息技术应用有待加强。科技创新能力总体不高,科技研发、标准化建设、成果转化应用等方面仍显不足。信息化集成应用水平较低,综合效能展现不足,各部门已建的相关应用系统存在条块分割、各自为战的局面,数据难以实现完全共享和融合。信息化基础设施建设严重滞后于交通运输基础设施建设和养护进度。客货运出行信息服务水平有待提高,对外信息服务的实时性差、可用性有待提高、服务手段有限,交通诱导分流等交通信息内容不能完全满足交通出行者的需求。

## 第三节 低碳交通在行动 打造低碳淮安名片

淮安作为第二批全国低碳试点城市,立足长远发展抓规划,着眼增强内生力抓项目,围绕转型升级抓创新,突出重点领域抓实效,积极推进低碳交通运输体系建设,促进交通运输科学发展,努力打造绿色低碳交通名城。

### 一、明确城市定位,打造苏北绿色极核

"不沿江,不靠海,接不上东陇海",因为地处苏北腹地,改革开放以来淮安一再与国家和省里的重大发展战略"擦肩而过",新一轮的生态优先绿色低碳发展战略,则给"经济腹地"的淮安带来前所未有的历史性机遇。

放眼苏北,淮安既拥有生态资源富集、生态环境良好等优势,同时也面临经济结构不优、产业层次较低、高端创新资源吸附力不强等短板。如何顺应绿色发展大趋势,破除传统路径依赖观念,勇做发展新路的开拓者?淮安市以开阔的视野和多维度的布局,先后制定"东融、西拓、南联、北接"实施方案,打造"绿色低碳极核""绿色低碳枢纽""绿色低碳引擎"的新定位,为绿色发展提供战略支撑,努力在融入周边的多重重大战略中形成后发优势的"乘数效应"。

1. 构建淮河生态经济带"绿色低碳极核"。绵延千余公里,依次流经河南、安徽、江苏三省,淮河流域既是一马平川、田畴广袤的"经济腹地",也是贯穿中国中、东部的"经济洼地"。2017 年在苏、皖、豫三省共同会商下,淮河生态经济带规划编制正式启动,已由淮安市牵头完成淮河生态经济带发展规划编制,并通过江苏省发改委上报国家发改委。该经济带可以实现淮河中下游城市"借港出海",能有效实现长三角经济区、沿海经济开发区、皖江经济带和中原经济区的有效对接,承接产业转移,推动中部崛起,促进东中部地区协调发展。由于淮河流域南北方特质并存,人口密集,在国内具有典型性和代表性,这条经济带也是我国实现全面建成小康社会目标、建设美丽中国的难点与重点区域。作为这一战略首提、首推和首位城市的淮安,在江苏省政府的支持下,极富"含金量"的规划编制争取尽快通过国务院审批。

2. 打造江淮生态大走廊"绿色低碳枢纽"。空中俯视南水北调江苏段东线工程,蜿蜒清澈的江水,从长江下游的扬州江都站抽引处为起点,沿着京杭大运河及与其平行的河道逐级提水北送,连接起调蓄作用的洪泽湖、骆马湖、南四湖、东平湖,托起一条蔚为壮观的恢宏水道。其中淮安四站的建设成为东线工程重要节点,为淮安融入南水北调沿线绿色屏障建设奠定了重要地位。江苏省把"高起点规划建设江淮生态大走廊"列入 2017 年主要目标任务,淮安由此处于淮河、大运河生态廊道两大战略"交汇枢纽"的突出位置,由过去的"战略腹地"转身成为绿色发展的"战略前沿"。面对新机遇,淮安市积极策应省里提出的建设"江淮生态大走廊"战略规划,全力实施洪泽湖湿地、白马湖湿地等一批生态修复工程,营造更多集景观、生态和经济于一体的绿色走廊,构筑起淮河、大运河生态廊道纵横交错的"绿色低碳枢纽"。

3. 重塑重大战略叠加地"绿色低碳引擎"。淮安市拥有毗邻南京都市圈的区位优势,按照特色化发展、差别化竞争思路。多年来不断深化与南京都市圈及江北新区建设的分工合作,大力发展绿色产业、生态经济,高水平建设宁淮现代服务业集聚区、宁淮新兴产业科技园,通过错位发展吸附越来越多的高端创新资源,在苏北五市中逐渐彰显鲜明的区域比较优势。

**二、优化交通格局,低碳出行顺畅便捷**

顺畅便捷的出行条件是提升市民幸福指数和满意度的重要指标,进入"十三五"以来,淮安市政府以办好民生实事为抓手,大力推进城市绿色低碳交通基础设施建设。

近五年淮安城镇化的快速推进以及私家车广泛进入百姓家庭,城市的道路资源愈发紧张,拥堵、治堵成为这些年来的一种新常态。在完成了淮海广场、环城东路等交通改善工程后,开元路中段、发展路、幸福路、银川路等改造瓶颈路段项目以及军营路、中经路、地质路等打通堵头路段项目和水门桥、淮海路盐河桥、承德路大桥、古淮河桥、京杭大运河黄码大桥等制约城市交通的"咽喉"桥梁先后完工,都在较大程度上改善了城区交通环境。随着全长45.619公里、投资达到152亿元的市区内环高架建成,将极大缓解城市拥堵现象,使快速通行能力得到大幅度提升,届时将实现淮安市民南下北上西行东出的高铁梦。

2015年末,淮安市公路总里程已达13272.8公里,建成了"两纵两横"高等级高速公路主骨架,将公路网密度和高速公路密度分别提升到117公里/百平方公里和3.77公里/百平方公里,其中公路网密度(按人口算)位居全省第一,高速公路通车里程达403.4公里,位列全省第四,并在苏北率先形成中心城市90公里高速公路环。2018年,淮安市计划于建京沪高速公路扩容、264省道淮安段、420省道洪泽段、331省道金湖东段等项目,续建348省道、429省道淮安段、420省道金湖段等项目。同时,加快推进"四好农村路"建设,计划新改建道路450公里,改造桥梁80座,实施撤渡建桥项目4个。这些项目的实施将进一步完善城乡路网结构,方便市民的出行。

针对城区不断拥堵的现实状况,市政府及时出台公交优先发展实施意见,努力打造全国公交优先示范城市。十二五期间,市区公交线路达到63条,运营线路总长度1372公里,公交车辆1146辆,建有公交站亭1350多个,有公交三分公司、城南、公交集团、九分公司、经济开发区、清安乡等6处大型停车场,90处公交首末调度站,从业人员1800多人,城市公共交通客运量达1.72亿人次。近年来还新辟、优化调整17条公交线路,延长18条线路的服务时间,加密5条夜间线路班次,推出"淮安掌上公交"APP。完成淮涟、淮洪、淮金县区客运班线公交化改造,全市镇村公交通达率达到80%,大大方便了县区市民出行。同时,市政府加大清洁能源车推广力度,全市清洁能源车达3703辆,全市2431辆出租汽车都实现清洁能源动力,使低碳出行更有保障。

此外,淮安市积极推进城市慢行交通系统建设,市区沿河、沿路、公园、风光带等区域已全部建成人行步道和自行车道,全市步行和自行车道配置率达95%,成为市民休闲健身的好去处;合理组织实施公共自行车发展专项规划,积极发展公共自行车租赁系统,近几年共投入公共自行车近1万多辆,建设540多个公共自行车停车点,满足日均10万人次以上的借车需求和8%的公交分担率,解决了城市公共交通最后一公里难题,市民对公共自行车服务满意率逐步提升。

### 三、发展智慧交通,提升低碳交通水平

低碳交通,除了交通基础设施的满足之外,智能交通技术的推广应用非常重要。在现代通信技术、网络技术不断发展的今天,利用"互联网+"、大数据挖掘技术在交通运输领域的应用,可以较大幅度地降低能耗、减少排放。城市公共交通运营中,利用网络调度平台进行车辆调配、利用指挥平台进行交通疏导、利用电台平台进行出租车调度、利用智能手机APP进行停车场选择、利用大众APP进行定制公交开发等,都可以在不同程度上提高车辆的运营效率,减少不必要的等候、绕行等无效浪费行为,为公共出行提供便捷的服务。截至2017年,淮安市共完成安装智能车载系统1000余辆,建设公交专用通道、整体升级公交智能调度系统、IC卡系统、乘客服务系统,淮安公交IC卡一卡通实现全省互联互通,全省客运联网售票系统切换应用、"巴士管家"手机APP、自助检票等在道路客运行业投入应用。

从现代交通智能化发展的角度上,可以设置红绿灯路口公交通行优先,其原理就是在公交专用道经过红绿灯的地方埋下电磁感应磁片,这样只要公交经过时,磁片就会发生反应,这时的红灯就会迅速变成绿灯,大大增加了公共交通的准时性。目前,淮安市轨道交通已经实现了优先通行,传统公交红绿灯优先通行尚处于探索阶段。

建设车辆管控信息公共服务平台,通过采集配套信息,通过集成系统、信息服务系统、智能调度系统建设不停车检测系统12套,开展车载视频监控、北斗卫星与GPS双模运行服务,通过大数据挖掘,为车辆提供行为管控综合信息服务。

2016 年的市政府民生实施项目中,其中一项就是交警智能交通指挥中心建设。该项目总投资 2700 万元,将在市区建成集交通信号控制、诱导、视频监控、指挥调度、违法查证及信息采集和发布于一体的交警智能交通指挥中心。智能指挥中心可通过路面交通流量监测设备对路况进行监测,对车流量、车速等相关数据进行分析预测,自动提供相匹配的信号灯放行时间,实现市区红绿灯"长眼睛""有大脑",达到红绿灯配时调控的科学、准确、有效。在交通秩序管理上,智能指挥中心也可以对市区每名交警单兵定位。主城区的任何一条道路出现交通拥堵时,智能系统将在第一时间内识别、发现,并指挥调度附近的交警迅速赶赴现场,对交通实行疏导。目前交警智能交通指挥中心运行正常。周末,想开车去淮海广场逛逛。出门前打开手机里的 APP 软件,从家到淮海广场的路况一目了然。哪些路拥堵,哪条路车不多,以及淮海广场周边还有多少个停车位,都可以从手机软件获知。在路上开车时,手机软件除揑供路况、停车位等实时信息外,路边的液晶大屏也在实时更新这些数据。

另外,淮安市已在 205 国道上建成了感知公路,在 S236、S237 等道路建成了不停车超限检测系统,在各处高遠出入口应用了 ETC 不停车收费系统。在洪泽湖区建设水上交通安全 ATS 综合监管平台,杨庄、朱码、高良洞船闸实施水上"ETC";京杭运河新型集装箱完成 5 艘建设,完成了感知航道等信息化项目。整合提升出租汽车智能电召平台,完善天泽星、国脉车辆智能化运营管理系统、淮汽客运管理系统等项目。这些智慧交通系统的启用,极大提高交通运输效率,更加方便大众交通出行。

**四、发展轨道交通,增大公共交通运力**

轨道交通具有运量大速度高、能耗低的比较优势,是节能减排形势下大中城市发展低碳交通的最优选择。目前,大中城市的轨道交通主要有地铁、轻轨、有轨电车几种形式。有轨电车相对于地铁而言,又具有较大的成本优势。淮安有轨电车是服务于淮安市的城市轨道交通,一期工程于 2014 年 2 月 19 日开工建设,2015 年 12 月 28 日正式通车,是全国第七座、江苏第三座开通有轨电车的城市。

淮安现代有轨电车一号线串联起清江浦区、开发区、生态新城和淮安区四个组团,联系了城市的商业中心、商务中心、行政中心和文化旅游中心四大区域,像一条纽带把城市各组团和功能区联成一体。从清江浦景区到八亭桥漕运文化博物苑、山阳湖运河文化国际交流区,再到河下古镇文化旅游区,全长 20.07 公里,是目前全球最长的无接触网现代有轨电车线路。更为难得的是淮安有轨电车一期工程使用超级电容,利用停站时的 30 秒钟就可以把电车上的电池充满,刹车时产生的 80% 的动能被回收并转化成电能,节能效果最好。

现代有轨电车以零排放、无污染、能耗低的优势促进了淮安市生态市建设,电车运能将逐步达到每天运送乘客 5 万到 8 万人次,其人均能耗占公交车的四分之一、小汽车的十分之一。新型轨道的连接技术、无缝线路、弹性车轮等,使噪声降至最低,为名副其实的低碳交通。

淮安现代有轨电车作为淮安现代交通体系的引领性项目,23 个站点全部设置在道路交叉口附近,沿线的公交站台换乘距离都不超过 150 米。以电车线路为主骨架,淮安城市公共交通网一步步延伸,为未来最终形成绿色快捷的"轨道上的城市"探路。同时,淮安现代有轨电车是国内首条进入城市核心区的有轨电车线路,有效缩短了主城区与生态新城、淮安区的时空距离,拓展了城市发展空间,改善居民公共出行方式、缓解中心城区交通压力、提升城市公交出行分担率,提升了淮安苏北重要中心城市的辐射集聚能力。

目前淮安市规划的轨道交通计 5 条线路,线网总长度约为 125.5 公里。除了一期工程投入运营外,其他规划尚待落实。由于轨道交通涉及面广、投资额大、施工期长,所以,尽快落实相关的报批手续、资金筹措、征地拆迁,力争早日开工,方能满足公共交通"适度超前"发展的要求,才能为构建综合交通运输体系奠定城市交通"骨架"网络基础。

### 五、加快空港建设,交通枢纽提档升级

淮安涟水机场于 2008 年 10 月 8 日开工建设,2010 年 9 月 26 日正式通航。2018 年 4 月 26 日,淮安机场二期扩建飞行区工程竣工并正式投入运行。机场海拔高度为 7 米,飞行区等级为 4D,跑道长 2800 米,宽 45 米,可满足 A321、B737—800 机型起降要求。候机楼面积 1.47 万平方米,国内、国际厅各占一半,登机廊桥 3 部;停机坪 3.3 万平方米,共有 15 个停机位;具备年 130 万人次旅客的吞吐能力。淮安机场在全国中小机场中,率先提出以"绿色机场、智慧机场、人文机场"为

内涵,明确了"打造国内特色支线样板机场、江苏对台交流合作的重要门户机场、苏北航空客货运集散中心"的发展定位。从第一年的 23 万人次,发展到 2014 年的 50 万人次规模,淮安机场仅用 4 年多时间就实现了同类机场需要 10 年左右时间才能达到的目标,创造了支线机场发展的"淮安速度",得到了民航业内的普遍好评,被誉为"全国支线样板机场"之一。

机场作为淮安的重要公共基础设施,是对外交流的"空中桥梁"、招商引资的"靓丽名片"、产业升级的"强劲引擎"、中心城市的"核心功能"、民生福祉的"新鲜补充"。机场建成之后,淮安的对外交流交往异常活跃,前些年,台商来淮安投资时,往往有一个要求,就是必须有机场。机场建成之后,台资的集聚明显加快,目前台资企业已超过 1000 家,总投资超过了 100 亿美元。淮安机场建起的空中快速通道,大大缩短了淮安与全国乃至世界的时空距离,已成为淮安扩大开放、互利共赢的"黄金商道",先后吸引了中国移动呼叫中心、实联化工、天淮大无缝钢管、中欧直升机、敏实电动汽车等产业落户淮安,为淮安在激烈的区域竞争中抢得了发展先机。

截至 2017 年,淮安机场共通航 22 个城市,冬春季航班换季后通航城市增至 25 个,新增柬埔寨、泰国、越南等国际航线。机场全年完成旅客吞吐量 128.63 万人次,同比增幅 49.31%;完成货邮 5006.70 吨,同比增长 7.96%;保障各类飞行起降 1.54 万架次,同比增长 50.53%,位居全省全国前列,迈入中型机场行列。淮安机场走出了一条具有淮安特色的民航发展道路,为提升区域经济竞争力和扩大对外开放发挥着"空中桥梁"的重要作用,淮安机场逐步成为展示淮安城市形象、体现城市品位的第一窗口。

### 六、启动高铁枢纽建设,发展低碳快速交通

高铁是一种安全舒适、低碳环保的运输方式,也是全球增长最快的客运铁路运输服务。自 2005 年以来,全球高铁活动稳步增长,这里面的主要原因是中国的高铁迅速增长。由于铁路行业在减少二氧化碳排放方面能够发挥关键作用,特别是能够取代短途航空,所以高铁的快速发展给交通部门的低碳化提供了重要的机会。

2015 年 7 月,随着投资 457 亿元、总长 305 公里的连淮扬镇高速铁路的开工

建设,淮安人民即将实现在家门口乘高铁出行的梦想。连淮扬镇铁路(连云港—淮安—扬州—镇江)全线共设董集站、灌云站、灌南站、涟水站、淮安东站、宝应站、高邮北站、高邮高铁站、邵伯站、扬州高铁站、江都站、泰安站、镇江大港站、横山站、丹徒站和镇江站 16 个站,设计时速 250 公里,建成后南京到淮安只要 1 个小时。

而具有京沪铁路第二通道的重要功能的徐宿淮盐铁路,预计 2019 年 12 月建成通车。该铁路与京沪铁路、陇海铁路及京沪高铁相连,形成徐宿淮扬镇通道。建成之后将大大缩短淮安到达南京、上海的时间,使淮安真正融入长三角经济圈,有助于推动区域城市功能重组和城市间的竞合发展,形成与核心城市的"同城效应"。另外,即将开工的宁淮城际铁路(宁淮连城际铁路)是一条规划中的位于江苏省内由南京市至淮安市的高速铁路。线路总长约 203 公里,设计速度为每小时350 公里,为双线客运专线铁路。建成后南京、淮安两地间可实现 1 小时直线到达。这必将推进淮安苏北重要中心城市建设,打造南京都市圈交通一体化,有利于实现宁淮同城化。

作为高铁建设的重要一环,淮安高铁东站枢纽有望于 2018 年五月底开工建设。高铁东站枢纽位于生态文旅区高铁商务区街道办事处,由规划中的牛庄路、高铁路、丁庄路、站西路合围而成。高铁东站枢纽规划包括高铁客运站、长途汽车站、站前广场、市政配套四大板块,包括铁路、公路客运站、公交首末站、大容量公交等其他交通换乘设施。高铁东站枢纽不仅是连淮扬镇铁路、徐宿淮盐铁路的交汇站,还预留了宁淮城际铁路的接入空间。将来,淮安及周边居民可从这里出发,快捷方便地到达南京、上海、北京等重要城市。建成后的淮安东站枢纽将是淮安城市展示的窗口,发展的新引擎。

作为综合客运枢纽,实现最便捷的换乘才能让乘客走得方便,走得快捷。在高铁东站枢纽的设计中,处处彰显着以人为本的理念。在交通枢纽区域内规划了铁路、有轨电车、公交、出租车、公路客运、机场大巴多种交通体系最远的换乘距离仅 200 多米。据介绍,高铁站站房上层与快速路相连,进站和出站的旅客能零距离乘坐社会车辆快速抵达或离开;高铁站站房下层即快速路下方为公交区域,乘客从下层可乘公交车,来去方便。如果是坐长途汽车到达高铁东站枢纽,出了汽车站转乘高铁,也只需穿过站前广场即可到达高铁站。未来,如果通了地铁,预留的地铁出口处于站前广场下方,与高铁站更是近在咫尺。

按照江苏省"十三五"铁路发展规划,未来将形成南京、徐州、淮安和连云港等四大网性枢纽,淮安将成为长三角北部区域性交通枢纽、国家铁路干线网络重要换乘节点之一。因高铁的快速通达效应,沿线城市间的经济往来将变得愈加频繁,这对提升淮安的吸引力,彰显淮安的辐射力具有重要意义。未来淮安五条高铁犹如五条游龙,交汇淮安形成"米"状格局,淮安将真正成为名副其实的高铁枢纽城市、国家铁路干线城市。

### 七、推广港口岸电技术,推进绿色港口建设

港口岸电是指船舶靠港期间停止使用船舶发电机而采用岸电电源供电,通过采用船舶岸电技术,可以大幅度减少船舶发动机污染物排放,有效解决靠岸船舶自发电对港口水域带来的污染问题,还能够减少船舶发电机组的振动和噪音,减少船舶发动机的机器磨损。最为关键的是以港口电网供电代替船舶自备燃油发电机供电,实现二氧化碳、二氧化硫以及氮氧化合物等污染气体减排比率97%,基本实现零污染。与此同时,可以产生巨大的经济效益,500 吨级船型每天使用柴油机发电的费用是 265 元,使用岸电的费用是 27.3 元。两者相比,费用降低近90%。港口岸电技术的推广使用,不仅节能减排增效,而且是绿色循环低碳港口建设的有效途径之一。

2015 年 3 月,淮安市港口局与淮安供电公司签署《关于港口岸电工程建设项目的合作框架协议》,利用技术管理和政策服务优势,相互支持,加快推进港口岸电和节能光源的应用。目前全市完成了金湖新港、盐化工通用码头、涟水华昌化工、涟水粮食产业园等 14 个港口、65 个岸电箱、156 个输出接口的建设,可同时给156 条船舶供电;完成了盐化工通用码头、海螺水泥等 10 个港口共 600 余盏节能光源的置换工作。2015 年底,淮安实现了全市规模较大码头实现岸电系统全覆盖的目标,全年减少消耗油料 1340 吨,减少排放二氧化碳 4180 吨、二氧化硫 108 吨、氮氧化合物 120 吨。确保淮安港在推进绿色低碳港口建设上不断迈出新步伐,争当全省乃至全国内河港口节能减排工作的"排头兵"。

为了全面推进绿色低碳港口建设,2018 年,淮安市将加强新建港口项目设计源头控制,在港口初步设计阶段对水污染、大气污染防治等内容明确标准、要点并

纳入概算;加强港口粉尘污染综合治理,重点做好淮安新港散货堆场防尘网及淮阴城东作业区、许渡作业区防尘设施的建设工作;推进港口水污染防治和污染物接收、转运及处置设施建设,争取2018年实现淮安港运营码头垃圾回收箱100%全覆盖;提高港口码头绿化水平,优化港容港貌,确保全市公用港口码头可绿化区域绿化率达到100%。

### 八、绿色低碳示范引领,比亚迪助力城乡客运

淮安市在深入推进城市公共交通优先发展的基础上,注重绿色低碳的示范引领,积极引进纯电动公交车,推动城市公交电动化发展,努力构建安全、舒适和便捷的城乡客运一体化道路客运网络。鉴于比亚迪客车的绿色科技和坚实品质,淮安市于2017年一次性采购了500辆比亚迪纯电动公交车,车型包含10米纯电动客车K8和8米纯电动客车K7,用于改善市民出行条件。

根据线路需要,该批比亚迪纯电动公交车计划在市区投放400辆,其他各县区共投放100辆,目前正陆续投放运营。其中金湖县采购的20辆纯电动公交车已全部投入公交1、2路线运营,进一步满足了人们的绿色出行需求。据悉,淮安市比亚迪纯电动客车车身设计主要以草绿色为主色调,象征着春天的色彩,体现生态淮安、公交优先、绿色出行的绿色发展理念。车身上由几何图形拼接而成的水波纹,形状清新自然,体现了淮安四水穿城的水文化特征。待全部车辆投放完毕后,预计每年减少二氧化碳排放3万吨、氮氧化物排放185吨,可为淮安市城乡客运一体化发展和节能减排做出重要贡献。

据了解,投放淮安的两款车型集高安全、高科技、高性能于一体,搭载了全铝合金车身、轮边驱动以及行业首创的动力电池热管理系统等多样先进配置,可带来卓越的运营品质和用户体验。其中,动力电池热管理系统可确保动力电池在极端气候环境下保持稳定、高效工作,使车辆具有耐高寒、耐高温、长寿命、高安全、易维护、适用广等特点。今年年初,淮安突降大雪,得益于产品品质优势,比亚迪纯电动客车在寒冬大雪中始终保持安全平稳运行,为淮安市民的交通出行提供了有效保障。

比亚迪纯新能源汽车,近期不断斩获各个城市的批量订单,几乎每次订单金额都是高达10亿以上。比亚迪通过"云轨＋新能源出租车＋纯电动大巴"模式,

走出了一条属于自己的特色之路。根据淮安市人民政府与比亚迪股份有限公司签订投资和战略合作相关协议,比亚迪股份有限公司将在淮安建立云轨制造基地,基地投资 20 个亿,项目总投资达 200 亿。

作为苏北重要中心城市,淮安市将以公交电动化发展为契机,进一步推动城市绿色公共交通发展,促进城乡客运一体化,保护生态环境与市民健康,以实际行动建设"生态淮安"。未来,比亚迪也将以其先进的绿色科技和成熟的运营经验助力城市早日实现公交电动化,为城市节能减排做出重要贡献。

## 九、践行绿色低碳理念,不断提升管理水平

交通运输是国家节能减排和应对气候变化的重点领域之一,也是能源消耗和温室气体排放的主要行业之一,生态文明建设对交通运输节能减排提出了新的更高的要求,转变交通运输发展方式、实现科学发展,是交通运输发展的导向。近年来,淮安市不断深化对绿色低碳发展理念的认识,坚持以符合交通运输发展规律为前提,积极探索行业节能环保发展新模式,治理能力和监管水平不断提高,绿色交通发展成效日益明显。

为了进一步推广绿色低碳交通,淮安市成立了由政府主要领导负责的绿色循环低碳交通运输发展领导机构,制定出台了《淮安市绿色循环低碳交通运输体系中长期发展规划(2013—2020)》《淮安市建设绿色循环低碳交通城市区域性项目实施方案(2013—2017)》《关于加快绿色循环低碳交通运输发展的实施意见》等文件,为淮安市践行绿色低碳交通发展提供了指导性文件;多次召开低碳交通建设推进会,协调推进工作落实。同时不断创新管理手段和技术手段,推广应用"互联网+""大数据""云计算"等信息化、智能化手段,建成全国首个公路云计算数据中心,实现对项目的全过程监管。为了加快推行新能源、清洁能源车辆使用,全市在册运输车辆全部加装油气回收装置,并精选部分车船安装能耗在线监测终端设备,实时收集数据并比对分析;严格推行上路车辆准入制度,建成机动车尾气排放监管信息系统,有效减少机动车尾气排放污染,全市 20 家环检机构全部联网运行,实现数据实时上传;近期还完成 2881 艘机动船舶和 460 艘 400 总吨以上船舶防污染改造任务,拆解内河非标准船舶 142 艘,补贴资金 1400 万元;在交通工程施工方面,大力推行标准化工地建设,加大项目施工扬尘治理,最大限度降低扬尘对

环境的影响;严密组织实施交通干线、沿线环境综合整治"五项行动",净化、绿化干线公路。

进一步理顺管理体制,不断加大简政放权力度。行政许可和行政服务项目全部实现外网申报、外网反馈和一站式办理,交通行政许可项目压缩64%,平均办理时限压缩至3.5天,推行"人性化执法"与"刚性监管"并用的行政指导工作模式,为淮安市绿色低碳交通发展提供了体制保障。

此外,淮安市还建立健全交通环境防污染应急响应机制,强化救援队伍建设,加强物资储备,提高应急处置能力,"十二五"期间已经建成了市级处置中心和淮阴区、涟水县、淮安区、盱眙县、金湖县五个县级公路应急基地,公路养护与应急机械设备水平持续提升,全面推广路政养护联合巡查机制,大力推进机械化养护发展,全市普通国道省道公路养护与应急机械设备达到每公里65台(套)。在全省率先启动绿色工地、绿色公路、绿色客运站、绿色港口(航道)、绿色汽修等绿色交通管理示范项目评比活动,充分调动各单位全员参与创建的积极性,为推动全市绿色低碳循环发展奠定了扎实基础。

# 第四节  淮安低碳交通发展的路径选择

淮安市未来绿色循环低碳交通运输发展的路径选择,将围绕"六大体系、抓实七大领域、着重八大工程"这一思路,借助先进的科技手段,打造全新的车、船、路、港、航、空、铁七大绿色低碳交通运输领域。

**一、构建六大体系,全面节能减排**

(一)绿色循环低碳交通战略规划体系建设

根据交通运输部《加快推进绿色循环低碳交通运输发展指导意见》要求,到2020年基本建成绿色循环低碳交通运输体系。为此,淮安市高度重视,注重规划衔接,强化行业引导,放宽眼界,紧扣绿色低碳交通运输体系建设区域性试点城市建设的要求,立足全领域、全行业、全系统,完善工作机制,健全工作网络,健全科学的工作评价机制,准确预测未来5年、10年、甚至20年低碳运输的发展趋势,在此基础上制定具有前瞻性、科学性、适宜性的绿色循环低碳交通发展的总体思路、战略目标和重点任务。建立健全规划审批备案、定期评估及修订机制,研究出台行业和企业节能减排和应对气候变化规划编制指南,建立分层级、分类别、分方式的规划体系。同时,将淮安市低碳交通试点城市与国家低碳试点城市相契合、衔接,加快推进绿色循环低碳交通基础设施建设、节能环保运输装备应用、集约高效运输组织体系建设、科技创新与信息化建设。

(二)绿色循环低碳交通运输基础设施体系建设

1. 完善水运基础设施。通过航道整治,打通出海航道,建立干支相通、标准统一的高等级航道网,大幅提高水运通行能力和效率。

2. 加快港口设施建设。加大港口投资力度,通过各港口码头项目建设,港口货物年通过能力、吞吐能力大幅增强,港口生产单位吞吐量综合能耗进一步下降,港口大型化、机械化、专业化的水平进一步提升,船舶与港口发展的适应性进一步增强,成为全省内河运输的亮点,初步形成内河航运枢纽,实现港口的多功能与综合性,充分满足增长的港口货物运输需求。

3. 健全公路运输网络。建设省级以上经济开发区连接公路,枢纽、港、站集疏运连接线,旅游景区连接公路。加快农路桥梁建设,推进农路达标改造等。

4. 推进铁路运输建设。策应沿海开发和长三角一体化,围绕打通京沪、连淮扬镇两大综合运输通道内铁路通道,加快强化打通徐宿淮盐铁路建设,配合和保障国家重点项目顺利建设。

5. 加快航空运输建设。提升机场运输保障能力,完成涟水机场航站区扩建。加快建设通用机场,拓展运输机场的通用航空服务功能。

(三)绿色循环低碳交通运输政策标准体系建设

完善政策标准体系建设,引导行业资源向绿色循环低碳交通流动,发挥政策的激励与约束功能,支持与限制结合,提升行业的政策监管水平。

1. 建立健全过程管理制度。完善审批、报备、评估和修订制度,研究制定《绿色交通建设项目管理办法》等配套文件。把好市场准入关,建立节能环保企业和高耗能企业档案,实施重大项目申请、报告制度。跟踪评估企业的经营活动,分析能源消耗、废物排放趋势,促进企业及时修正项目方案。

2. 加大政策激励与约束力度。建立政策支持体系,完善绿色循环低碳交通运输发展的财税、科技创新等激励政策,逐步扩大专项资金规模。研究制定《绿色交通不达标企业的处罚和市场退出机制管理办法》,控制资金不合理地流向高耗能企业,建立健全交通运输行业市场准入与退出机制。

完善技术规范和标准体系。在交通基础设施设计、施工、监理中,研究制定交通运输规划环境影响评价规范。研究交通运输行业重点用能装备和机械设备燃料消耗和排放限值标准。制定交通基础设施建设、养护管理的技术标准和规范体系。借鉴西方技术标准,引导企业参与,提出交通运输排放统计、估测、报告与核查的方法。坚持前瞻性、先进性和可持续性原则,研究编制交通运输碳排放清单、核算细则和数据指标体系。

(四)绿色循环低碳交通技术保障体系建设

1. 加快综合运输公共信息平台建设。推动建立各种运输方式之间的信息采集、交换和共享机制,探索建立综合运输公共信息平台。积极推进客货运输票务、单证等联程联网系统建设,推进条码、射频、全球定位系统、行包和邮件自动分拣系统等先进技术的研发及应用。逐步建立智能交通运输网络的联网联控和自动化检测系统,提高运行效率。进一步强化建设、管理与服务一体化运行理念,将交通信息化基础设施作为公路、航道、港口、场站等基本建设的内容之一,逐步形成信息化结合基本建设同步开展的建设机制。充分整合公路路网调度系统、水上交通搜救应急指挥系统和96196交通服务热线,结合淮安市交通实际情况和公路、水路交通突发事件的特点,建立统一的交通应急救援指挥平台。开展通航水域视频监控网扩建工程。

2. 加快公众出行信息服务平台建设。针对出行信息全方位、综合性和个性化的需求,在政府主导下,整合各类交通信息资源,建立和完善公众出行信息服务系统,将实时路况、道路(铁路、航道)施工、气象、交通控制、客运班线、班次、换乘、旅游等信息通过呼叫中心、互联网、图文电视、调频广播、手机短信、可变情报板、公共场所内的大屏幕等多种媒介和渠道提供给广大出行者,让公众切身感受综合交通信息服务的便利。

3. 加大物流公共信息平台的建设力度。大力推广物流信息软件(例如普运软件等),启动物流园区、基地的物流信息平台建设工作,打造一个全市范围的物流信息平台,为货主设计最合理的物流方案,实现第四方物流功能;有效地整合社会物流信息资源,统筹配置调度社会公路、铁路、水路运力,整合一批传统货运企业共同运作,推动传统货运向现代物流转型。

（五）绿色循环低碳交通运输统计考核体系建设

根据江苏省交通运输厅颁布的《江苏省交通运输行业节能减排工作考核办法》等相关文件,加快建立淮安交通能耗统计及考核指标体系,客观评估行业能耗的总体水平,及时把握行业能耗的动态趋势。强化能耗统计管理工作,建立节能减排目标考核制度。在现有的统计监测考核制度设计的基础上,加强人员培训,畅通数据采集渠道,公正客观地判断淮安交通运输行业节能减排工作成效,建立公路、水路、铁路与航空等领域的节能减排监测平台及评价系统。

（六）绿色循环低碳交通运输服务体系建设

1. 健全政府监管体制机制。加强与市发展改革、统计、环保、法治等部门的工作互动,建立政府部门之间信息共享制度,进一步完善跨部门协同推进机制,加强市级层面的统筹协调。建立市级统一的交通节能减排监管平台,研究设立交通能源日常管理和研究机构,建立并逐步完善交通运输行业能源消费和排放数据库,建设交通环境污染监控系统。

2. 加快能效对标达标工程建设。加快构建行业能效和排放的标准体系,进一步完善能源统计指标体系,逐个行业、逐个运输工具推进实施能效对标达标工程。综合使用经济、行政等手段扎实推进交通节能减排贯标工作,培育对标示范用能单位,通过节能扶持资金、政策等激励用能单位的节能工作,对未达限额标准的用能单位,加强能效管理,并研究实施相应的惩罚措施。

3. 推进市场机制运作。积极推广合同能源管理,加强培养节能环保第三方服务机构,加快培育节能环保技术服务市场;鼓励交通运输企业参与自愿减排、自愿循环;积极推进交通运输企业参与实施清洁发展机制（CDM）项目;积极探索参与碳排放交易机制;研究编制交通运输碳排放清单和核算细则。

## 二、着力七大领域,实现多法减排

（一）公路营运车辆与运输装备领域

1. 新能源汽车推广应用。公交、出租行业推广应用 LNG、混合动力、纯电动等节能与新能源车辆。针对制约淮安市 LNG 汽车推广的瓶颈——加气站不足的问题,协调政府相关部门进行规划,倡议为 LNG 加气站建设开辟专门的"绿色通道",推行"一站式办公"服务。

2. 公共交通工具租赁系统建设。推进公共自行车系统工程建设完善,加强公共自行车布点与公共交通的衔接,大力发展公共自行车租赁系统,积极推进市民卡公共自行车项目,鼓励推广"自行车 + 公共交通"出行模式,解决城市公共交通最后一公里的难题。目前,淮安市民卡的有桩公共自行车虽可以实现 APP 或支付宝扫描骑车,但是因为有桩而不太方便,今后要加大无桩共享单车的引进力度,同时要引进租赁汽车模式,满足居民出行需求。力争到 2020 年,淮安市公共交通工具租赁系统满足日均 15 万人次以上的借车需求和 10% 的公交分担率。

3. 公交车信息化智能管理体系建设。提升公交信息管理能力,优化公交资源配置,完成安装智能车载系统 1000 辆车、电子站牌系统,整体升级公交智能调度系统、IC 卡系统、乘客服务系统。逐步建成以城市轨道交通为主的主干路快速公交网,外围城区建成公交与其他交通运输网络的换乘系统,形成城乡公交一体化。

4. 车辆管控信息公共服务平台建设。配套信息采集与集成系统、信息服务系统、智能调度系统在内的智能系统。建设不停车检测系统 12 套,开展车载视频监控、北斗卫星与 GPS 双模运行服务、大数据挖掘、车辆行为管控综合信息服务。

(二)航道营运船舶与装备领域

1. 集装箱专用船舶推广应用。以发展集装箱专用船为主,并适当发展符合集装箱尺寸的大型散装多用船舶是淮安市未来运力发展的方向之一。随着航道等级的提高和成网成片,鼓励发展多用途货船,如大型散装货运船舶,江海联运船舶,散装水泥船舶、专用船舶等,推进水运运力结构优化。

2. LNG 混合动力等新船型推广。结合航道两侧 LNG 加气站建设和标准规范的突破,推广 LNG 混合动力等新船型。通过在保持船舶原有柴油动力系统基础上,增加一套 LNG 供气系统和柴油 LNG 双燃料电控喷射系统来进行船舶改造,实现单纯柴油燃料状态和油气双燃料两种运行模式,将船舶单一的柴油动力改造为柴油 LNG 双燃料动力。通过采用 LNG 部分替代柴油燃料,实现节能减排。

3. 水上电动巴士推广应用。利用纵贯主城区的"四河"已通航的水道,开辟里运河水上公交线路。通过开展出行需求调查,做好线路规划,利用部分已经使用的码头并结合部分新建码头,采用天然气动力、电力或其他低碳型客运船舶。

通过全天免费搭乘的优惠措施,将客流吸引到水路上,缓解地上交通压力,尤其在早晚出行高峰及雨雪、冰冻天气等陆路容易形成拥堵的情况下,为市民的出行提供新的选择,成为绿色出行通道。水上电动巴士开通后,年接待人次预计达 12 万人次。

4. 运河沿岸服务区建设。在京杭大运河江苏段,加快航道两侧 LNG 船舶加气站以及盐河水上服务区建设。建成 14—15 个水上 LNG 加气站,覆盖辖区内所有三级以上航道,完成 3% 的考核目标。

(三)公路基础设施建设领域

1. 低碳公路建设。在高速公路、干线公路、农村公路规划、设计、建设、运营的整个生命周期内,通过规划思路优化、设计方案优化、施工组织优化和运营管理优化,应用新技术、新能源和新材料,实现优化能源消费结构,降低碳排放量的目标。主要包含以下建设内容:(1)设计期减碳:主要是从源头和结构上减碳,包括线路优化、线型优化、景观和谐、布局合理等;(2)施工期减碳:主要在路基工程、桥涵工程、路面工程、隧道工程、临时工程及景观绿化工程等分项工程分别实施减碳措施,如土石方平衡、温拌沥青、隧道太阳能照明等,从而实现低碳化施工;(3)营运期减碳:主要在服务设施、养护管理、交通工程、信息化等方面实施减碳措施,如服务区采用生活污水处理回用、风光电互补照明、地源水制冷等技术,从而实现低碳化运营;(4)增加碳汇:打造金湖县公路碳汇林工程,主要通过对生态系统的保护、修复以及补偿,增强生态系统的碳汇能力,降低碳排放。

2. 公路建设改性沥青推广。重点推广沥青路面就地热再生技术工艺、老路深层冷再生技术工艺、沥青混合料温拌施工技术工艺等在养护领域的运用;探索运用双层沥青摊铺新技术,增强路面层间粘结性,优化路面结构,提高路面耐久性,大幅提高路面的使用寿命;此外,推广路面材料再生技术应用,积极推广再生旧沥青、旧水泥混凝土、旧基层混料、工业废渣在道路工程上的利用,减少资源消耗。力争在 2020 年末,路面旧料循环利用率达到 100%。

3. 绿色照明技术推广。加快公路及沿线设施、桥梁、隧道、运输站场节能照明技术推广,预计至 2020 年推广 LED 节能路灯 6000 盏左右。公路网提级加密。大力实施公路提级加密工程,加大公路基础设施建设力度,提升路况质量,改善路网结构,加大区域干线公路密度,提高乡镇一级公路通达率。

4. 智慧公路建设。加快建设感知公路、公路网管理与智能调度平台、不停车超限检测系统、国省干线 ETC 收费系统等,提升公路运输能力。

(四)港口节能环保设施与技术领域

1. 港口岸电设施建设。在航道服务区建设岸电设施,引导督促船舶靠岸后尽量使用岸电,减少船舶靠岸燃烧过程中产生大量硫化物和氮氧化物等对周边环境造成的污染,降低船舶发电机和柴油机产生的噪声污染,新建 90 套岸电系统。

2. 港口油气回收技术推广。通过原油卸油、成品油装车装船油气回收装置,采用冷凝与吸附的集成工艺、"低温柴油吸收"技术对油气资源进行回收,避免有爆炸危险需将油气外排所造成油气直接排放对大气的污染,实现大量油气资源的有效回收和废气的达标排放。

3. 港口信息化技术应用。加快建设港口物流信息服务平台,推动港口智能化发展,将先进的信息技术应用于整个港口作业运输服务及港口管理等各个方面,建立一种在港口服务范围内全方位发挥作用的实时、准确、高效、优质的港口物流服务体系。

(五)航空基础设施建设领域

1. 机场基础设施建设。基础设施建设包括推广节能照明技术、实施航站区扩建工程和机场专线建设工程等。在照明系统中大力推广新型高效节能 LED 光源及灯具的应用,进行节能技术改造,创造"绿色、健康"的照明环境。积极推进涟水机场航站区的扩建工程,提升淮安市综合交通运输基础设施服务水平。

2. 航空枢纽建设。加大机场与外围城区的配套公交场站建设,连接机场与城市轨道、城际铁路,积极衔接市区交通体系,形成"公铁水空"统筹管理格局。定位于苏北国际机场和苏北航空客货运枢纽,建设以涟水机场为中心点的综合交通体系。

(六)有轨电车建设领域

1. 有轨电车网络系统拓展。有轨电车一期工程自通车运营以来环保形象好、运营效率高、质量性能优,全年客流量突破 540 万人次,已成为淮安大地上一道流动的风景。根据淮安市城市轨道交通建设规划,应尽快启动全长 7.5 公里的有轨电车二期工程和全长 13 公里的淮涟云轨示范线工程,尽快形成淮安低碳轨道交通网络。

2. 有轨电车低碳运营建设。加大投资力度,购置更多的现代有轨电车车辆、进一步完善配套建设供电工程,实现现代有轨电车的高密度的低碳运营,逐步替代传统的燃油公交。

3. 有轨电车运营管理调度系统建设。应用信息化及智能交通技术建设有轨电车运营管理调度系统,包括电警卡口系统、视频监控系统、交通信号优先控制系统等,提升交通运输服务水平。

(七)航道节能环保设施与技术领域

1. 航道系统节能环保设施推广。积极推广应用环保收集系统、航道溢液收集回收系统、污水处理系统以及各种标识牌的配备。其中环保收集系统主要应用于航道等水面垃圾清理,可实现水面垃圾清理收集的机械化与自动化,提高作业效率与质量;建设航道溢液回收系统,维护溢油水域、清洁环境。

2. 生态护坡技术应用。因地制宜地选择生态护坡形式,引进先进技术如预制砼连锁块护坡、镀高尔凡雷诺护垫、M 型生态袋 + 三维排水连接扣、植物型护坡等,合理确定护砌范围,保持河道生态平衡,遏制水土流失。

3. 信息化技术应用。应用信息化技术建设航道监测调度指挥服务系统,包括航道设施监控、水位分析、航道通航状况分析、航道地理信息图、航道工程建设视频监管等,提升航道运输能力。

### 三、抓实八大工程,实现绿色低碳

(一)建设绿色循环低碳基础设施网络工程

1. 低碳水运基础设施建设工程。强化内河航道网络建设,促进"陆转水"发展。重点建设完善水运基础设施,通过航道整治,打通出海航道,使航道网等级整体提升,大幅提高水运通行能力和效率。开工并完成金宝线航道整治工程、张福河航道整治工程、淮河出海航道(红山头—京杭运河段)航道整治工程等。

2. 低碳港口基础设施建设工程。加快推进内河港口的规模化发展,使全市港口总通过能力大幅度提升。加快发展港口物流特别是内河集装箱运输。重点建设多功能、综合性的港口,满足不断增长的港口货物运输需求;同时完成水路二类口岸的建设,初期在淮安新港完善相应的设施设备,海关、检验检疫部门进驻,开通港口外贸集装箱业务。远期在淮安南港、盐河淮阴城东作业区设立口岸作业点,实现淮安二类口岸的"一港三区"。

3. 低碳公路基础设施建设工程。新开工并完成京沪高速公路淮安至江都段扩容改造、金湖至马坝高速公路、宿州至扬州高速公路淮安段。续建 G205 淮安西绕城、S237 淮安段、S327 涟水至石湖段、S236 淮安清浦至金湖公路、S326、S235 高沟至涟水段。依托金湖县 G344 国道、金湖县 X202 银涂线(发展大道)及支线、S247 淮金公路金马高速入口至草泽河段、金湖县中义渡大桥接线等工程,在公路建设运营过程中开展生态绿化与碳汇林工程,依托公路工程里程约 117.2 公里。

4. 低碳铁路基础设施建设工程。建成连淮扬镇铁路淮安段,淮安段全长约 99 公里。建设徐宿淮盐铁路,淮安段全长约 78 公里,2015 年开工,2018 年通车运营。实施新长铁路复线电气化改造,淮安段全长约 81 公里,2015 年开工,2018 年通车运营。积极推进宁淮城际铁路工作,加快推进地方铁路专用线盐化工园区铁路专用线建设。

5. 低碳航空基础设施建设工程。实施涟水机场航站区扩建工程,跑道扩至 2800 米,增加 1 条联络道,机坪可容纳 15 个 C、D 类停机位,候机楼建设面积 3 万平方米,总投资约 6 亿元。进一步完善机场周边集散运体系建设。开通市区、洪泽区、金湖县、盱眙县以及淮安区至淮安涟水机场的 5 条客运专线,实现道路客运与航空运输的有效衔接。

(二)推广绿色循环低碳装备工程

依托淮安市新能源发展规划,在公路客货运、城市客运、水运等领域加快采用天然气、电力等清洁能源的运输装备和相关设备的应用。

1. 节能与新能源运输工具推广工程。投入使用 LNG 客车、公交车、重型卡车等达 2 万辆。公路运输方面,淮安汽车运输集团有限公司等企业实施 LNG 客车推广,融联、华发、祥源、金网物流等大企业实施 LNG 货车推广、其余企业小规模推广、翔和翎货车轻量化改造。城市交通方面,城市公交推广 LNG 客车,农村公交推广 CNG 客车。建设中海油、新奥加气站,加快高速公路服务区、停车区的建设,逐渐形成可覆盖全市交通运输网络的 LNG 加气站的布局体系。

2. 积极推广 LNG 混合动力等新船型。至 2020 年,节能环保型营运船舶占比达 10%。营运车船燃料消耗量准入退出专项工程。全面实施营运车辆燃料消耗量限值标准,不符合要求或达不到限值指标的车辆,不得从事营运;在车辆年审年检时,鼓励淘汰车况达不到一级的客运车辆;鼓励运输企业提前淘汰使用期限6年以上的老旧客车,效益较好的班线车辆鼓励5年淘汰。

3. 绿色循环低碳机械设备推广工程。调整优化交通施工机械装备、工程船舶结构。加快淘汰高能耗、高排放、老旧工程机械等。大力推广港口机械变频技术的应用。淮安市大成港业投资股份有限公司、淮安市新港港务有限公司与淮安市红日航道工程有限公司等8家港口企业积极实施港口机械变频技术的应用推广。大力推广节能照明技术的应用。预计建成金湖县公路LED照明推广项目、道路货运站场LED照明应用项目、机场LED照明推广项目,建成后金湖县公路LED照明推广项目节能873吨标煤、二氧化碳减排量2417吨;道路货运站场LED照明应用项目每年将节省电能473吨标准煤,减少二氧化碳排放1310吨;机场LED照明推广项目每年将节省电能约304吨标准煤,可望在3年半内能将所改造的成本收回,减少二氧化碳排放836吨。

(三)推广低碳驾驶与绿色维修工程

1. 绿色驾培设备推广工程。继续扩大CNG教练车、电动教练车及驾培模拟器的应用覆盖范围,建立较为完善的全市驾培行业节能减排体系。明确机动车驾培模拟器的资金补助标准,按期发放补助资金,建立驾培模拟器的监察管理体系。

2. 绿色维修设备推广工程。2013—2020年间应在已有"绿色汽修"示范企业、试点单位的基础上,在淮安市区一、二类维修企业和县市一类维修企业中全面开展烤漆房"油改电"的推广实施工作。在机动车维修领域,对废包装物、废电池、废轮胎、废机油及废配件的统一回收,促进废物的循环利用。在洗车环节采取废水回收处理循环再利用装置,以节约水资源。

(四)推广绿色循环低碳运输组织模式工程

1. 依托淮安市航道网建设,强化淮安市航运优势,加快发展水陆联运,结合综合运输枢纽的建设等,提高运输组织效率,从而真正形成绿色循环低碳运输组织模式。多式联运推进工程。依托公路、铁路、水运、航空运输,重点发展公铁水联运,促进资源性产品"陆改水"运输,提高水运在综合运输体系中比重。同时着力优化全市多式联运发展的制度、政策环境,全面推进淮安内河集装箱多式联运推广工程,促进水、公、铁、空一体化多式联运的发展。规划期间重点建设多式联运枢纽和多式联运信息平台等。

2. 甩挂运输推广工程。以规模化运输企业为主体,以零担网络化运输为重点,依托国家、省级甩挂运输推广工程及江苏省甩挂运输专项资金政策,全面推进淮安市甩挂运输的发展,提升淮安市甩挂运输运量在总运量中的比重,提高运输企业的拖挂比。规划期间,在国家、省甩挂运输推广的基础上,在全市实施2—3批甩挂运输推广工程,选择吉安物流有限公司、交运危货运输有限公司与翔和翎物流有限公司等典型企业,鼓励运输企业依托规模货源、网络优势,通过信息化手段积极探索甩挂运输组织模式,加大对企业甩挂作业站场和信息系统改造、甩挂运输车辆购置进行投资补助,发挥试点企业的示范作用。

3. 共同配送推广工程。主要通过制度创新和部门协调,建立完善淮安城市配送管理体系,促进淮安市城市配送资源的集约化配置,加快推进共同配送模式的发展。完善城市配送市场管理制度,强化对城市配送市场的规范管理;统一淮安城市配送专用车型;完善城市配送公共基础设施体系,加大城市公共配送中心、装卸专用停车位及相应的装卸设施的建设力度;推进淮安城市配送信息平台建设,实现城市配送资源的信息共享和系统优化。

(五)推广智慧交通节能减排工程

根据淮安市交通信息化及智能交通技术的应用情况,结合"数字淮安"的建设,规划期间着力推进智慧交通系统建设,力争达到省内先进水平。完善交通运输行业分析决策、安全应急、为市民提供出行信息服务等方面的信息化建设,进一步拓展服务功能,提高综合交通可视化、信息化和智能化水平。

1. 智慧公路建设工程。智慧公路建设主要体现在感知公路建设、不停车超限检测系统开发、国省干线收费系统开发与公路网管理与智能调度平台建设等几个方面。2020年末,205国道淮安段沿线新建60套监测设施、配备10套移动视频监控设施。针对淮安市域内高速公路或者国省干线中交通流量较大的路段,建设12套移动式不停车超限预检系统,以此开展对国省道超限车辆的预检工作。规划期间主要选取3—5个路段进行试点。在淮安市域内国省干线的所有收费站点,改造建设ETC收费系统,覆盖率达100%,每个收费站开辟建设双向2条ETC专用车道,ETC车道流量占比达45%。建设覆盖淮安市境内普通干线公路的信息化综合平台,实现公路基础数据、公路沿线设施属性数据的采集、处理,聚合到统一平台,从而实现路网动态管理、应急指挥等功能。智慧航道建设工程。实施水上

ETC,通过利用物联网技术和现代通信等技术,实现船舶过闸电子识别、远程电子签证报港、远程登记缴费,电脑自动调船,快速过闸,形成高效、安全的内河船闸便捷过闸环境。细化研究船闸运行调度模式和工作流程,认真做好 RFID 的科学布局,确保水上 ETC 顺利开展。至 2020 年,淮安将全面实施水上 ETC。实施通航水域视频监控网扩建工程。实现京杭运河、盐河淮安段、重点渡口、重点水域、码头视频监控全覆盖,其他干线航道覆盖率达 50% ,实现与省、市、县三级视频监控信息有效共享。在此基础上,完成苏北运河沿线徐州、宿迁、淮安和扬州四市运河监控视频图像共享。

2. 智慧海事建设工程。建立海事电子巡航机制,实现对在航船舶的无扰化远程监管,有效降低海巡艇、执法车和营运船舶的油料消耗,促进内河水运节能减排工作。建设运河苏北段海事视频监控系统、五汊河全动态航道交通智能管制系统与洪泽湖海事智能监管平台,实现与省级地方海事局平台对接,实现江苏省地方海事局建设统一视频联网监控平台、提升实时监控能力的目标。

3. 智慧港口建设工程。依托黄码生态型综合性作业区智能化运营管理系统和城西作业区生产管理系统完善港口生产信息化管理、设备管理及作业调度、集疏运管理、智能闸口等子系统。

4. 智慧装备推广应用工程。不断更新、优化和拓展运输装备信息化技术,提升运营车船信息管理能力,优化资源配置。重点建设天泽星网车辆智能化运营管理系统、江苏国脉智能物流调度配载服务平台、淮汽客运管理及公众服务系统、吉安物流营运车辆燃油智能化监管系统。加快船用燃料监控系统建设,由江苏省运河航运有限公司、百盛信息科技股份有限公司两大企业应用推广船用燃料监控系统。

(六)公交优先与绿色出行推广工程

在淮安市特别是中心城区交通发展战略上要坚持公交优先、绿色出行的方针,构建绿色循环低碳交通结构。规划期间应重点关注淮安市迅速扩张的中心城区和新兴建设的生态新城两个特殊空间单元,通过打造立体化、多样化的绿色出行系统为城市未来的低碳生活奠定基础。

1. 公交优先系统推广工程。依托淮安市城市发展规划,城市的功能定位、产业布局、重大交通基础设施等规划要坚持交通先行的导向,建设完善公交优先发展的城市交通主干网络,高公交整体的运营效率和服务水平还有待提高。到 2020 年末,中心城区建成以公交优先道路和轨道交通为主的主干路公交网,外围城区建成公交与其他交通运输网络的换乘系统,形成城乡公交一体化。(1)拓展公交线网:以外围城区的配套公交场站及城市轨道、城际铁路、淮安机场等客运方式的配套公交场站为重点,加快淮安市区公交场站的建设改造和布局调整,积极开辟公交新线,调整和拓展现有线路,提升线网功能。进一步延长公交运行时间,增加公交班次。(2)积极建设有轨电车公交系统:建设内容包括沿线 46 个道路交叉口和 2 个路段中出入口设置有轨电车通行信号优先控制系统;其中 33 个路口设置(或恢复)电子警察系统,3 个路段恢复卡口系统,并建设一个交通控制中心。于 2014 年底完成系统初步搭建,在 2015 年进行调试与完善。(3)加快建设城市客运交通枢纽和换乘系统。结合城市对外交通网络和城市功能区布局,规划建设综合客运枢纽,实现公交、城市轨道、铁路、民航等多种客运方式有机衔接。加强建设公共交通配套换乘停车设施等,实现零距离换乘。

2. 公交场站网络体系建设工程。构建等级系列配套,功能组织清晰,便捷、高效、完善、安全的现代化城市公交场站体系。弥补欠账,大力加强公交停车保养场的建设,"十三五"期间重点建设淮阴区北部停保场、清江浦区西部停保场、火车南站东侧停保场、高铁东站停保场、淮安区南门大街停保场等一批公交停车保养场。因地制宜,全面推动公交枢纽站建设,超前做好主城外围城镇配套公交枢纽站建设,推进火车站、港口、汽车站等对外枢纽区域的公交枢纽站建设,"十三五"期间重点建设水渡口广场、深圳路站、海口路站、楚州大道站、商贸城站等一批公交枢纽。统筹城乡,加强与主城区联系较密的组团地区公交集散中心建设。按需配给,结合公交线网调整及新线路开辟,灵活建设淮师西、嫩江路、运河广场站、淮阴卷烟厂站、浦南花园站、宁连公路站、城西北路站等一批公交首末站,为公交线网优化提供锚固点。

3. 慢行交通系统示范工程。在充分体现慢行友好原则的基础上,构建以步行、自行车为主导的慢行交通体系,形成"慢行片区 + 慢行通道"的出行模式。步行及自行车道建设均与该区域的生态景观廊道相结合。(1)公共自行车租赁系统。公共自行车租赁点将主要覆盖新城内人流密集区,如部分小区、商业中心。在未来五年期间,根据淮安发展,在生态新城 29.8 平方公里范围内,设置共 200 个公共自行车租赁点,实现 200 米半径 100% 覆盖。各租赁点平均设置 40 辆自行车,2020 年末新城公共自行车总数将达到 8000 辆,公共自行车拥有率将达到 26 辆/千人,新城区域内公共自行车交通分担率将达到 4%。(2)步行系统。步行系统需覆盖生态新城内的主要居住区和重要交通节点。其中,居住区内的步行设施建设,以机动车降速为重点,实现机动车对居住区内步行影响最小化。步行设施的建设主要与公交站点、商业节点、景观节点、大型枢纽节点等重要交通节点的衔接,并根据不同节点的特点选取不同的建设标准。近期主要建设环山阳湖慢行系统和里运河文化长廊慢行系统。

4. 公众绿色出行推广工程。公众绿色出行推广工程是以信息服务平台的方式,向公众提供出行信息、节能驾驶、排放测算、出行规划等方面的服务,引导公众选择绿色出行。出行信息服务主要包括向公众提供路线导航、路况信息、票务信息、停车诱导、公交到离站、出租车电召等信息和服务。节能驾驶服务主要通过提供低碳交通和节能驾驶的相关知识,培养驾驶者节能习惯。此外,公众绿色出行推广工程还将包含交通碳排放测算服务模块,用于计算各种运输装备的碳排放,提高驾驶者的减排意识。出行规划服务是根据使用者的出行目的、路况信息等,提供相对低碳的出行方式及路线组合。

(七)绿色循环低碳交通文化工程

1. 低碳交通理念宣教工程。作为全国第二批"低碳城市"建设试点、全国生态城市建设示范区,加强低碳经济、低碳交通、生态文明方面的市民教育十分必要。要充分利用报纸、广播、电视、网络和其他社会渠道进行绿色低碳交通宣传,在全市普及绿色低碳交通发展理念,提高社会公众对开展建设绿色低碳交通运输体系城市试点重要性和紧迫性的认识,做到"政府引导,加大投入,公众参与,联动发展",积极倡导绿色低碳出行。制订《淮安市绿色循环低碳交通试点城市建设工作宣传教育工作方案》,印制《淮安市绿色循环低碳交通知识宣传手册》,丰富"节能宣传周""低碳体验日"等宣传形式,举办淮安市绿色低碳交通知识竞赛、绿色低碳交通知识抢答赛和"淮安市机动车驾驶节能大赛"等相关活动,加强机关干部职工、大中小学生、广大市民的绿色低碳交通宣传引导。

2. 运河低碳文化宣教工程。依托淮安市运河文化博物馆交通运输部航运教育基地等,定期开展运河低碳文化的宣传和教育活动,主要内容包括:运河的能耗和碳排放,采用全生命周期方法,分析讲述以京杭运河为代表的内河在建设、营运、养护等各环节中的能源消耗情况,包括能耗种类和规模,及其产生的碳排放情况;运河运输的能源消耗和碳排放特点;我国运河运输与其他运输方式的能耗和碳排放强度的比较;发达国家在低碳交通建设中发展运河水运的典型案例;能够提高运河运输效率的信息化手段;未来的运河航运前景展望等。

3. 古运河景区低碳游览系统工程。充分利用淮安古运河景区的独特旅游观光资源,建设古运河低碳交通文化工程,是促进文化景区从功能化向生态化与审美相结合发展的有利选择。以淮安市古运河景区为基础,构建多元化低碳游览方案,引导公众、游客在游览过程中了解和接纳低碳交通文化。依托淮安市相关建设规划中对于运河两岸文化景观的改造和重建计划,增加关于运河低碳运输为主题的人文景观和宣传设施。利用纵贯主城区的"四河"(古运河、大运河、古黄河、盐河)已经通航的水道,开辟水上观光交通线路,尽可能联系较多景点和景区。大力改造运河两岸供游人步行专用的游步道,同时,河边绿地还将设自行车道,与水运换乘点连接,实现水水、水陆的零换乘。结合步行、自行车系统布局,城区运河周边设置低碳交通引导标志标识系统,提供不同景点、景区之间采用低碳交通方式(包括水上、路上公交换乘)到达的路线方案。

(八)绿色循环低碳能力建设工程

1. 低碳交通管理机制与体制改革工程。为了响应淮安市低碳交通的大主题,应尽快成立绿色交通办公室,由市政府统筹,交通局主导,协同住建局、城市管理局等部门,共同构建低碳绿色交通管理体制,明确各有关部门具体承担的工作内容和任务,研究制定支持试点的财税、金融、投资、价格等方面的配套政策,以强化市政府统筹协调与形成政策合力。针对大型交通工程出现的新情况、新问题,要积极建立联络员工作机制,由承担职能范围内节能减排工作职责或任务的各单位部门确定一名联络员,建立健全定期信息报送制度。结合 QQ、微博、微信等新媒体,建立信息共享与交流平台,密切工作交流。

2. 交通节能与碳排放统计考核体系建设工程。完善公路运输、水路运输和港口生产节能减排统计指标体系,纳入交通运输部门统计制度,强化各项指标的调查统计、分析和发布。推行能耗统计报告制度,全面掌握、监控行业用能状况和水平。采取"全面监测 + 重点监测"相结合的方式,对重点运输企业实施监测。加强交通运输节能减排统计业务能力建设,全面、及时、准确提供交通运输节能综合信息;远期的监测方式可以借助技术手段。一种方案是通过在运输装备上加装能耗实时测量装置,并建立数据库平台,实现营运车辆的能源消耗及其单耗水平的监测,并推算相关排放指标;另一种方案是通过机动车尾气排放数据库的构建,借助尾气检测装置和机动车尾气排放模型,直接测算营运车辆的碳排放指标。同时要完善各级交通运输节能减排监测机构布局,推动节能减排行业监管工作有序开展。加强对交通运输用能单位,特别是重点耗能企业节能减排的监督检查。

3. 能源管理岗位备案制度推广工程。根据国家和淮安市节能法律法规的有关要求,指导督促重点用能单位设立能源管理岗位,在具有节能专业知识、实际经验以及中级以上技术职称的人员中聘任能源管理负责人,到2020年覆盖率达到100%。积极支持和鼓励年综合能源消耗总量5万吨标准煤以上的重点用能单位,明确能源管理机构,到2020年末覆盖率达到80%以上。

4. 综合交通基础数据库建设工程。针对信息资源分散、共享不充分的问题,以信息资源整合为手段,实现数据的关联和衍生。在信息资源规划的基础上,重新设计淮安市综合交通运输行业的基础数据库。为交通要素(交通对象、交通工具、交通基础设施等)建立起以身份特征信息为核心的、可靠的、唯一对应的"电子镜像"。

5. 法规制度保障工程。2016年1月,淮安获得地方立法权,为全面推进依法治市提供了有力保障。长期以来,从国家到地方政府各类节能减排政策在淮安绿色发展中扮演着重要角色,但随着改革发展向纵深推进,规范性文件的针对性和政策的不稳定性与短期性渐渐不能满足为地方科学跨越发展保驾护航的需要。只有通过行使地方立法权,不断在绿色发展大局中来谋划和推进立法工作,才能使社会发展的基础更加坚实,保障更加有力。因此,制定并颁布适应淮安交通运输绿色发展的《淮安市交通减排条例》迫在眉睫,这样从政策制度及法律法规层面保障绿色循环低碳各项工程的实施。

# 参考文献

## 一、著作和重要文献

［1］余谋昌．当代社会与环境科学［M］．沈阳：辽宁人民出版社,1986.

［2］余谋昌．文化新世纪［M］．哈尔滨：东北林业大学出版社,1996.

［3］陈文化．腾飞之路——技术创新论［M］．长沙：湖南大学出版社,1999.

［4］万俊人．道德之维——现代经济伦理导论［M］．广州：广东人民出版社,2000.

［5］余谋昌．生态文化论［M］．石家庄：河北教育出版社,2001.

［6］何怀宏主编．生态伦理———精神资源与哲学基础［M］．保定：河北大学出版社,2002.

［7］魏晓笛．生态危机与对策［M］．济南：济南出版社,2004.

［8］沈国明.21世纪生态文明环境保护［M］．上海：上海人民出版社,2005.

［9］薛建明．中国共产党科技思想及其实践研究［M］．北京：中央文献出版社,2007.

［10］甘绍平．应用伦理学前沿问题研究［M］．南昌：江西人民出版社,2007.

［11］赵玲．消费合宜性的伦理意蕴［M］．北京：社会科学文献出版社,2007.

［12］姬振海．生态文明论［M］．北京：人民出版社,2007.

［13］龚群．社会伦理十讲［M］．北京：中国人民大学出版社,2008.

［14］张坤民,潘家华,崔大鹏．低碳经济论［M］．北京：中国环境科学出版社,2008.

［15］诸大建．生态文明与绿色发展［M］．上海：上海人民出版社,2008.

[16]张坤民,潘家华,崔大鹏.低碳发展论(上)[M].北京:中国环境出版社,2009.

[17]中国科学院可持续发展战略研究组.中国可持续发展战略报告[M].北京:科学出版社,2009.

[18]陈丽鸿,孙大勇.中国生态文明教育理论与实践[M].北京:中央编译局出版社,2009.

[19]陆化普.城市现代化交通管理[M].北京:人民交通出版社,2009.

[20]王学.低碳经济——生态文明的必由之路[M].北京:经济日报出版社,2010.

[21]中国人民大学气候变化与低碳经济研究所.低碳经济——中国用行动告诉哥本哈根[M].北京:石油工业出版社,2010.

[22]庄继德,庄蔚敏,叶福恒.低碳汽车技术[M].北京:清华大学出版社,2010.

[23]薛进军.中国低碳经济发展报告(2011)[M].北京:社会科学出版社,2011.

[24]雷鹏.低碳经济发展模式论[M].上海:上海交通大学出版社,2011.

[25]刘培哲.可持续发展理论与中国21世纪议程[M].北京:北京气象出版社,2011.

[26]傅志寰,胡思继,姜秀山.中国交通运输中长期节能问题研究[M].北京:人民交通出版社,2011.

[27]薛建明.生态文明与低碳经济社会[M].合肥:合肥工业大学出版社,2012.

[28]薛建明.当代中国科技进步与低碳社会构建[M].北京:中国书籍出版社,2013.

[29]王文伟.电动汽车跑起来[M].北京:机械工业出版社,2015.

## 二、国外学者著作与论文

[1]世界环境与发展委员会.我们共同的未来[M].王之佳,等译.长春:吉林人民出版社,1997.

[2]弗·卡普拉,查·斯普雷纳克. 绿色政治—全球的希望[M]. 北京:东方出版社,1988.

[3]卡特等. 表土与人类文明[M]. 北京:中国环境科学出版社,1987.

[4]阿尔温·托夫勒. 第三次浪潮[M]. 三联书店出版社,1984.

[5]戴斯贾丁斯. 环境伦理学[M]. 林官明,杨爱民译. 北京:北京大学出版社,2002.

[6]约翰·贝米拉·福斯特. 生态危机与资本主义[M]. 上海:上海译文出版社,2006.

[7]乌尔里希·贝克著. 风险社会[M]. 何博闻译,南京:译林出版社,2003.

[8]威廉·莱斯. 自然的控制[M]. 岳长龄,译. 重庆:重庆出版社,2007.

[9]瓦涅尼依·古尔雅耶夫. 玛雅文明的骤灭[J]. 柯永亮,译. 飞碟探索,2011(6).

[10]井上靖. 楼兰[J]. 耿金声,译. 西部,2010(12).

[11]山田真记. 日本建设低碳社会示范城市[J]. 21 世纪,2009(6).

[12]DePartment of TradeIn dustry(DTI). Energy White PaPer:Creating a Low Carbon Eeonomy[R]. London:DTI,2003。

[13]DePartment of Trade Industry. Energy Reviews Challenge:AWhite PaPeron Energy[R]. London:DTI,2006。

[14]World Commission on Environment and Development:Our Common Future. Oxford:Oxford University Press,1987。

## 三、相关论文

[1]刘怀庆. 试论低碳素养在城市低碳交通建设中的作用[J]. 中原工学院学报,2016(05):96—98.

[2]唐天东. 遵义市低碳交通存在的问题及展望[J]. 资源节约与环保,2016(10):77.

[3]卞雪航,张毅,陈书雪,凤振华,张海颖. 城镇化视角的国外低碳交通发展经验研究[J]. 综合运输,2016(10):36—41.

[4]张毅,张丽,朱晓东. 低碳交通建设障碍与应对措施[J]. 环境保护,2016

(19):62—64.

[5]董丽丽,吉敏全．青海省低碳交通发展的现状与对策研究[J]．中国商论,2016(26):83—85.

[6]张冲．新常态下江苏省低碳交通发展的路径选择[J]．南京邮电大学学报(社会科学版),2016(03):63—69.

[7]吴艺凯．浅谈城市低碳交通的实现方法[J]．智能城市,2016(08):258.

[8]黄体允,阮胜．适应低碳交通发展的城市公共交通体系构建——基于低碳交通建设试点城市(淮安)的调查分析[J]．价值工程,2016(23):78—81.

[9]白娟．我国低碳交通运输政策的国际经验借鉴[J]．交通企业管理,2016(08):75—76.

[10]尚玉龙．低碳交通理念下城市规划策略研究[J]．建材与装饰,2016(33):68.

[11]汪传雷,蒋孝成．基于利益相关者视角的低碳交通创新发展模式研究[J]．长春大学学报,2016(07):11—17.

[12]潘之健,董洁霜,刘魏巍．低碳交通发展与城市土地利用关系研究[J]．物流工程与管理,2016(07):206—208.

[13]程钢．中外低碳交通运输发展的差异比较与借鉴[J]．对外经贸实务,2016(07):27—30.

[14]文军,朴莲花,张晓明．低碳交通规划评估指标体系探讨——以广州市海珠生态城为例[J]．交通与运输(学术版),2016(01):118—122.

[15]文军．低碳交通规划评估指标体系探讨[J]．住宅与房地产,2016(18):240.

[16]李勇,李安福,李晋红．低碳交通发展国内研究综述与思考[J]．中共合肥市委党校学报,2016(03):36—41.

[17]王峰．建设可持续的低碳交通国际社区[J]．杭州(周刊),2016(08):17—18.

[18]张新,张毅,郑晓彬．基于供给侧结构性改革的低碳交通体系研究[J]．北京联合大学学报(人文社会科学版),2016(02):104—111.

[19]李茜．我国发展低碳交通迫在眉睫[J]．宏观经济管理,2016(04):

40—43.

[20]冯宪奇.低碳交通理念下城市规划策略研究[J].中小企业管理与科技（下旬刊）,2016（03）:202.

[21]郝晓丽,杨申琳.基于低碳交通的控制性详细规划编制新思路[J].城市道桥与防洪,2016（03）:23—25.

[22]钟伟,丁永波.我国二线城市低碳交通实现途径研究——以长春市为例[J].现代管理科学,2016（03）:91—93.

[23]马华.低碳交通引导下我国商贸流通业空间格局创新模式及运行机制研究[J].商业经济研究,2015（33）:22—23.

[24]虎业勤,李盈.郑州市低碳交通建设存在的问题与解决途径[J].郑州铁路职业技术学院学报,2015（03）:8—10.

[25]刘慧.低碳交通运输规划研究现状与发展趋势[J].鄂州大学学报,2015（09）:44—45.

[26]任纪佼,高丽洁,冯银厂.天津市交通碳排放结构分析与低碳交通发展探讨[J].环境污染与防治,2015（08）:96—99.

[27]汤慧,宁启蒙.县城低碳交通规划框架体系研究[J].中外建筑,2015（08）:87—89.

[28]薛建明."人—地"关系可持续的理性思考[J].生产力研究,2007（02）:3—5.

[29]刘洪,杨丽辉,李信,叶晓雷.以低碳交通为导向的中小城市大型城市综合体交通影响评价探索－玉溪红星国际广场为例[J].森林工程,2015（04）:127—133.

[30]邓社军,于世军,郭亚兵.镇江市绿色低碳交通体系现状分析及发展策略探索[J].产业与科技论坛,2015（12）:126—127.

[31]郭琳.低碳交通引导下我国商贸流通立体空间布局模式及优化策略[J].商业经济研究,2015（18）:20—21.

[32]涂建华.低碳交通发展对策与建议[J].交通运输部管理干部学院学报,2015（02）:13—16.

[33]梁喜,赵寅.重庆市低碳交通发展现状及对策建议[J].科技与企业,

2015(12):96.

[34]曹勇.高速公路低碳交通运营管理评价研究[J].科技创新导报,2015
(18):202.

[35]邓社军,于世军,何雨佳.镇江市低碳交通指标体系构建及评价方法研
究[J].科技资讯,2015(17):213—214.

[36]刘欢,森川高行,李洁.日本低碳交通发展策略简析[J].综合运输,
2015(06):57—65.

[37]潘浩.基于低碳交通发展的城市新能源汽车推广应用策略研究——深
圳为例[J].汽车工业研究,2015(06):14—19.

[38]连泽峰,陈力,杨建华.浅析波哥大绿色低碳交通体系及其对我国的启
示[J].中外建筑,2015(06):83—86.

[39]海洋.低碳交通与绿色出行——一个学生的视角谈大城市的交通出行
感受[J].交通与运输,2015(03):54—55.

[40]虎业勤.河南城市居民低碳交通素养的调查分析[J].中原工学院学
报,2015(02):65—69.

[41]钟莲,李莉,宋阳.基于系统动力学的城市低碳交通情景模拟研究——
乌鲁木齐为例[J].物流科技,2015(04):67—69.

[42]南京市政府印发《南京市绿色循环低碳交通运输发展规划(2014－2020
年)》[J].汽车维护与修理,2015(04):101.

[43]魏雅莉,董斌.低碳交通视角下城市新型快递配送车设计[J].综合运
输,2015(03):77—80.

[44]李巍帆.低碳交通发展的路径探讨[J].现代工业经济和信息化,2015
(05):26—27.

[45]付振茹.我国低碳交通运输体系发展研究[J].交通企业管理,2015
(02):53—54.

[46]李春琴.浙江城市低碳交通发展的思考[J].现代经济信息,2015
(03):467.

[47]江华.低碳交通电动汽车碳减排潜力及其影响因素探讨[J].中国高新
技术企业,2015(04):95—96.

[48]常进,田庆华.关于构建我国低碳交通运输体系可行性分析[J].山东工业技术,2015(01):290.

[49]唐黎标.深圳市低碳交通发展策略[J].人民公交,2015(01):44—45.

[50]何玉宏,谢逢春.中国城市低碳交通发展路径选择和政策导向[J].中国名城,2015(01):39—44.

[51]张晓明,曾栋鸿,周茂松.广州海珠生态城低碳交通规划实践[J].南方建筑,2014(06):100—104.

[52]郭丽君,黄炎.长株潭城市群低碳交通DPSIR评价模型的建立及应用研究[J].湖南交通科技,2014(04):144—148.

[53]张小冉,徐志,曹伯虎,刘大维.天津市低碳交通发展模式研究[J].山东交通科技,2014(06):6—8.

[54]许红.合肥市低碳交通发展路径研究[J].安徽科技,2014(12):38—40.

[55]马思文.黑龙江省发展低碳交通的对策分析[J].商业经济,2014(24):8—10.

[56]程东祥,陈静,诸大建,颜大伟,吴秀玲.区域低碳交通评价模型研究[J].环境污染与防治,2014(12):91—95.

[57]宣登殿.基于低碳交通理念的绿色公交企业发展对策研究[J].交通标化,2014(24):14—17.

[58]张毅,张恒奇,欧阳斌,达亚彬.绿色低碳交通与产业结构的关联分析及能源强度的趋势预测[J].中国人口资源与环境,2014(S3):5—9.

[59]赵胜男,耿铭君.城市低碳交通发展策略研究－以深圳市为例[J].科技与创新,2014(20):115—116.

[60]黄存权,柏明国.安徽省低碳交通发展路径及行为主体策略研究[J].北方经贸,2014(10):85—86.

[61]刘杰胜,刘科,张娟,李继祥.我国低碳交通建设探讨[J].现代商贸工业,2014(20):63.

[62]综合运输的提醒低碳交通是发展的大趋势[J].综合运输,2014(10):88.

[63]欧阳斌,李忠奎,凤振华.低碳交通运输规划研究现状、问题及展望[J].中国流通经济,2014(09):13—20.

[64]崔冬初,于悦.低碳交通的国际经验及对我国的启示[J].生态经济,2014(09):68—72.

[65]李云燕,美瑛楠.北京市低碳交通发展现状、问题与对策研究[J].中国发展,2014(04):13—18.

[66]孙启鹏,高怡,马飞,隆文强,许东东.基于LEAP和综合集成赋权的城市低碳交通政策选择方法[J].中国公路学报,2014(08):105—111.

[67]包红军.浅谈绿色循环低碳交通运输[J].物流工程与管理,2014(08):116—117.

[68]张嘉敏.青岛城市低碳交通体系分析与策略建议[J].城市公共交通,2014(08):32—35.

[69]综合运输的提醒低碳交通是发展的大趋势[J].综合运输,2014(08):89.

[70]郑海峰,王秀明.基于低碳交通理念的城市规划策略探[J].江西建材,2014(14):25.

[71]苏文芝,崔宗超.河南济源市低碳交通运输体系研究与建设[J].安阳工学院学报,2014(04):42—47.

[72]王煜.完善机制夯实基础推进绿色循环低碳交通运输体系建设[J].上海节能,2014(06):5—8.

[73]薛建明.低碳经济与生态文明:耦合逻辑与实现机制[J].江海学刊,2011(06):128—133.

[74]潘浩,宋润生.基于低碳交通发展的深圳新能源汽车推广应用策略研究[J].特区经济,2014(06):83—84.

[75]江卓娅.对株洲低碳交通发展的战略思考[J].企业家天地(下半月刊),2014(07):13—14.

[76]白竹,冬煜,赵雨旸.基于低碳交通理念的城市出租车碳排放研究[J].黑龙江工程学院学报,2014(03):23—26.

[77]朱贤俊.中原经济区城市低碳交通建设研究[J].郑州铁路职业技术学

院学报,2014(02):14—17.

[78]王利军,李英杰,陈强.区域绿色循环低碳交通运输发展评价[J].交通企业管理,2014(06):39—41.

[79]张立超,刘怡君.低碳交通视角下的LNG汽车产业现状与前景预测[J].中国软科学,2014(05):66—75.

[80]罗庚.多中心视阈下武汉市低碳交通的普及化研究[J].重庆与世界(学术版),2014(05):49—53.

[81]杭东.低碳交通与汽车节能[J].交通与运输,2014(03):45.

[82]村华.我国城市低碳交通建设的发展探析[J].交通与运输,2014(03):48.

[83]欧阳斌,张跃军,郭杰.低碳交通运输的综合评价指标及其应用[J].北京理工大学学报(社会科学版),2014(03):7—13.

[84]江民星,舒燕,周弢.基于企业效率和负外部性差异的低碳交通部门碳税与补贴政策设计[J].科技与经济,2014(02):96—100.

[85]陈熙,卢毅,李英杰.基于碳生产率的绿色循环低碳交通运输发展途径[J].交通企业管理,2014(04):35—37.

[86]欧阳斌,石静远,周艾燕.江苏省低碳交通运输发展现状及对策建议[J].综合运输,2014(04):48—52.

[87]全丽.发达国家城市低碳交通的经验与借鉴[J].生态经济,2014(04):30.

[88]卜华政.高铁时代宜兴城市低碳交通发展探索[J].江苏城市规划,2014(03):36—38.

[89]黄莹,廖翠萍,李莉,赵黛青.广东省低碳交通关键措施选择与分析[J].科技管理研究,2014(05):40—44.

[90]胡洁,卢毅,李英杰.绿色循环低碳交通运输概念辨析[J].管理观察,2014(07):124—125.

[91]马占旭.低碳交通新理念下温拌沥青混合料的设计与施工[J].青海交通科技,2014(01):29—31.

[92]方堃,武俊伟.雾霾天气背景下城市低碳交通发展政策创新探讨－基于

启发式教学法延伸阐述[J]. 科技创业月刊,2014(01):10—12.

[93]冯煜雯,张晓哲. 空间视角下国际大都市低碳交通模式对西安的启示[J]. 陕西社会主义学院学报,2014(01):48—52.

[94]赵江湖. 城市低碳交通拥挤收费的系统动力学研究[J]. 对外经贸,2013(12):121—123.

[95]王佳,丁淑莉. 基于碳排放的河北省城市低碳交通发展研究[J]. 企业经济,2013(12):14—18.

[96]虎业勤,朱贤俊. 城市低碳交通建设研究状况与展望[J]. 郑州铁路职业技术学院学报,2013,25(04):9—12.

[97]郭杰,石静远,周艾燕. 我国低碳交通发展的几点思考[J]. 交通建设与管理,2013(12):62—65.

[98]王伟淇,卢毅,加年丰,李理. 发达国家低碳交通政策及其启示[J]. 交通企业管理,2013(12):69—71.

[99]周晓航. 发展绿色循环低碳交通促进生态文明建设[J]. 运输经理世界,2013(12):19.

[100]李忠奎. 深化试点示范加快推进绿色循环低碳交通运输体系建设[J]. 运输经理世界,2013(12):20.

[101]应晓红,林杨. 宁波发展低碳交通的策略研究[J]. 企业经济,2013(11):143—146.

[102]我国加快建立低碳交通运输体系[J]. 能源与环境,2013(05):41.

[103]王建伟,张晓明,宋庆亮,高洁. 基于PSR模型的低碳交通运输发展评价研究[J]. 重庆交通大学学报(自然科学版),2014(03):102—107.

[104]刘露. 低碳交通信息化通信平台的研究[J]. 公路交通科技(应用技术版),2013(10):324—326.

[105]张陶新,谢世雄,杨英. 低碳交通技术发展与应用研究[J]. 湖南工业大学学报(社会科学版),2013(05):10—18.

[106]黄国柱,朱坦,赵雅斐,卢笛音. 天津市民低碳交通意识现状调查及分析[J]. 生态经济(学术版),2013(02):86—90.

[107]王文华. 银川市城市低碳交通发展模式[J]. 中外企业家,2013(29):

244—245.

[108]王珩.浅议高速公路低碳交通运营管理评价[J].北方经贸,2015(07):237.

[109]张陶新.城市低碳交通发展指数研究[J].技术经济,2013(03):78—85.

[110]龚勤,沈悦林,陈洁行,卢亚萍.低碳交通的发展现状与对策建议——以杭州市为例[J].城市发展研究,2013(02):110—114.

[111]施晓清,李笑诺,杨建新.低碳交通电动汽车碳减排潜力及其影响因素分析[J].环境科学,2013(01):385—394.

[112]胡垚,吕斌.大都市低碳交通策略的国际案例比较分析[J].国际城市规划,2012(05):102—111.

[113]叶玉瑶,张虹鸥,许学强,吴旗韬.面向低碳交通的城市空间结构:理论、模式与案例[J].城市规划学刊,2012(05):37—43.

[114]郭杰,陈建营,欧阳斌.中国区域低碳交通评价指标体系研究[J].综合运输,2012(06):15—20.

[115]张建慧,雷星晖,李金良.基于系统动力学城市低碳交通发展模式研究——以郑州市为例[J].软科学,2012(04):77—81.

[116]来逢波,任建兰.中国低碳交通运输体系构建的必要性及治理模式探讨[J].华东经济管理,2012(04):63—66.

[117]刘中文,高朋钊.基于低碳交通体系建设下的城市低碳化研究[J].企业经济,2011(11):118—120.

[118]张良,郑大勇.借鉴国际低碳交通经验良性发展我国低碳交通[J].汽车工业研究,2011(07):26—29.

[119]卫蓝,包路林,王建宙.北京低碳交通发展的现状、问题及政策措施建议[J].公路,2011(05):209—213.

[120]王光荣.天津市低碳交通建设:从节能减排到低碳交通模式[J].天津经济,2011(03):35—37.

[121]张陶新,周跃云,赵先超.中国城市低碳交通建设的现状与途径分析[J].城市发展研究,2011(01):68—73.

[122]徐建闽．我国低碳交通分析及推进措施[J]．城市观察，2010（04）：13—20．

[123]宿凤鸣．低碳交通的概念和实现途径[J]．综合运输，2010（05）：13—17．

[124]陈飞，诸大建，许琨．城市低碳交通发展模型、现状问题及目标策略——以上海市实证分析为例[J]．城市规划学刊，2009（06）：39—46．

[125]汪峰，周俊，蒋乐．国家"两型"社会建设综合配套改革试验区——武汉市慢行交通系统发展思路[J]．建设科技，2010（17）：38—41．

[126]宿凤鸣．我国城市发展体系分析及交通模式选择[J]．综合运输，2010（12）：26—29．

[127]李欠标．美国运输战略规划的特点及启示[J]．综合运输，2008（12）：63—66．

[128]吴洪洋．美国交通运输战略与节能环保[J]．世界环境，2008（05）：58—60．

[129]华兆增．美国的城市公共交通[J]．交通与运输，2007（01）：34—35．

[130]铁信数据中心．美国能源立法促进节能机车研究[J]．中国铁路，2006（2）：76．

[131]陈春梅，姚占辉，纪世才等．美日汽车燃油经济性标准及对我国的启示[J]．公路与汽运，2008（05）：8—10．

[132]田成川，柴麒敏．日本建设低碳社会的经验及借鉴[J]．宏观经济管理，2016（01）：89—92．

[133]周新军．欧盟低碳交通战略举措及启示[J]．中外能源，2012（11）：6—14．

[134]赵刚．韩国推出"绿色新政"确立低碳增长战略[J]．科技促进发展，2010（07）：75—77．

[135]余江涛．南美洲的低碳先行国家——解读巴西的低碳模型[J]．低碳世界，2011（03）：66—69．

[136]周令，诺曼·福斯特．沙漠里的"零碳城"[J]．小哥白尼（趣味科学画报），2011（10）：20—21．

[137]张良,郑大勇.借鉴国际低碳交通经验良性发展我国低碳交通[J].汽车工业研究,2011(07):26—29.

[138]刘小明.北京市低碳交通体系发展战略[J].建设科技,2010(17):18—20.

[139]熊文,陈小鸿.城市交通模式比较与启示[J].城市规划,2009(03):56—66.

[140]罗仁坚.城市交通运输系统发展思路与建议[J].宏观经济管理,2009(03):29—31.

[141]罗建科,房新智.我国城市交通发展模式探讨[J].交通企业管理,2009(02):37—39.

[142]王磊.天津市低碳交通发展模型及目标策略研究[J].科技管理研究,2013(18):67—71.

[143]王伟,淇卢毅,加年丰,李理.发达国家低碳交通政策的启示[J].广西质量监督导报,2014(07):26—27.

# 后 记

在当今中国日新月异的城市化进程中，一系列沉重的城市交通问题已成为城市发展过程中的瓶颈。城市交通需求总量迅猛增长，石油等不可再生能源逐步枯竭，大量汽车尾气致使城市生态环境日益恶化，交通拥堵成为生活的常态，城市活动效率急剧下降。如何从理论及实践层面帮助解决城市交通问题，减少不可再生能源消耗，降低污染，提高城市的运营效率，是当今城市发展亟待解决的问题，也是我们面临的严峻课题。

基于城市发展过程中的种种顾虑，基于西方国家过去的城市病在今天中国的城市重新上演，为了让城市的发展从上述困境中尽快地解脱出来，使城市的发展纳入到可持续发展的轨道上来，使城市中人们的生活更加方便，更加健康，真正体现城市的发展是为人的发展为人的生活而服务的理念，本专著从生态文明与低碳经济的视角对城市的低碳交通模式的构建及政策的建议做了一些探讨和论述，以期能为我国低碳社会的构建和低碳交通的发展尽一些绵薄之力。

专著的撰写源于淮安市交通运输局的立项课题"基于营运车船碳排放监测分析淮安低碳交通发展策略研究"。课题的研究得到了交通运输局的徐效文局长、徐国林副局长等局领导的关心和支持，交通运输局科技处的张其龙处长、殷永文工程师全程参与并给予指导，淮阴工学院包旭教授从课题立项到最终研究成果的撰写起到了至关重要的作用。专著的理论部分章节主要由清华大学薛梦莹博士负责材料收集、整理；交通运输局的张其龙处长、殷永文工程师共同研讨撰写大纲并提供了大量资料；淮阴工学院的包旭、程桂练、王慧、杨其珍、郑继来、王秀丽、徐士欣老师等对本专著的有关章节的撰写给予了帮助，淮阴工学院的许玲老师对书稿的校对也付出了许多心血，在此一并表示感谢。由于时间仓促和水平有限，文中难免有诸多疏漏，一定程度上影响了专著的质量，祈盼各位学者和读者的批评指正。